U0909959

《21世纪交通文化建设研究与实践》系列丛书

交通廉政文化

刘小冰 主 编

图书在版编目（CIP）数据

交通廉政文化 / 刘小冰主编. —北京：人民交通出版社，2008.11

ISBN 978-7-114-07477-6

Ⅰ. 交… Ⅱ. 刘… Ⅲ. 交通运输业－廉政建设－中国
Ⅳ. F512

中国版本图书馆 CIP 数据核字（2008）第 175878 号

《21 世纪交通文化建设研究与实践》系列丛书

书　　名：**交通廉政文化**
著 作 者：刘小冰
责任编辑：马小奇
出版发行：人民交通出版社
地　　址：（100011）北京市朝阳区安定门外外馆斜街 3 号
网　　址：http://www.ccpress.com.cn
销售电话：（010）59757969，59757973
总 经 销：北京中交盛世书刊有限公司
经　　销：各地新华书店
印　　刷：北京市密东印刷有限公司
开　　本：787×980　1/16
印　　张：18
字　　数：295 千
版　　次：2009 年 1 月第 1 版
印　　次：2009 年 1 月第 1 次印刷
书　　号：ISBN 978-7-114-07477-6
印　　数：0001—4000 册
定　　价：45.00 元
（如有印刷、装订质量问题的图书由本社负责调换）

交通文化建设研究工作指导委员会

主　　任　黄先耀

副 主 任　何建中　孙国庆

成　　员　柯林春　陈永久　张　润　任明英　杨根林
张月斌　余昌平　王新华　李云鹏　马宝亮
王　镭　贺建华　钟　华　梁晓安　王永明
黄　强　徐俊池　李伟红　陈汉发　孙立成
周　伟　李作敏　丘建华　徐世强　李宗琦
刘文杰

交通文化建设研究工作联络组

组　　长　柯林春

副 组 长　黄克清　洪晓枫

组　　员　王先进　王海峰　齐树平　杨俊威　胡　斌
严志明　覃万兵　何发举　王之安　辛加和
王淑敏　宋　颖　侯海强　马平原　邱　铭
羊　磊　胡利民　葛树增　章　婧　胡建华
向良凯　李　春　徐　丽　李和仁　梅　君

《交通廉政文化》研究课题组

顾 问 组 黄先耀 杨利民 潘永和 石泰峰 文晓明 欧阳平凯 李 龙 邵道生 杨根林 缪蒂生

专家咨询组 朱永光 何建中 钟 华 柯林春 张 建 顾 星 陈以琳 高建新 黄克清 王先进

编 写 组

主 审 王先进

主 编 刘小冰

副 主 编 汪祝君 陈志扬 陈 盛 宋伶俐 吕建高

成 员 严志明 刘 青 莫丽燕 周 艳 李子云 孙舒妤 施婕妤 汪自成 金 华 戚晓熔 邱 萍 张舒屏 刘长江 轩 杰 董磊明 朱成君 徐前兵

总 序

国民之魂，文以化之；国家之神，文以铸之。“加强文化建设，明显提高全民族文明素质”，是党的十七大提出的实现全面建设小康社会奋斗目标的新要求。胡锦涛总书记在党的十七大报告中明确指出：“当今时代，文化越来越成为民族凝聚力和创造力的重要源泉、越来越成为综合国力竞争的重要因素，丰富精神文化生活越来越成为我国人民的热切愿望。要坚持社会主义先进文化前进方向，兴起社会主义文化建设新高潮，激发全民族文化创造活力，提高国家文化软实力，使人民基本文化权益得到更好保障，使社会文化生活更加丰富多彩，使人民精神风貌更加昂扬向上。”这不仅深刻阐明了兴起社会主义文化建设新高潮的重大现实意义和深远历史意义，更为新时期加强文化建设指明了方向和路径。

交通文化是社会主义先进文化的重要组成部分，是交通行业的灵魂，是实现交通又好又快发展的重要精神支柱。交通运输是支撑经济良性发展、促进社会全面进步的基础性、先导性产业和服务性行业，服务是其本质属性。基于这一认识，我们提出了“交通发展要服务国民经济和社会发展全局、服务社会主义新农村建设、服务人民群众安全便捷出行”，提出了“发展现代交通业，建设一个更安全、更通畅、更便捷、更经济、更可靠、更和谐的现代公路水路交通系统”。从文化的角度看，这也正是我们基于交通运输的本质属性和交通行业的神圣使命所作出的价值选择，是交通文化的核心内涵，是引导交通事业科学发展的价值导向，也是贯彻落实党的十七大关于加强社会主义文化建设的具体体现。

交通部党组高度重视文化建设工作。2006年全国交通工作会议明确提出：“努力建设具有鲜明行业特点和时代特征的交通文化，用文化和精神的力量凝聚全行业，使交通行业更加充满活力，不断开创交通事业发展的新局面。”2006年6月26日召开的全国交通行业精神文明建设工作会议更加明确地提出：“加强交通文化建设，努力增强行业软实力”，力争文化建设在今后五年内取得明显进展。随后，部印发了《交通文化建设实施纲要》，对交通文化建设的指导思想、目标任务、工作原则和工作措施作出了具体安排和部署。这是交通部颁布的第一个有关交通文化建设的重要文件，它强调新时期交通文化建设要深入贯彻科学发展观和构建社会主义和谐社会的要求，建设具有鲜明时代特点和交通行业特色的精神文化、制度文化和物质文化；要以实践社会主义荣辱观为主线，以弘扬爱国主义为核心的民族精神和以改革创新为核心的时代精神为重点，大力加强精神文化建设；要在实践中加强探索和研究，系统总结交通文化建设的丰硕成果，确立符合先进文化前进方向和交通事业发展要求的交通行业的核心价值体系；要实施“五个一工程”，即形成一批交通文化研究成果，提炼一种交通精神，征集确定一个交通行业徽标，创作一批交通文艺作品，完善一批交通博物馆，将全行业文化建设提高到一个新水平，全面增强交通文化的吸引力和感召力，不断增强交通行业的凝聚力，提升交通行业的影响力，提高交通发展的软实力，为交通事业又好又快发展营造良好的文化环境。

为全面深入推进交通文化建设工作，2006年11月部务会议研究决定成立了交通文化建设研究工作指导委员会，按照行业文化、系统文化、专业文化、组织文化四个层次，分别成立了交通行业文化建设研究总课题组和公路文化、道路运输文化、交通规费征稽文化、港口文化、海事文化、救捞文化、船检文化、航海文化、廉政文化、公路执法文化、长江航运文化、交通公安文化、路文化、桥文化、车文化、站文化、船文化、航标文化、航道文化、交通行政机关文化、交通企业文化和交通事业单位文化等22个子课题组，由行业内有一定研究基础、有积极性、有较好的支撑条件、具有代表性的部门或单位牵头，并邀请文化学、管理学、社会学等方面的专家学者共同参与,按照力求出精品的要求，系统地开展了交通文化研究工作。经过广大研究人员一年多的辛勤劳动和艰苦努力，研究工作进展顺利，取得了一批可喜的研究成果。出版这套多卷本的《21世纪交通文化建设研究与实践》系列丛书，是交通文化建设研究成果的重要组成部分。丛书从多个层面、多个领域系统地总结了交通文化源远流长的发展历史、积淀丰厚的特色文化、形式多样的实践活动、绚丽多彩的建设成果。“系统文化”侧重于交通行业不同系统的特色文化研究，重点提炼和阐述了各系统具有系统特色的价值理念；“专业文化”侧重于不同专业领域的特色文化研究，重点是收集、挖掘和整理了交通行业物质文化成果；“组织文化”侧重于交通行业不同组织的特色文化研究，重点梳理、凝炼和展示了各类交通组织的特色价值理念、行为规范和形象标识。整个研究工作坚持以社会主义核心价值体系为指导，将“铺路石”、“航标灯”等交通行业传统精神与包起帆、许振超、陈刚毅等先进典型所展现的时代精神有机结合，在建设交通行业核心价值理念体系方面做了积极探索。

交通文化建设是一项长期性、系统性、复杂性的工作，既要整体部署，又要稳步推进。近年来，尤其是实施《交通文化建设实施纲要》以来，全行业日益重视交通文化建设，注重丰富交通发展的文化内涵，取得了一些有行业特点和时代特征的文化成果，涌现了青岛港、天津港等一批优秀企业文化建设单位和青岛交运集团“情满旅途”、南京长途汽车站“爱心始发站”等一批知名服务品牌，形成了南京交通局“交通文化通论”等一批理论研究成果。《21世纪交通文化建设研究与实践》系列丛书的出版发行，对于全国交通行业深入贯彻落实党的十七大精神，兴起交通文化建设新高潮，进一步提高交通行业凝聚力和战斗力，推动交通事业又好又快发展，切实做好“三个服务”，必将起到重要的推动作用。

交通部部长 李盛霖

二〇〇七年十二月十三日

导论

交通为人员流动和物资流通提供基础条件，为人和物的空间位移提供运输服务，是支撑经济良性发展、促进社会全面进步的基础性产业和服务性行业。交通是一个古老而年轻的行业，自农业社会到工业社会以至信息社会，交通就一直伴随着人类文明的发展而演进，并构成人类文明的重要组成部分。中国是一个具有悠久历史的文明古国，在延绵数千年的文明进程中，曾造就了其他文明古国概莫能及的相对发达的交通体系；新中国成立后，中国交通事业进入一个崭新的发展阶段，经过近60年的建设尤其改革开放近30年的建设，交通发展在数量规模、质量水平和结构层次等方面都发生了翻天覆地的变化，取得了举世瞩目的成就，已跻身世界交通大国之列，正朝着世界交通强国迈进。中国交通发展的历史伟绩和现代成就为中华文明和世界文明做出了重大贡献，与此同时，在这个历经风雨的漫长岁月中，勤劳智慧的中华民族创造了与历史俱进、与时代同步的丰富多样、绚丽多彩的交通文化，为中华文化和世界文化的不断发展增添了更加丰富的内涵和更为亮丽的色彩。

一、交通文化的概念

理解交通文化的概念需先考查文化的概念。关于“文化”一词，长期以来，国内外一直没有形成统一的定义。但是，人们对文化内涵的解释还是存在共识，一般认为：文化是人类在社会历史发展过程中不断创造的各种精神财富、制度体系和物质财富的总和，其核心内容是人类创造各种精神财富、制度体系和物质财富所秉持的或反映出的价值理念。这是人们对社会主文化内涵所作的解释。基于这一认识，人们于是对隶属于社会主文化的各种亚文化的概念也做出了界定，如组织文化、系统文化和行业文化等。

交通文化也是隶属于社会主文化的一种亚文化，交通文化建设的理论渊源是文化人类学。对于交通文化的概念，可以根据社会主文化概念的核心内容和基本要素作出界定：交通文化是交通行业在长期的交通建设、运输和管理实践中逐步形成并不断发展的为广大交通员工所普遍认同并付诸实践的具有鲜明行业特点和时代特征的价值理念，是交通行业各种精神文化、制度文化和物质文化的总和，是交通发展的重要成果，是交通文明的重要结晶。其中，精神文化是交通行业的核心文化，是交通行业纲领性的核心思想，是指导交通发展的核心价值；制度文化是交通行业的浅层文化，是交通行业制定并执行办事规程、道德规范和行为准则所秉承的价值理念；物质文化是交通行业的表层文化，是交通行业生产物质实体、展现外在形象所秉承的价值理念。对于这一概念，可从以下角度进一步理解其内涵：

交通文化的核心内容是价值理念。价值理念属于意识形态或思想认识范畴，体现为交通行业对交通发展所秉持的态度、所采取的方式和所表现的行为，为交通发展所倡导的精神、所制定的规范和所树立的形象，这些态度、方式和行为都自觉或不自觉地反映了交通行业所秉承的价值理念，从而形成了交通文化。

交通文化的本质要求是强调实践。交通文化是交通行业普遍认同并付诸实践的价值理念，其突出强调价值理念的实践性，强调所倡导的价值理念要得到普遍认同和真正落实，要使之内化于心、固化于制、外化于形，从而在交通建设、运输和管理实践中发挥出实际的作用，为交通发展提供精神动力、制度保障和物质基础。

交通文化的层次定位是行业文化。从价值理念的从属主体来看，有国家的、民族的、组织的和个人的价值理念等，交通文化则属于整个交通行业的价值理念。因此，交通文化是对整个交通行业各部门、各单位价值理念的提炼与整合，代表了交通行业从业人员的主流思想，代表了整个行业广泛认同和普遍接受的价值理念。

交通文化的鲜明个性是交通特色。交通文化是交通行业的特色文化。各个行业的特色文化在其形成和发展过程中，虽然受到整个国家、民族的价值理念的影响，但各个行业生产特征、服务要求和管理模式存在很大差异，其价值取向也必然存在较大差异。交通作为经济社会发展的基础性产业和服务性行业，其所秉承的价值理念自然也有别于其他行业，从而有其自身鲜明的个性特色。

二、交通文化的特点

不同行业有其各自的结构形态和嬗变沿革，以及不同的静态表征和动态特征，因而体现出与之相对应的文化体系特点。从这方面考察，交通文化具有多样性、层次性、传承性、时代性等突出特点。

交通文化的多样性。交通行业由多个系统、多种专业、多种组织构成。从职能范围看，交通行业主要有公路建设与管理、道路运输、规费征稽、港口、航运、海事、救捞、船检、公安等系统；从专业性质看，交通行业主要有公路、桥梁、车辆、站场、船舶、航标、航道等专业领域；从组织性质看，交通行业主要有行政机关、执法单位、交通企业和事业单位等组织。不同的系统、专业、组织都有其自身的生产特征、服务要求和管理模式，因而具有不尽相同的价值理念，从而形成了文化的多样性。交通文化的多样性，要求交通文化建设要充分考虑不同文化价值理念的个性与共性，整个行业的文化建设在价值理念的提炼和价值体系的整合上要兼收并蓄、博采众长，从而形成能为整个行业广泛认同并普遍接受的价值理念。

交通文化的层次性。按照交通行业的职能、专业和组织等分类，可将交通文化细分为交通系统文化、交通专业文化和交通组织文化，各组成部分按照某种秩序有机结合，呈现出一定的层次性。其中，行业文化是一个面，系统文化是一条线，组织文化是一个点，专业文化则可看作对系统文化的细分，因为公路、桥梁、车辆、站场、船舶、航标和航道等是隶属于各交通系统的物质实体。整个交通文化体系因此呈现出一种“点-线-面”式的层次特征。各层次文化所秉承的价值理念具有内在的联系，一般来说，上层文化价值理念是对下层文化价值理念的归纳，上层文化更为抽象，下层文化更为具体。交通文化的层次性，要求提炼、整合交通行业的价值理念要自下而上、由点到面，逐层归纳，从而形成具有深厚基础的价值理念。

交通文化的传承性。交通文化形成于交通发展的实践，并随着交通的发展而发展。交通发展过程就是交通文化形成的过程，交通发展的历史沿革就是交通文化的传承沿革。交通发展在不同时期面临着不同的发展任务和发展条件，因而有着不同的价值理念和文化内涵。传承是发展的基础。交通文化的传承性，要求用历史唯物主义和辩证唯物主义的观点和方法去认识交通文化，从源远流长、积淀丰厚的发展历史中发掘、提炼交通文化的价值理念元素，充分吸收传统文化的合理成分，进而将交通行业优良的传统文化发扬光大。

交通文化的时代性。中国乃至世界交通发展都已进入新的阶段，快速推进中的中国交通现代化要求坚持科学的价值理念，发展先进的交通文化，以此促进交通事业又好又快发展。因此，建设交通文化，必须坚持先进文化前进方向，在传承交通传统文化的基础上，充分融入现代意识，不断丰富和发展其科学内涵，确立具有时代特征的价值理念，发展具有现代意识的物质文化、制度文化和精神文化体系。

三、交通文化的功能

交通文化的作用集中体现在“内聚人心、外塑形象”两个方面，具有凝聚、导向、激励、约束、外塑和辐射等基本功能。认识这些基本功能，是认识交通文化的建设目的与建设意义的基础。

交通文化的凝聚功能。交通文化所倡导的价值理念一旦为整体行业认同并接受，就成了千百万从业人员共同的理想与追求，进而以其强大的粘合力，从各个方面将整个行业及其成员聚合起来，形成巨大的向心力和凝聚力，形成强烈的集体意识团队精神，为实现共同的理想与追求而齐心协力、共同奋斗。

交通文化的导向功能。交通文化所倡导的价值理念是整个行业的共同理想和共同追求的集中反映，代表了千百万交通人的主流思想和主流意识。这种共同的理想和追求，通过教育和灌输，会引导行业的个体与群体在思想、观念上做出调整，使其与整个行业所确立的价值取向保持一致，从而起到一种导向作用。

交通文化的激励功能。交通文化建设的核心要旨是以人为本、以文化人，强调确立共同的理想、营造和谐的氛围。这些都有利于增强各部门、各单位干部职工的使命感和责任感，激发干部职工的积极性和创造性，使广大干部职工乐于参与交通建设，乐于发挥聪明才智，为实现共同理想、实现自身价值而做出努力。

交通文化的约束功能。交通文化一旦形成，就建立了自身系统的价值理念，就为行业整体及其成员明确了价值取向，同时也确立了道德规范和行为准则，从而对行业整体及其成员起到一种约束作用。但是，这种约束具有自觉性，是一种软约束，这种软约束产生于整个行业的文化氛围，使各个成员产生共鸣，继而达到自我控制。

交通文化的外塑功能。交通行业特色文化所倡导并实践的价值理念是交通行业的旗帜，旗帜就是形象，这种形象包括理念形象、行为形象和视觉形象。这些形象是社会公众了解和评价交通行业的标志和表征。因此，交通文化具有外塑形象的重要功能。

交通文化的辐射功能。交通文化的辐射功能主要体现在所倡导并实践的价值理念通过外化而为广大社会公众所了解、所感受，会影响整个社会价值理念的形成与发展，从而使交通文化成为社会主文化的生长点和贡献源，为社会主义文化大发展、大繁荣做出贡献。

四、交通文化的载体

凡文化均有其价值理念的承载体或附着体。人类通过劳动创造文化。人类的劳动作用于自然形成物质文化，作用于社会形成制度文化，作用于人类自身形成精神文化。交通文化的载体主要包括主体载体、组织载体、制度载体和物质载体等。从根本上说，建设交通文化就是建设和优化这些载体。

主体载体。交通行业从业人员是交通行业的主体，自然也是交通文化的主体。交通行业从业人员既是交通行业价值理念的倡导者和实践者，也是交通行业价值理念的承载者和传播者。交通文化说到底是交通人的文化，是交通人的思想意识和价值取向。建设交通文化，要注重人的决定性因素，突出人的主体性地位，一是注重发掘广大从业人员的价值理念元素，确立具有深厚群众基础的价值理念体系；二是注重依靠广大从业人员建设交通文化，践行价值理念；三是注重通过文化建设来提升广大从业人员的综合素养，运用文化的力量来增强从业人员的凝聚力和向心力，激发交通从业人员的积极性和创造性。

组织载体。交通行业的行政机关、事业单位和交通企业等各种组织，既是交通行业的基本单元，也是交通文化建设的基本单元。这些组织作为交通文化的载体，与文化的内在联系主要体现在以下几个方面：一是组织内涵反映组织文化的性质。组织内部共同的目标追求、一致的价值取向、和谐的分工合作都是文化使然，其既是文化作用的结果，也是文化自身的表征。二是组织结构体现组织文化的个性。组织结构决定了组织内部的职责关系，其选择和形成受到组织文化的影响，并反作用于组织文化，从而使得不同的组织结构体现出不同的文化个性。三是组织功能体现组织文化的要求。组织的功能主要体现在整合人力资源、规范人的行为、满足人的需要，从而履行组织使命，实现组织目标，这些功能和作用与组织文化的功能和作用是一致的，正好体现了组织文化建设的目的和要求。建设交通文化，要求将组织建设作为重点内容，着力提升组织管理理念，改进组织管理方式，按照科学管理、规范管理的要求，优化组织的内部结构与协作关系。

制度载体。制度是要求组织成员共同遵守的办事规程、道德规范和行为准则。组织制度和组织文化之间关系十分密切。一方面，组织文化是组织制度制定与执行的重要决定因素，影响着组织制度的形成及其功效的发挥。组织制度是组织文化的产物，组织制度所具有的规范约束和激励作用等本身就体现了组织文化建设的直接目的和内在要求。这样，组织制度就成为了组织文化的重要载体，组织制定并执行各种办事规程、道德规范和行为准则都反映了组织文化所倡导的价值理念。另一方面，组织制度对组织文化的形成和发展也具有重要影响，有什么样的组织制度也必然会使组织成员表现出相应的处事态度和行为方式，从而营造相应的组织氛围、孕育相应的组织文化。建设交通文化，要求将制度建设作为重点内容，按照以人为本、科学管理的要求，以实现员工价值、规范员工行为为价值取向，着力健全组织内部的管理制度，推进制度创新与制度变革。

物质载体。物质载体是反映交通文化特色内容的重要载体和交通文化先进程度的重要标志。交通文化的物质载体主要包括以下几类：一是交通行业的生产资料，包括基础设施、运输装备及其支持保障系统，如公路、桥梁、车站、港口、航道、航标、车辆和船舶，办公场所、生产车间和服务场所等，这是交通生产力的物质基础，其外形特征、结构特点、技术价值、美学价值、历史价值、民族特色、地域特征、人文内涵及其社会经济意义等，是交通文明的重要标志，也是交通文化的重要特色所在。二是交通行业的形象标识，如各系统、部门和组织的徽标、着装和歌曲等，这也是交通文化的可感知性象征物，充分体现了交通文化的个性和风格。三是交通行业各种组织保障员工基本权益、提升员工综合素养的各种实体手段，如保健、卫生和安全等设施，技术培训、职业教育和文化教育等文化设施，这些也都充分体现了交通文化的个性和风格。建设交通文化，要求将物质载体建设作为重点内容，既要着力保证物质实体的经济社会意义，也要着意丰富物质实体的技术价值、美学价值、历史价值、民族特色、地域特征和人文内涵，着力提升交通行业的外在形象。

五、交通行业的价值体系

交通文化建设坚持社会主义先进文化前进方向，用马克思主义中国化最新成果武装和教育广大干部职工，用中国特色社会主义共同理想凝聚力量，用以爱国主义为核心的民族精神和以改革创新为核心的时代精神鼓舞斗志，用社会主义荣辱观引领风尚。经过长期的探索与实践，交通行业逐步形成了具有鲜明行业特色和时代特征的交通精神文化、制度文化和物质文化，形成了实践证明对于引导交通事业快速发展、科学发展、和谐发展具有重要指导作用的价值体系。

（一）行业使命：发展现代交通，做好“三个服务”

发展现代交通，促进民富国强，是国家和人民赋予交通行业的神圣使命。交通是支撑经济良性发展、促进社会全面进步的基础性产业和服务性行业，是促进经济增长、优化产业布局、改善人民生活、保障国家安全、维护社会稳定的基础条件和重要依托。交通发展的主要任务是发展现代交通业、实现交通现代化，根本目的是促进人民富裕、实现国家强盛。在目前及今后相当长时期内，交通行业围绕履行这一使命，必须把握世界交通发展的总体趋势和我国交通发展的阶段特征，着力调整交通结构、转变发展方式、推进自主创新、完善行业管理，加快推进交通由传统产业向现代服务业转型，努力提高做好“三个服务”（服务国民经济和社会发展全局，服务社会主义新农村建设，服务人民群众安全便捷出行）的能力和水平。

（二）共同愿景：建设一个更安全、更通畅、更便捷、更经济、更可靠、更和谐的现代化公路水路交通运输系统，实现人便于行、货畅其流，让人们享受高品质

的运输服务，让经济社会发展更加充满活力，让交通与自然、交通与社会更加和谐。

交通行业致力于建设一个更安全、更通畅、更便捷、更经济、更可靠、更和谐的现代化公路水路交通运输系统，体现了交通行业基于自身使命而对未来交通发展愿望与发展前景的美好憧憬，对未来交通发展目标与发展效果的理想追求，是交通行业重要的价值取向。为实现这一愿景，一代代交通人前赴后继，作出了艰苦卓绝的不懈努力，取得了举世瞩目的巨大成就，交通事业各个方面不断地实现了历史性突破和跨越式发展。目前，公路主骨架、水运主通道、港站主枢纽和支持保障系统建设全面推进，高速公路、特大桥梁、长大隧道和专业码头建设快速发展，万车竞发、百舸争流的繁荣景象已经初步形成，货畅其流、人便于行的良好效果已经日益显现，现代化公路水路交通运输系统已经初具规模，更加宏伟的发展目标正在又好又快地大力推进之中，交通发展的美好愿景必将成为现实。

（三）交通精神：艰苦奋斗、勇于创新，不畏风险、默默奉献

交通精神是民族精神和时代精神在交通实践中的生动体现，是对交通行业先进典型精神内核的高度概括，是交通行业广大从业人员共同创造的精神财富，是交通行业履行自身使命、实现共同愿景的强大动力，代表了交通行业广大从业人员的思想意志和精神风貌。交通精神的核心要素是“艰苦奋斗、勇于创新，不畏风险、默默奉献”。

艰苦奋斗是交通行业的优良传统。立足我国建设任务繁重、经济基础薄弱的基本国情，交通行业各条战线广大员工，本着高度的使命感和责任感，始终保持勤俭节约、艰苦朴素、拼搏进取、努力奋斗的优良传统，大力推进我国的现代化交通建设，确保交通发展的质量、效益和效率，创造了无数可圈可点的光辉业绩，涌现了以“一代人要有一代人的作为、一代人要有一代人的贡献、一代人要有一代人的牺牲”的“青岛港精神”，“胸怀祖国、热爱边疆的爱国精神，刻苦钻研、勤奋好学的进取精神，不懈探索、敢于突破的创新精神，恪尽职守、忘我工作的敬业精神，淡泊名利、清正廉洁的自律精神，生命不息、奋斗不止的拼搏精神”这一“刚毅精神”，以及“勇闯新路、改革进取的精神，干字当头、艰苦奋斗的精神，遵纪守法、诚实劳动的精神，领导干部以身作则、吃苦在前、享受在后的精神”这一“华铜海精神”等为代表的彰显艰苦奋斗精神的先进典型。

勇于创新是交通行业的时代追求。锐意进取、勇于创新，是交通行业在长期的改革与发展实践中不断适应新的形势变化和发展要求，有效解决突出矛盾和问题，不断取得重大进展与突破的成功经验。长期以来，交通行业抓住机遇、与时俱进，

注重理念创新、科技创新、体制机制创新和政策创新，为实现交通事业又好又快发展提供不竭动力，涌现了以“报效祖国，服务人民的主人翁精神，立足本职、追求卓越的敬业精神，求真务实、勇攀高峰的科学精神，锲而不舍、勇于拼搏的进取精神，团结协作、淡泊名利的团队精神”这一“起帆精神”，“爱岗敬业、无私奉献的主人翁精神，艰苦奋斗、努力开拓的拼搏精神，与时俱进、争创一流的创新精神，团结协作、互相关爱的团队精神”这一“振超精神”，“恪尽职守、忘我工作的敬业精神，立足岗位、刻苦自励的拼搏精神，敢为人先、勇攀高峰的创新精神，凝心聚力、团结协作的团队精神”这一“孔祥瑞精神”，以及“凝心聚力的和谐意识，拼搏奉献的创业精神，敢为人先的创新精神，追求卓越的创优精神”这一“润阳大桥精神”等为代表的凸显勇于创新精神的先进典型。

不畏风险是交通行业的突出意志。交通建设逢山开路、遇水架桥，车辆行驶于陡峭险峻的群山之间，船舶航行于风急浪高的水面之上，无不存在一定风险，正所谓“行船走马三分险”。长期以来，中国航海者面对风浪惊涛的海洋环境和突如其来的各种困难，总是勇往直前、镇静应对、精诚协作，圆满完成国家和人民交付的各项运输任务，彰显了“乘风破浪、不畏艰险、同舟共济”的“航海精神”。尤其，在发生海上安全事故的情形下，我国海上搜救队伍更是凭藉精湛的技能和过人的胆略，不顾个人安危，及时赶赴现场，全力施行搜救，确保人民生命与财产安全，凸显了“把生的希望送给别人、把死的危险留给自己”的“救捞精神”，是交通行业坚强意志力和大无畏精神的突出体现。

默默奉献是交通行业的真情付出。我国公路水路交通建设、运输和管理大多是在气候恶劣、地形复杂、人烟稀少的特殊条件下展开的，广大交通建设、运输和管理人员，无数的铺路工、养路工和航标工，寒来暑往、经年累月，不顾风吹雨打、不计名利得失，在平凡的岗位上、在艰苦的条件下，恪尽职守、真诚奉献，用宝贵的青春和人生，铺就了无数大道、送去了万家温暖、确保了万家平安，留下了无数可歌可泣的感人事迹，涌现了以“为人民服务到白头”的“小扁担精神”，“爱岗敬业、默默奉献”的“铺路石精神”，“燃烧自己、照亮别人、奉献社会”的“航标灯精神”，“尚法弘德，为民负责，执法为民，服务社会”的“海事精神”，以及“尽职在岗、奉献在船”的“孙彪精神”等为代表的凸显默默奉献精神的先进典型。

（四）职业道德：爱岗敬业、诚实守信、服务群众、奉献社会

交通行业开展职业道德建设，坚持用社会主义荣辱观引领风尚，按照《公民道德建设实施纲要》的要求，大力倡导并努力践行以“爱岗敬业、诚实守信、服务群

众、奉献社会”为主要内容的职业道德，为交通事业又好又快发展提供有力的制度保障。

爱岗敬业是职业道德的基础。爱岗敬业要求从业人员干一行、爱一行、精一行。交通行业为全社会提供交通基础设施和客货运输服务，交通工程建设关乎百年发展大计，客货运输服务涉及广大公众利益，从业人员首先要热爱本职工作、履行岗位职责，要结合岗位需要、立足岗位工作，加强业务学习、注重实践锻炼，不断提高个人综合素质，在工作中恪尽职守、精益求精，为保证工程建设和运输服务质量作出自己应有的贡献。

诚实守信是职业道德的精髓。诚实守信要求从业人员做到诚实、诚恳、讲信义、守信用。交通行业倡导并实践诚实守信的职业道德，要着眼于切实解决交通、运输和管理中群众反映强烈、社会危害严重的突出问题，健全诚信机制，开展诚信教育，强化诚信意识，进一步推进“共铸诚信交通”实践活动，做负责任的行业、负责任的部门、负责任的岗位，努力提高整个行业的公信力和信誉度。

服务群众是职业道德的更高要求。交通行业本身是服务性行业，服务是交通的本质属性，做好服务是交通发展的突出主题。交通行业各部门、各单位广大员工要着力增强服务意识，努力提高做好服务的能力和水平。要继续开展文明行业、文明单位、示范窗口建设活动，大力推行热情服务、周到服务、规范服务，为人民群众提供更加安全、便捷、高效的优质服务。

奉献社会是职业道德的最高境界。交通作为经济社会发展的基础性产业和服务性行业，与社会生产和社会生活的各个方面息息相关，广大从业人员要将奉献社会作为职业道德建设的出发点和归宿，立足各自的本职工作，以宽广的胸襟和坦荡的胸怀，以自己的才华和汗水真情地反哺于人民、回馈于社会，在奉献中实现自我、发展自我。

六、交通文化建设的现实意义

大力推进交通文化建设，是交通行业深入贯彻落实科学发展观，促进交通事业全面发展的重要方面。党的十七大报告指出：深入贯彻落实科学发展观，要按照中国特色社会主义事业总体布局，全面推进经济建设、政治建设、文化建设、社会建设，促进现代化建设各个环节、各个方面相协调；推动社会主义文化大发展大繁荣，要坚持社会主义先进文化前进方向，兴起社会主义文化建设新高潮，提高国家文化软实力。大力推进交通文化建设，就是要确立符合先进文化前进方向和交通事业发展要求，具有鲜明行业特点和时代特征的价值体系，并付诸交通发展实践，提升交通文化软实力，为实现交通又好又快发展提供精神动力、制度保障和物质基础。

建设交通文化有利于确立共同理想，树立共同目标，进一步增强发展现代交通的使命感和责任感。理想就是信念，理想就是旗帜。交通文化建设大力倡导并努力践行建设一个更安全、更通畅、更便捷、更经济、更可靠、更和谐的现代化公路水路交通运输系统，致力促进人民富裕、实现国家强盛，这些核心价值一旦为交通行业各部门、各单位干部职工所接受，就成了广大交通员工共同的理想和信念，成了统一干部职工思想认识的旗帜和标杆，进而增强广大交通员工的使命感和责任感，引领广大交通员工为发展现代交通、促进民富国强而自强不息、奋斗不止。

建设交通文化有利于继承优良传统，弘扬时代精神，进一步提高做好“三个服务”的能力和水平。交通精神是交通行业的灵魂。交通文化建设大力倡导并努力践行以“艰苦奋斗、默默奉献、不畏风险、勇于创新”为核心要素的交通精神，是交通行业继承优良传统、体现时代要求，努力做好“三个服务”的精神追求和强大动力。建设交通文化，弘扬交通精神，就是要宣传先进典型，弘扬浩然正气，以此激发广大交通员工的积极性和创造性，使之成为不断提高做好“三个服务”的能力和水平的强大动力。

建设交通文化有利于凝聚行业力量，提升行业形象，进一步增强构建和谐交通的凝聚力和影响力。交通文化建设按照以人为本的核心要旨，在精神文化、制度文化和物质文化等各个层面，大力倡导并努力践行交通发展的事业追求和社会责任，努力实现好、维护好、发展好用户利益、公众利益、员工利益。这些价值取向，既是一种宣示，更是一种承诺，其所体现的人本主义和人文关怀，有利于改善交通行业的内在氛围、提升交通行业的外在形象，改善行业内外的关系，提高交通行业的凝聚力和影响力，从而提升交通发展的软实力，促进交通事业又好又快发展。

（执笔人：王先进　李春　樊东方　邱曼丽　刘利　张榕榕）

前言

十七大报告明确提出，“坚持深化改革和创新体制，加强廉政文化建设，形成拒腐防变教育长效机制、反腐倡廉制度体系、权力运行监控机制。”在中国共产党的历史上，这是首次提出“廉政文化建设”这一全新的反腐倡廉思路，它为提高腐败治理的有效性、增强廉政建设的长效性指明了方向。认真学习宣传和全面贯彻落实十七大报告的精神、扎扎实实开展交通廉政文化建设、全面构建中国特色交通廉政文化，这是整个交通行业必须严肃对待的问题。

在交通行业开展交通廉政文化建设，首先必须思考并回答一个基本问题：何为“交通廉政文化建设”，甚至何为“文化”？奥古斯丁（354~430）说过：“时间究竟是什么？没人问我，我倒清楚，有人问我，我想证明，便茫然不解了。”对于“文化”，我们有相似的感觉。唯其如此，我们欣赏英国学者克里斯·巴克的说法：“任何关于文化研究的著作，必然是有选择的，而且也很自然会引起争执争论，甚至抵触。如果要真正全面地来叙述文化研究，那就势必重述，或者至少概括由古到今事关文化研究的每一个文本。这对于任何一个写家来说，都足以叫他望而生畏，不知所从，所以问题在于决定哪一些文本给选取进来。”对于任何一种文化研究来说，这种说法都提供了极为便利的方法论基础。在对“文化”内涵的界定不具有一致性，且各种意见往往相左的情况下，我们只能迁就自选的特定模式。因此，在本书中，我们将“文化”视为价值、制度与物质的共在过程，这一方面出于对许多理论成果的尊重，另一方面也是出于我们的内心信仰。在我们看来，仅仅将“文化”理解为物化状态的观点不仅不能成立，而且极为有害，因为就算我们无法精确解释清楚“文化”以及“时间”的概念，但我们仍生活在时间和文化之中。假如文化只是一种物化状态，人类就将失去有尊严的理性生活，社会共同体将会变得污浊不堪。

因此，本书遵循从理论到实践的一般逻辑过程展开以下全部内容：

第一篇“交通廉政文化建设的理论基础与实践总结”，共四章，分别论述了交通廉政文化建设的内涵与背景、交通廉政文化建设的理论指引与基本原则、交通廉政文化建设的基本经验与存在问题、交通廉政文化建设的域外经验。前两章阐述了交通廉政文化建设的一般理论，后两章简要总结了中西方交通廉政文化建设的基本经验。

第二篇“交通廉政文化建设的价值追求、制度安排与技术路径”，共四章，分别论述了交通廉政文化建设的价值追求（核心价值观、基本使命、共同愿景）、交通廉政文化建设的制度安排、交通廉政文化建设的技术路径。这一编是全书的主干内容，因为在我们看来，对“文化”进行综合解读的逻辑结果就是，交通廉政文化建设也必须在以下三个层面上展开：

首先，文化是一种价值确认，这是文化的内核部分。因此，交通廉政文化建设必须确立自己的价值追求，开展交通廉政价值文化建设。交通廉政价值文化建设具有三个不同的功能层次，“交至廉，通至远”是其核心价值理念，“廉通你我，路畅人和”是其基本目标，“共建有序、互动、平衡的交通廉政生态系统”是其共同愿景。

其次，文化是一种制度安排，这是文化的主体部分。因此，交通廉政文化建设必须进行自己的制度安排，开展交通廉政制度文化建设。交通廉政制度文化建设应当与整个国家的廉政制度建设同步进行，在此基础上，应当树立“盯权盯钱”的观念，点亮“钱”与“权”的警灯，围绕“钱”与“权”从领导、机构、程序等方面展开交通廉政文化的制度安排。

最后，文化是一种物质表达，这是文化的外显部分。因此，交通廉政文化建设必须丰富自己的技术表达，开展交通廉政物质文化建设。交通廉政物质文化建设是指在交通领域通过物质生产的过程与结果而提供的内含价值理念与制度要求，并能影响交通廉政文化建设效果的各种场所、设备设施、技术手段和其他物质条件，主要有两部分内容：交通廉政文化建设的物质基础和交通廉政文化建设的符号表达，后者可以分为语言符号与非语言符号两大类。

第三篇“交通廉政文化建设的指标体系”，共二章。从方法上说，“交通廉政文化建设的指标体系”属于“交通廉政文化建设的技术路径”的内容，因为指标体系从来都是“技术路径”的一种表现形式。但是，从内容上说，“交通廉政文化建设的指标体系”的检测要素与样本选择涉及第一编和第二编的内容，个别检测要素与样本选择为了体现前瞻性还有所突破，因而将它独立成一编更为科学。

“发展可以最终以文化概念来定义”（联合国教科文组织《文化政策促进发展行动计划》）。简单看来，这一提法似乎过于极端。但是，如果我们将价值、制度与物质都视为文化的合理内容与表现形式，那么，人类最终的和最高的发展目标确实只能是文化的发展。人类，不过是文化逻辑发展结果的能动记载而已。从这种意义上说，“发展交通事业”，也可以最终以“文化”来定义。

“只有从最高的传统中寻找精义，寻找法律技能同终极依据的相洽，方有望消弭社会中种种罪恶的行径，并构建一个温润圆通的社会秩序。”[①] 对此，我们深信不疑。从大处说，这也是我们进行交通廉政文化建设研究的意义之所在。

① 《李龙文集》，武汉大学出版社2006年版，第336页。

目录

第二篇　交通廉政文化建设的价值追求、制度安排与技术路径

第三篇　交通廉政文化建设的指标体系

PHILADELPHIA

第一篇

交通廉政文化建设的理论基础与实践总结

第一章 交通廉政文化建设的内涵与背景

西方一位哲人说过：经济现象和伦理文化是同一个因果链的两个侧面，经济现象的背后是文化力[①]。实际上，腐败现象的背后也是“文化力”：它是以另一种面目出现的文化现象。因此，交通廉政建设必须从文化力上寻找动力与支撑。正如十七大报告所指出的：“当今时代，文化越来越成为民族凝聚力和创造力的重要源泉、越来越成为综合国力竞争的重要因素”[②]。

一、交通廉政文化建设的内涵

腐败无疑是一种伤害国家根本的行为，是国家的最大痼疾，其危害仅次于暴政[③]。就其社会学性质而言，腐败现象实际上是一种与主文化相对立，对主文化提出挑战或呈现相反发展方向的亚文化形态。在对待腐败行为和腐败现象方面，交通领域也存在着一系列畸形的、扭曲的、反主流的判断、认知以及价值观等。从这一角度说，交通廉政文化建设的主要任务，就是真正从文化层面确立以廉为荣、以贪为耻的主文化，即交通廉政文化。

（一）交通廉政文化建设的概念

1. 廉政文化的主要属性

交通廉政文化是廉政文化的组成部分。从文化的角度看，它具有凝聚、激励、约束、辐射等一般性功能，同时又具有廉政文化的基本属性。分析廉政文化的主要属性，对于把握交通廉政文化建设规律、指导交通廉政文化建设实践，具有重要意义。

廉政文化作为一种内涵丰富的文化形态，具有以下主要属性：

第一，廉政文化是一种先进文化。先进文化是先进社会生产力发展的反映和体现，是人类文明积累和发展的结晶，同时又为社会生产力的发展和人类社会的前进提供思想指导、精神动力和智力支持。从内容上看，先进文化要求坚持以马列主义、毛泽东思想和邓小平理论，积极实践“三个代表”重要思想，全面落实科学发展观即中国特色社会主义理论；要求继承和发扬中华民族优秀传统文化，同时借鉴和吸收国内外一切文明成果。而廉政文化作为主流文化、强势文化，它赞扬什么、批评什么、反对什么，具有鲜明的指向性，代表社会主义先进文化发展方向；廉政文化又是继往开来、兼收并蓄的实践文化，是中国共产党长期以来反腐倡廉的经验总结，也是加强对外文化交流，吸收各国优秀文明的成果。

第二，廉政文化是一种道德文化。道德是人们共同生活的准则和规范，通过人们在社会生活实践中形成的善恶是非的观念、情感和行为习惯，依靠社会舆论和良心指导，调节人与人、人与社会、人与自然的规范体系。以“八荣八耻”为主要内容的社会主义荣辱观是对社会主义道德规范的高度概括，不仅包括集体主义、社会公正、诚实守信等道德原则，而且提供一系列道德规范。廉政是社会主义荣辱观的基本要求，廉洁奉公、廉洁自律、清廉正直等廉政要素是社会主义道德规范的重要组成部分，“以廉为荣、以贪为耻”是社会主义道德价值标准的重要尺度，形成荣辱分明的道德界线和行为标准。廉政文化通过倡导廉政道德这一核心，把廉政道德转化为廉政理念、廉政准则、廉政行为，引导人们提高对具体廉政行为的道德价值认识判断，在廉政实践中形成一种自发的知耻心、自尊心、自爱心，最终形成廉政的自我道德约束。同时，从社会角度，构建廉政道德评价体系，树立正确的社会舆论导向，倡导公平、正义、廉洁、守法的廉政风尚，提高廉政社会的认同感和他律力，为廉政社会提供强有力的道德支撑。

第三，廉政文化是一种警醒文化。警醒是廉政文化的重要目标功能，是廉政防范体系的中心环节。廉政文化通过文化建设，把党和国家相应的制度、纪律、要求，变为社会公众的共同意志和制度安排，在廉政实践中构筑起一道警醒防线。廉政文化通过揭示廉政内在机理，反思腐败案件的成因，增强警醒影响力、威慑力，引导人们树立起崇廉尚洁、居安思危的意识，自觉抵制各种腐败的诱惑，正确处理好国家、集体和个人的利益，特别在公与私、国与家、正与邪、是与非的较量中，抗御起个人私利和亲情友情的博弈，选择公正、透明、廉洁、向上的道德价值，提高自身拒腐防变的能力。同时，廉政文化在制度安排上增强前置性和约束性，从权力运行的程序上构筑警醒防线，通过事前的制度设置，使决策者和从业者“不敢为、不想为、不能为”，起到制度警醒的作用。

第四，廉政文化是一种自觉文化。廉政文化对建设主体有主动性、积极性、创造性要求。廉政文化是耕耘、培植的结果。自觉是廉政文化发展的动力源泉。因而，廉政文化的自觉包括公众自觉、意识自觉和方法自觉，它根植于普适性的社会生活中，通过历史演进，实现文化的成长，以期达到自觉守廉、保廉、倡廉。廉政文化建设主体在长期的实践中，必须根据时代的变迁和历史的演进，自觉地探求文化的要义，不断丰富文化建设的内涵，拓展文化建设的外延，始终保持文化自觉的冲动。廉政文化没有自觉成长、自觉发展、自觉向上的因素，是没有生命力的。

第五，廉政文化是一种全员文化。廉政文化建设主体具有全员性，它包括不同区域、不同行业、不同年龄、不同阶层的各类社会群体。首先，从抵制腐败的角度看，廉政文化建设的主体不仅包括潜在的受贿者，也包括潜在的行贿者，尤其是后者更具有不确定性。其次，从监督腐败的角度看，廉政文化建设的主体不仅包括被监督者，也包括监督者，尤其是后者更具有广泛性。第三，从批判腐败的角度看，廉政文化建设的主体，显然包括全体公民，即对腐败现象人人鄙视谴责、嗤之以鼻。总而言之，廉政文化建设必须把廉政文化价值理念灌输到全员，让每个公民自觉遵守维护廉政制度，开展丰富多彩的廉政文化实践活动，在全社会形成浓郁的廉政文化氛围。

第六，廉政文化是一种示范文化。廉政文化的示范主体主要是各级领导干部，他们不仅是廉政文化的积极倡导者、实践者，更是主要示范者、先行者。领导干部的示范性，直接决定了廉政文化建设的生命力、说服力，直接影响着廉政文化的导向和廉政风尚的形成。廉政文化的示范性还包括一般性主体的示范引领，在特定的条件下，他们的示范性也具有很大的社会影响力。在廉政文化建设的过程中，必须坚持以点带面、由上至下，努力培育具有示范意义的各类先进典型，加快形成抑浊扬清、勤廉为民、务实高效的廉政文化环境。

第七，廉政文化是一种生态文化。生态文化有狭义与广义之分，狭义的生态文化是仅指研究人与自然和谐相处的文化形式，是文化现象的一种。而广义的生态文化是将“生态”上升到哲学的高度，即将“生态”作为一种具有哲学普遍性的方法论和价值观运用于文化建设中。这里的生态文化包含了精神层次、制度层次与物质层次。广义的生态文化以实现人与人、人与社会、人与自然和谐发展为目标，体现了先进文化的发展方向，是先进文化的重要组成部分。廉政文化也是一种生态文化，它需要以“生态”的观点、“生态”的视角来综合、全盘地考察、研究、改善系统的廉洁状况，通过生态价值观的牵引、生态理念的灌输、生态方法的运用，努力在全社会构建、营造廉洁的生态系统，进而通过生态系统的自我净化、自我监督、自我管理，实现并维持系统的良性循环，以达到长久廉洁的稳固效果。

2. 交通廉政文化与交通廉政文化建设

所谓交通廉政文化，是指在交通领域形成的，以廉洁奉公为思想内涵，以文化为表现形式，以促进和保障交通事业健康发展为根本方向的一种价值、制度与物质的共在过程。主要包括交通廉政价值文化、交通廉政制度文化和交通廉政物质文化。廉政文化是以廉政为思想内涵的一种文化，是廉政建设与文化建设相结合的产物。廉政建设需要以文化为载体，文化建设的内涵包括廉政建设的内容，两者相辅相成，不可或缺。因此，交通廉政文化建设是廉政建设与交通文化建设的有机结合，是指培育交通廉政价值文化、交通廉政制度文化和交通廉政物质文化的实践过程，其主要目的是建设具有时代特征、行业特色的交通廉政文化。

交通廉政文化建设所蕴含的这一系列活动，并非仅仅是通常意义上所理解的交通廉政文化宣传教育活动，而是包括了从交通廉政文化生成到交通廉政文化实践的所有环节与过程。这些环节与过程就是：抽象并确立交通廉政文化建设的价值理念，设计并构建交通廉政文化的制度框架，丰富和完善交通廉政文化的物质表达形式及其载体。通过交通廉政文化建设核心价值理念的引领，我们可以明确交通廉政文化建设的基本使命，从而实现交通廉政文化建设的共同愿景。

（二）交通廉政文化建设的主要特征

交通廉政文化建设除具有一般廉政文化建设的基本特征外，还具有鲜明的行业特征，主要表现在5个方面：

1. 因铺路架桥而更具历史传承性

人类文化总是与交通相伴而生。交通基础设施和运载工具历来是人类文化的重要承载。道路、桥梁、港口、航道、船闸以及车、船等，既是交通的物质性实体，又是交通文化的重要元素，具有显著的历史传承性。人类在建设交通过程中，创造了璀璨的交通文化，推动了社会文明的进步。一般来说，大多数时候，人们在铺路架桥、建港挖渠的过程中，都高度重视廉政建设，不仅建造了泽被后世的交通设施，而且留下了惠及子孙的交通廉政文化，如京杭大运河、丝绸之路、茶马古道、赵州桥等。

交通设施使用期限的延续性，增强了交通文化的历史传承性，其中又以交通廉政文化建设的历史传承性最为明显。从某种意义上说，建设者留给后人一条条大路一座座桥梁的同时，其实也是在将自己的职业素质和道德品质印在这些路桥上，明明白白地展现给了后人。按照我国的传统惯例，一座大桥建成后，还会在桥之岸侧树立一块石碑，用以表彰对建桥作出过贡献的人士和记述桥的修建过程。因此，历代官吏都十分重视铺路架桥中的廉政文化建设，以保证工程质量，压缩工程经费，从而为自己塑造“政德”，留名青史。《册府元龟》一书中，就曾记载了不少后魏、唐代州郡牧守“造桥梁以济徒涉”的事迹。宋代泉州太守蔡襄在洛阳桥建造中功绩不凡，“栀子花开心里娇，蔡状元起造洛阳桥”竟一时成为当地的民谣。如此强大的交通廉政文化感召力，不可能不影响后人，给后世的交通廉政文化建设提供示范和榜样作用。

“一项交通工程就是一座功德碑”，在社会经济迅猛发展的今天，更加深入人心。交通基础设施和运载工具已经不再是一种纯粹的物质存在，同时也是交通廉政文化的有效载体和物质符号。随着现代交通事业的不断发展，交通廉政建设的日益加强，交通廉政文化建设必将积累更加丰富的经验，形成日趋成熟的理论体系，这些经验理论必将与现代化交通设施及运载工具，共同成为留给后人的宝贵财富。

2. 因公共服务而更具社会关注性

交通行业属于公共服务行业，其重要职能是为公众提供交通设施、运输及相关服务保障，关系国计民生，直接影响广大人民群众的生产条件和生活质量。交通行业服务和管理工作中一旦出了问题，如九江大桥的被撞，凤凰桥的坍塌，极有可能造成深远的国际影响，有损党和政府的整体形象。同时，道路的坑洼、营运客车的违停甩客、交通执法人员的吃拿卡要等行为也会给老百姓生活带来种种的不便。

交通公共服务的特征，使得交通行业无论大事小事，都长期受到社会各界的高度关注，成为新闻媒体热衷追逐的“焦点”。正是由于社会各界对交通行业的高度关注，交通行业无论发生廉政、安全、质量等方面的事件，都会引起社会的广泛评论，无论是传统媒体，还是网络，几乎随便都能找到关于交通行业的负面报道。给交通行业造成不良影响。其他相关行业其实也面临着同样严峻的廉政建设形势，但由于这些行业与公众生活并不直接关联，因而公众关注度不高，发生问题的外显性不强。交通行业如此受到公众关注和媒体“青睐”，恰恰证明交通行业在社会上受到更多的重视，交通廉政文化建设更具广泛的社会关注性。

交通及交通廉政建设的广泛关注性，具有客观性、必然性和长期性，是交通外部环境的最显著特征，既不能视而不见、置若罔闻，也不能惶恐不安、如临大敌，而应当正确看待、辩证对待，顺势而为、借势发力，加强交通廉政文化建设，改进工作、改善形象，营造有利于交通和谐发展的良好外部环境。

3. 因窗口流动而更具广泛传播性

交通的本质决定了它必然具有高

度流动性和窗口性。这种流动性和窗口性表现为点多线长、面广量大、流动分散。交通行业众多的车、船、港、站等“窗口”，不仅是交通行业为社会公众提供服务的基础平台，更是传播交通先进文化的重要渠道。同时交通建设管理、运输服务、路政执法、海事监管、规费征收、道路养护、救援打捞等管理和服务活动也都处于流动之中，也具有传播交通先进文化的责任和便利。

交通廉政文化最容易在交通窗口流动中得以彰显。在交通管理和窗口服务中，在与环境和相关对象的不断交流中，交通行业必然会把自身的思想理念和价值取向往周围广泛扩散、传播，影响甚至改造周围的环境和服务对象。毫无疑问，交通廉政文化建设是交通文化诸元素中最“吸引眼球”的部分，因而它的传播性最强，影响力也最大。交通廉政文化建设，不仅要保证交通事业的健康发展，而且要作为社会主义先进文化建设的忠实代表，有效地影响相关行业和行政执法相对人、施工人员、一线广大旅客、货主、车主，引导大家树立正确的社会主义荣辱观，从而把“交至廉，通至远”作为共同的核心价值理念。英年早逝的北京门头沟公路分局副局长曹广辉清清廉廉为官，实实在在为民，直到他去世后，许多人才知道他所敬爱的父母仍然住在乡下破旧不堪的老屋里，一些曾在他手下干活的包工头内心受到极大震撼，他们说曹局长在世，只要稍微暗示一下，别说翻修，就是盖座新的也会马上有人去办了。相反，如果交通廉政文化建设不到位，出现一系列的腐败案件，不仅有损我们交通事业自身，也会借助窗口的流动性而毒化社会风气，动摇人们的理念信念和人生价值观，使社会伦理环境向“至恶”的方向发展，造成文明的倒退。比如，倘若我们的行政执法人员收礼受贿，徇私枉法，就必然会给执法相对人造成“钱能摆平一切”的错误观念，进而在今后事事以钱开道，收买其他行业的执法人员。

4. 因主体多元而更具复杂艰巨性

交通行业人员结构、组织体系相对复杂。从交通行业的实际分析，交通廉政文化建设主体具有多元性，包括以下四类：一是交通机构，即各级交通行政机关、所属各类站所以及其他下属单位。这些机构在交通廉政文化建设过程中发挥着主导作用，组织和推动交通廉政文化建设进程。二是交通公职人员，即交通系统从事行政管理与行政执法的公务员、事业编制人员和其他类型的公职人员（比如受委托从事公务的人员等）。其中，公务员特别是领导干部以及其他对外行使职权的公职人员是交通廉政文化建设的主力军。同时，交通事业工程的建设者（如交通建设中的施工单位等）也是交通廉政文化建设的主体。他们不是一般意义上的交通系统员工，由于长期工作在交通建设的第一线，手中的资金流量又十分巨大，因而他们对整个交通廉政文化建设的影响重大。三是交通系统外的其他合作人员，即因交通领域内的合作事项而与交通部门发生联系的人员，比如承包交通工程的人员、交通系统的供应商等。在参与交通建设过程中，他们对交通廉政价值的认同也有助于推动交通廉政文化建设。四是交通行政执法相对人。这部分人员范围广，社会各阶层各单位的都有，情况十分复杂。他们虽是被执法对象，但他们的思想观念和办事方式，对交通执法人员的"清廉正直"品质的形成起着很重要的作用；同时，他们也是交通行业清正廉洁工作最直接监督者和评判者。因此，交通廉政文化建设不能缺少他们的参与。

主体在道德素质、利益追求、文化背景等方面的差异，决定了交通廉政文化建设的复杂艰巨性。只有采用不同的方法，因人而异、分类指导、对症下药，多层面、多角度、多渠道开展交通廉政文化实践活动，通过不断的总结提高，从而真正解决交通廉政文化建设中的复杂性、深层次问题，实现不同群体对交通廉政文化核心价值的最大认同。

5. 因任务艰巨而更具现实紧迫性

交通行业尤其交通基础设施建设一般具有资金密集、权力集中的特点，因此，腐败易发、多发决定了遏制腐败是交通廉政建设面临的艰巨任务。考察整个社会大环境，尽管各国都采取多种措施，积极消除腐败现象，使腐败得到较好的治理。但是，不容乐观的是，滋生腐败的土壤依然顽存，人们的廉洁理念与意识仍需进一步加强。从世界范围来看，交通行业的腐败问题较为普遍。2006年，越南爆出交通重大腐败案——因涉嫌卷入一宗大规模腐败和赌球案件，越南交通部副部长阮越进被警方逮捕，交通部部长陶庭平提出辞呈，另有两名副部长和一些干部也受到牵连。我国改革开放以来，交通基础设施建设投资越来越大，特别是"十五"以来，大多数省份的交通建设年投资都达数百亿元之巨。如此巨额的资金流量，再加上较少受到实际约束的权力，使得权力寻租成为交通行业的一大顽疾，交通廉政建设面临的压力越来越大。实事求是地说，在交通建设工程招投标、转包分包、材料采购、设计变更、资金拨付等关键环节，倘若制度不完善，监督不到位，都很容易出现索贿受贿、贪污、截留、套用和挪用、铺张浪费等腐败问题。还有交通的行政管理权力，由于自由裁量权的存在，行政信息的不对等，也都很可能导致权力的滥用，产生贪赃枉法问题。如果交通行业工作人员放弃了应当有的信仰，缺乏严格的他律和自律，那就很难经受住巨大的诱惑，从而走上犯罪的道路。近年来，这方面的例证非常多。全国不少交通厅长的落马，可以说是交通行业腐败易发的最好证明。这些腐败问题不仅危害了交通行业健康和谐的发展，还直接影响到了党和政府在人民群众中的形象。因此，开展交通廉政文化建设十分具有现实紧迫性。

美国学者阿密泰说："清除腐败，不仅仅是挑出一个烂苹果，而更应该检查放置苹果的筐子"。用价值理念代替简单说教，用权力制衡代替个人独断专行，应是当前交通廉政文化建设迫切需要解决的问题。

二、交通廉政文化建设的宏观背景

正确认识交通廉政文化建设的必要性及现实意义，除要合理解读交通廉政文化的概念和特征外，还需要通盘审视交通廉政文化建设的宏观背景和行业廉政建设所面临的现实。我们认为，可以从世情、国情、党情、行情等几个方面来进行交通廉政文化建设的背景考察，将更有可能得到一个顺应世界潮流的、符合中国国情的、体现现代执政理念的、切合交通行业实际的理性认知。

（一）市场经济和民主法治高度发展的世界潮流

文化是一定社会的政治和经济的反映，并反过来影响和作用于一定社会的政治和经济。因此，正确认识当前的政治建设与经济建设的时代潮流，可以为廉政文化建设提供一个合适的认知背景。考察世界发达史，我们不得不承认，选择市场经济，选择民主法制，这是历经500多年的世界性苦难后人们所发现的真理[①]。

一般而言，市场经济具有平等性、竞争性、法制性和开放性等基本特征，是实现资源优化配置的一种有效的形式。市场经济客观上要求的是行为的规范化、契约化和规则化，追求的是更

① 转引自刘光明编著：《企业文化案例》，经济管理出版社2003年版，第4页。

② 胡锦涛：《高举中国特色社会主义伟大旗帜 为夺取全面建设小康社会新胜利而奋斗》，载《人民日报》2007年10月16日。

③ [美]小约翰·T·劳努：《贿赂》，纽约麦克米兰出版公司1984年版，第700页。

强的开放性、平等性和自主性，因此，市场经济强化了人们的规则意识、平等观念和监督意识，这实际上为廉政文化建设提供了有利的基础条件。但市场经济本身也是一柄双刃剑。单就市场行为及其机制对市场主体的道德层面的影响而言，其局限性或者说负面影响也十分明显，它刺激了一些人的投机心理和利己主义、拜金主义思想，市场的开放性又为各种腐朽思想的侵入和某些封建主义残余的沉渣泛起提供了条件。众所周知，虽然我们现在实行的是市场经济制度，但国家掌握和控制着大量财富和资源，各级党政干部掌握和拥有各种各样的权力，这为某些党政干部为自己或小集体谋取私利提供了可能。尤其是在权力的来源缺乏充分的民主法制基础的情况下，在信息不对称和权力不对称的情况下（既缺乏对公共信息的披露和透明度，又缺乏对公共权力的制衡和监督），这种可能性更大[②]。这就从反面证明了市场经济也确实需要进行廉政文化建设，廉政文化建设是市场经济发展的必然结果。

腐败行为的构成要素一般有五个方面：一是腐败行为的主体，通常是公职人员；二是腐败行为的动机或目的，通常是追逐私人利益；三是腐败行为的手段，通常是凭借机构或职务上的便利；四是腐败行为的方式，通常是非规范地运用或滥用公共权力；五是腐败行为的后果，通常是公共利益或公民权利受到侵害。腐败是人类社会的一种病症表现，其根源在于社会运行的动态失衡。当一个国家的治理阶层过于强大并缺乏其他阶层的有力制衡时，腐败常常成为一种必然现象。因此，一个健康运行的社会，应该是不同社会阶层或权力的相互制约，通过形成动态制衡关系来消除腐败的滋生土壤。由此可见，特权是滋生腐败的重要原因，因此，完善政治制度、规范公权力的运行，这是反腐倡廉的有效途径。在民主法制已经成为时代潮流的今天，无论是民主作为百姓的生活方式，还是其作为政府治理的改良模式，民主都会因为其自由、平等、公开、公平和制衡等特性，而能有效地防止权力滥用和产生特权。同样地，法治则会因为其制度刚性而让“权大于法”的“人治”失去市场，从而有助于预防和消灭特权，铲除腐败。因此，作为人类创造的共同文明成果，民主法制是人类社会共同的进步价值观，是世界政治发展的大潮流。作为一个封建专制历史很长、民主法制起步较晚、权力的高度集中和不正当运用具有制度表现的发展中国家，中国要建设成为一个富强、民主、文明、和谐的现代化国家，永立世界民族之林，最为重要的就是要顺应时代潮流，积极吸收和借鉴世界文明的优秀成果和先进经验。

在这样的“世情”面前，阳光政

府、廉洁政府自然应当成为每一个负责任政府的追求目标。作为政府重要职能部门的交通部门，更应该将阳光行政、廉洁行政等交通廉政文化建设措施作为自己对市场经济与民主法制大潮的自觉回应。

（二）经济建设、政治建设、文化建设与社会建设四位一体的中国国情

十七大报告明确将我国社会主义现代化建设的总体布局由“三位一体”发展为社会主义经济建设、政治建设、文化建设与社会建设的“四位一体”。十七大报告专门阐述了“在经济发展的基础上，更加注重社会建设推动建设和谐社会”，从而将“加快推进以改善民生为重点的社会建设”与“促进国民经济又好又快发展”、“坚定不移发展社会主义民主政治”、“推动社会主义文化大发展大繁荣”放在同等重要的地位。

在政治建设方面，发展民主政治是我们始终不渝的奋斗目标。我国政治体制改革必须坚持正确的政治方向，这就是坚持宪法所确认的“中华人民共和国的一切权力属于人民。”“人民行使国家权力的机关是全国人民代表大会和地方各级人民代表大会。”要坚持党的领导、人民当家作主、依法治国有机统一，不断推进社会主义政治制度自我完善和发展。要继续健全民主制度，丰富民主形式，拓宽民主渠道；推进决策科学化、民主化，完善决策信息和智力支持系统；发展基层民主，保证人民依法直接行使民主权利；全面落实依法治国基本方略，弘扬法治精神，维护社会公平正义；加快行政管理体制改革，强化政府社会管理和公共服务职能。

在经济建设方面，要实现国民经济又好又快发展，关键要在转变经济发展方式、完善社会主义市场经济体制方面取得重大新进展。特别是要转变经济发展方式，要更深刻、更自觉地把握经济发展规律，下更大的决心、采取更有力的措施提高经济发展质量和效益，要坚持和完善公有制为主体、多种所有制经济共同发展的基本经济制度，形成各种所有制经济平等竞争、相互促进新格局。

在文化建设方面，加强社会主义文化建设是不断满足人民群众日益增长的精神文化需求的需要，是全面实施党和国家发展战略的需要。我们必须更加自觉、更加主动地推动文化大发展大繁荣，更好地保障人民群众的文化权益。要大力建设社会主义核心价值体系，巩固全党全国各族人民团结奋斗的共同思想基础。要大力培育文明风尚，广泛开展群众性精神文明创建活动。要大力推进文化创新，全面推进文化体制改革，最大限度地焕发广大文化工作者勇于创

新的积极性，使全社会的文化创造活力充分释放、文化创新成果不断涌现，使当代中华文化更加多姿多彩、更具吸引力和感染力。

在社会建设方面，要以解决人民最关心、最直接、最现实的利益问题为重点，使经济发展成果更多体现到改善民生上，尤其要注重优先发展教育，实施扩大就业的发展战略，深化收入分配制度改革，基本建立覆盖城乡居民的社会保障体系，建立基本医疗卫生制度，提高全民健康水平，完善社会管理，维护社会安定团结。

按照“政治、经济、文化与社会”四位一体布局的要求，推进我国社会主义现代化建设，就要坚持以经济建设为中心，全面推进政治建设、文化建设、社会建设，促进生产力与生产关系、经济基础与上层建筑相互协调，促进社会主义物质文明、政治文明、精神文明建设与和谐社会建设共同发展。“政治、经济、文化与社会”四位一体之间是紧密联系、相互促进的。经济建设为政治建设、文化建设、社会建设提供物质基础，没有经济的发展，其他方面的发展就缺乏物质条件。政治建设为经济建设、文化建设、社会建设提供政治保障，没有政治建设，就不可能充分调动人民群众的积极性、主动性、创造性，就没有一个以健全法制为保障的发展环境，其他建设就不可能顺利进行。社会建设为经济建设、政治建设、文化建设提供有利的社会条件，没有社会建设，就不能形成促进其他建设的良好社会环境。在四者中，文化建设为经济建设、政治建设、社会建设提供思想保证和智力支持，没有文化建设，就没有共同的理想信念和道德规范，就不能形成昂扬向上、开拓进取的主流精神。因此，文化建设对于最终实现中国现代化建设的奋斗目标具有重要的意义。

廉政文化作为一定经济、政治在意识形态上的反映，如社会整合作用、规范作用、教化作用、监督作用、凝聚作用等[③]，对整个社会、政治、经济的发展，对改革、发展、稳定，对我国全面建设和谐社会都有着极其重要的影响和作用。廉政文化建设是文化建设和政治建设的有机组成部分，其本身不仅是文化建设的题中应有之意，而且也对政治、经济和社会建设具有促进和保障作用。具体言之，廉政文化建设可以丰富社会主义政治制度，推进其自我完善和发展，推进决策科学化、民主化，以及维护社会公平正义；廉政文化建设有助于把握市场经济发展规律，纯洁市场行为，促进经济平等竞争；廉政文化建设还有助于防范和解决人民普遍关心的腐败问题，完善社会管理和维护社会稳定。

由此可见，廉政文化建设在“政治、经济、文化与社会”四位一体建设目标中的作用不容忽视。作为对国民经济和社会发展起着重要推动作用的交通行业，能否建设好自己的廉政文化，不仅是交通行业的自觉要求，更是事关“政治、经济、文化与社会”四位一体建设目标能否全面实现的重要环节。

（三）民主执政、科学执政、依法执政的新型执政理念

中国共产党始终代表先进文化的前进方向，其实质就是要发展有中国特色社会主义先进文化，建设社会主义精神文明。发展先进文化，关键是要加强党的执政文化建设，通过处于主导地位的执政文化的明确导向，培育人民反腐倡廉的思想道德，强化民众的法制观念和荣辱观，提高人们的科学素养，弘扬国民的民族精神，引领并规导中国先进文化的前进方向。因此，中国共产党的现代执政方式内含了要加强执政文化建设，推动先进文化发展的内容。

十六届四中全会通过的《中共中央关于加强党的执政能力建设的决定》进一步指出，党必须坚持科学执政、民主执政、依法执政，这是新时期党为了巩固其执政地位作出的时代回应。民主执政、科学执政、依法执政的基本前提在于廉洁从政、廉洁执政。如果执政党不能实现这一基本要求，就得不到人民的认同，即使拥有执政权，也很容易被人民所抛弃。一个腐败的政党，能掌权于一时，不能掌权于一世。因此，加强反腐倡廉工作，是攸关党的生死存亡问题，同样也是交通系统生死存亡的问题。

十七大报告指出，“中国共产党的性质和宗旨，决定了党同各种消极腐败现象是水火不相容的。坚决惩治和有效预防腐败，关系人心向背和党的生死存亡，是党必须始终抓好的重大政治任务。全党同志一定要充分认识反腐败斗争的长期性、复杂性、艰巨性，把反腐倡廉建设放在更加突出的位置，旗帜鲜明地反对腐败。坚持标本兼治、综合治理、惩防并举、注重预防的方针，扎实推进惩治和预防腐败体系建设，在坚决惩治腐败的同时，更加注重治本，更加注重预防，更加注重制度建设，拓展从源头上防治腐败工作领域。”“坚决查处违纪违法案件，对任何腐败分子，都必须依法严惩，决不姑息！”④报告中的这段话，对于建设交通廉政文化具有极其重要的指导意义。

作为一种特殊的廉政文化，交通廉政文化在实际运作中可指导人们该做什么，不该做什么，从而起到“治本”和“预防”作用。交通廉政文化建设能使交通领域工作人员形成相同的价值观念、思维模式、行为方式，并可借助文化的凝聚功能而形成强大的向心力，将廉洁奉公、廉洁自律、清廉正直等交通廉政文化的价值内核体现在日常的工作

当中，这对于树立党的良好形象，坚持科学执政、民主执政、依法执政具有积极的意义。因此，在新形势下加强交通廉政文化建设，也是加强执政能力建设的一个重要方面。

（四）巨大发展成就与严峻反腐形势同时存在的交通现状

近年来，交通部门以科学发展观统领交通发展全局，立足“三个服务”，努力为人民群众提供了良好交通保障，交通建设成就令人瞩目。这些成绩的取得，得益于交通系统长期的党风廉政建设，得益于交通廉政文化的初步形成以及对广大交通干部职工的影响和约束。

但在充分肯定成绩的同时，我们还应当清醒地看到交通廉政文化建设工作中存在的差距和不足：广大干部职工对交通反腐倡廉工作的认识还需要进一步深化；党员领导干部的思想作风、领导作风等还不完全适应当前社会新形势、新任务的要求；党员领导干部、权力部门同志自律意识还需要进一步加强，从政行为还需要进一步规范；从源头上防治腐败的体制机制还需要不断创新，规章制度还需要不断完善；查办案件还需要进一步加大力度，始终如一的惩治腐败的高压态势尚待加强。

要解决交通行业存在的上述问题，需要加大从源头上防治腐败工作的力度，就是要坚持监督关口前移，通过完善体制机制，使干部少犯错误和不犯错误，这是反腐倡廉工作的重要任务，也是遏制腐败和减少腐败的关键环节。着力构建具有交通特色的惩治和预防腐败体系，一是要进一步增强交通领域工作人员的廉洁自律意识，使其时刻保持清醒头脑，自觉抵制腐朽思想的侵蚀，筑牢拒腐防变的思想道德防线。二是不断提高反腐倡廉的制度化水平，推进制度创新，使制度设计更加科学、合理、具体和管用，努力做到使执行制度的人不吃亏，不执行制度的人受惩罚。三是要切实加强对权力运行的监督与制约，要继续完善建设工程招标投标、公路经营权转让、政府采购等制度，积极探索与权力运行相配套的激励机制，促进领导干部廉洁从政。四是认真落实党风廉政建设责任制，把反腐倡廉的任务分解到相关职能部门，明确抓好落实的具体目标和措施，并将考核结果作为业绩评定、奖励惩处、选拔任用的重要依据，扎实推进源头防腐工作的有效落实。

建设交通廉政文化的过程，是以先进的廉政理论为指导，以先进的廉政制度为基础，以先进的廉政思想为核心，以先进的物质文化活动为载体，营造崇尚廉洁、反对腐败、诚信守法的交通行业文化氛围的过程；是加强思想道德、职业道德、社会公德和家庭美德教育，提高交通系统的道德水平，使为民、务实、清廉的理念更加深入人心的过程；是通达民意、淳厚民风、丰富文化活动内容和更好地满足人们精神文化需要的过程。交通廉政文化建设无疑将十分有助于营造廉荣贪耻的良好氛围，有助于推动交通反腐倡廉工作，从而扎实有效地推进交通事业又好又快发展。

① 参见刘小冰：《宪政制度的文化分析》，黑龙江人民出版社2003年版，第189页。

② 参见胡鞍钢：《反腐败必须构建中国特色国家廉政体系》，载《检察日报》2007年5月29日。

③ 参见董锦霞：《试论廉政文化对经济发展和社会进步的作用》，载《社科纵横》2006年第5期。

④ 胡锦涛：《高举中国特色社会主义伟大旗帜 为夺取全面建设小康社会新胜利而奋斗》，载《人民日报》2007年10月16日。

第二章 交通廉政文化建设的理论指引与基本原则

交通廉政文化建设是一种理论与实践相结合的活动，推进交通廉政文化建设既需要理论支撑，更需要将这些理论转化为实践原则。因此，交通廉政文化建设必须拥有自己的理论来源和基本原则。只有这样，才能为深入开展交通廉政文化建设提供强有力的思想保证和实践指导。

一、交通廉政文化建设的理论指引

在现阶段，进行交通廉政文化建设，必须有正确的指导思想作为实践的指引，具体包括：坚持和发展马克思主义的廉政建设思想，继承和弘扬中华民族优秀的廉政文化传统，发掘和利用交通廉政建设的现实资源，借鉴和吸收域外廉政文化建设的理论成果（图2-1）。

（一）坚持和发展马克思主义的廉政建设思想

马克思主义指导思想是社会主义核心价值体系倡导的首要内容，正确理解、坚持和发展马克思主义的廉政建设

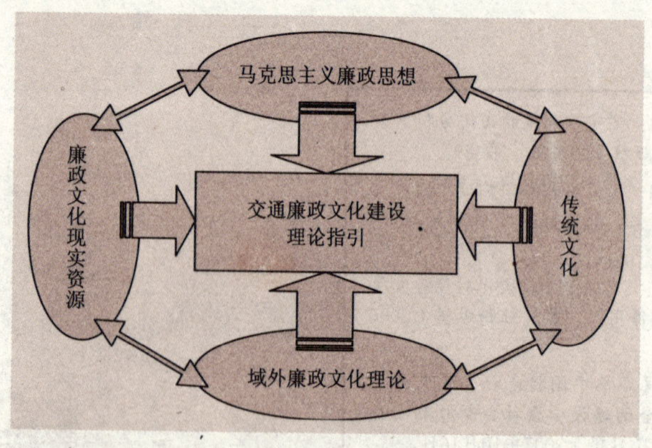

图2-1　交通廉政文化建设的理论指引

思想，有利于把握交通廉政文化建设的发展方向。

马克思主义和社会主义制度同腐败现象在本质上是不相容的。马克思主义经典著作包含着丰富的廉政文化思想，主要有：保廉防腐惩腐的思想；要防止国家和国家机关由公仆变为主人的思想；从严治党，纯洁队伍；党政分开，政务透明；联系群众，反对特权；加强法制，进行监督等。马克思主义廉政思想是思想文化的重要内容，是交通廉政文化建设的指导思想。马克思主义对资本主义腐朽思想的批判和对社会主义社会的科学设想为开展交通廉政文化建设奠定了基础。可以说，我国现阶段在廉政建设方面的一系列主张和举措，从本质上说，都是对马克思主义的继承和发展。

此外，中国共产党作为马克思主义在中国传播者，其廉政文化建设的思想同样是我们现阶段进行交通廉政文化建设的指导思想和理论基础。中国共产党高度重视廉政文化建设，并针对各个时期的实际情况提出了具体的廉政建设要求。毛泽东的廉政主张主要表现在：着重从思想上建设党，走民主新路，跳出“历史周期率”，政府工作人员必须全心全意为人民服务，勤俭节约、艰苦奋斗，反对贪污和浪费，用民主制度保证廉政，加强执政党党风建设和反腐防变、精兵简政、勤俭建国。邓小平同志具体阐述了廉政建设的基本要求：加强教育、构筑拒腐防变的牢固防线是廉政建设的基本方针；改革领导体制、完善监督管理机制是廉政建设的有效途径；从严治党、从严治政、从严惩治腐败是廉政建设的主要措施；加强和改善党的领导是廉政建设的关键环节。江泽民在毛泽东、邓小平探索的基础上，不断丰富、深化、完善和创新，从执政党生死存亡的高度阐述了廉政及加强廉政建设的极端重要性，提出了提高党的领导水平和执政水平、提高拒腐防变和抵御风险能力两大历史性课题，明确提出“大力发展先进文化，支持健康有益文化，努力改造落后文化，坚决抵制腐朽文化[①]”，从而初步形成了中国共产党反腐倡廉的思想理论体系。

以胡锦涛同志为总书记的党中央，始终坚持以邓小平理论和“三个代表”重要思想为指导，从我国现代化建设的全局出发，紧密围绕建设中国特色社会主义这一主题，不断总结经验，提出了“科学发展观”这一重大战略思想。

科学发展观，是对党的三代中央领导集体关于发展的重要思想的继承和发展，是马克思主义关于发展的世界观和方法论的集中体现，是同马克思列宁主义、毛泽东思想、邓小平理论和“三个代表”重要思想既一脉相承又与时俱进的科学理论，是我国经济社会发展的重要指导方针，是发展中国特色社会主义必须坚持和贯彻的重大战略思想。

科学发展观，第一要义是发展，核心是以人为本，基本要求是全面协调可持续，根本方法是统筹兼顾。这四个方面是相互联系、有机统一的。科学发展观的精神实质是实现经济社会又快又好的发展，要更加注重实现速度和结构、质量和效益的统一，更加注重经济发展和人口、资源、环境相协调，更加注重经济、政治、文化社会的整体推进全面发展，使我们的经济和社会发展能够长期、平稳、快速的发展。科学发展观的理论核心，紧密围绕着努力把握人与自然之间关系的平衡与努力实现人与人之间关系的协调这两条基础主线，科学发展观又是我国的发展战略，这就要求我们交通事业也要围绕实现和谐交通、人本交通来展开，并根据战略目标的规定，立足交通行业具体的行情，制定具体的实现目标的方案和计划，完善我国的战略体系。

科学发展观也是加强党的执政能力建设和党的先进性建设的重要指导思想。根据科学发展观的要求，在廉政建设中必须注意以下几个方面：在思想认识上，必须深入开展党风廉政建设和反腐败斗争；在廉政体制上，必须健全防范腐败的体制机制，建立健全与社会主义市场经济体制相适应的教育、制度、监督并重的惩治和预防腐败体系，努力形成行为规范、运转协调、公正透明、廉洁高效的行政管理体制，加强对领导机关和领导干部的监督，深入开展党风廉政建设和反腐败斗争；在作风建设上，必须切实加强和改进党风廉政建设，坚持立党为公、执政为民，保持艰苦奋斗的作风，坚决抵制各种不良风气的侵蚀；在廉政文化建设上，必须加强党的执政能力建设和先进性建设，加强廉政文化建设，把廉政文化建设作为建设社会主义先进文化的重要内容，进一步完善反腐倡廉的工作机制，形成反腐倡廉教育的整体合力。十七大政治报告进一步强调要“切实改进党的作风，着力加强反腐倡廉建设[②]”。这些廉政思想不仅仅是对马克思主义执政党建设理论和廉政建设理论的重要发展，更是为交通廉政文化建设提供更为坚实的理论基础，指明了建设的方向。

党的历代领导人高度重视廉政建设，廉政思想理念在不断发展和推进，这为廉政文化创造了易于发展的政治环境。因此，建设交通廉政文化必须抓住这样一个时代机遇，立足于交通行业本身，正本清源，坚持马克思主义廉政思想，批判和反对封建主义的腐败思想和腐朽文化，真正从内心深处树立廉洁自律、廉洁奉公、清廉正直的价值理念。

（二）继承和弘扬中华民族优秀的廉政文化传统

世界上很少有几个国家像中国这

样能如此长久地保有自己的文明。当然，这一文明的基础是自然经济和人治传统。因此，从宏观的历史大趋势来看，1840年后，中国开始了以市场为取向的经济建设和以法治为取向的政治建设，这就动摇了中华文明存在的基础，中华文明被迫开始了现代转型。但是，这种转型并不是对古老文明的全盘抛弃，而是一个有意无意、或多或少的选择和扬弃过程。应该看到，中国文明的代代传承与一些富有特色的制度规范和道德要求的代际复制是紧密联系的。

因此，交通廉政文化建设必须深深扎根于中国的土壤，从历史中寻找智慧，在文化中发现力量。文化的力量熔铸在民族的生命力、创造力和凝聚力之中，是民族生存和发展的根本力量，也是建设廉政文化的强大力量。概括起来看，中华民族优秀的廉政文化传统有以下主要特点：

第一，较为系统的廉政思想。我国古代有"以廉为本"的吏治观，视廉为"政德"。春秋战国时期的著名思想家晏子认为廉政的标准就是"水乎清清"。经历代的丰富充实，廉政观念发展为三大范畴：一是政治标准，谓正、直、情、俭，二是法纪素质，谓法、公、察、谨，三是行为能力，谓干、能、劲、毅[③]。同时，中国古代关于六廉的观点影响深远："廉善"奠定了廉洁的目标，"廉能"提出了廉洁的绩效，"廉敬"端正了廉洁的态度，"廉正"明确了廉洁的宗旨，"廉法"建立了廉洁的保障，"廉辨"确立了廉洁的标准。

第二，富有特色的制度规范。从历史的观点来看，中国封建社会也建立了许多富有特色的廉政制度规范，主要有严刑峻法，惩罚贪官污吏；建立严密的监察制度，防范官员腐败；加强廉政教育，树立廉政风范，积极倡导廉政。例如，富有特色的、行之有效的监察机制是盛唐大好政治局面的有力保障[④]。

第三，独一无二的表达方式。中华民族在表达对腐败的憎恨和反感、对廉洁的向往和赞赏时使用的方式是非常独特的。一是文字。例如，"赂"：其本来是一个"路"字。但是为了钱，也就是为了"贝"而失"足"，就成为"赂"。大凡收受贿赂的领导干部在事发后，都后悔为了钱，一失足而成千古恨。"贜"（繁体的"赃"）字，左边是一个"贝"字，右边是个"躲藏"的"藏"字，这说明凡是贪赃枉法得来的钱，都不是光明正大的。所以，许多贪官总是整天提心吊胆，东躲西藏，但最后还是"机关算尽太聪明，反误了卿卿性命"！显然，这是一种非常中国化的表达方式。二是戏剧。中国的戏剧中留下了许多脍炙人口的廉政故事，包拯、海瑞、于成龙等人的故事广为流传，激励了一代又一代人，成为人们效仿的楷模。我们甚至可以夸张一点将中国的戏剧简单地分成两类半：一类是清官与贪官，一类是神仙与妖怪，半类是才子与佳人。清官剧之所以受欢迎，正是清官剧迎合了广大民众对社会公平与正义的企盼，对贪污腐败等不正之风的憎恶，也是清官文化在中国百姓潜意识中根深蒂固的体现。三是清官群。中国历史上的政治家只有二类四种：明君和昏君，清官与贪官。简单地说，就是好人和坏人。为了寄托对清廉政治的理想，中国将大量"修齐治平"、"非淡泊无以明志，非宁静无以致远"的清官记载在历史上供人们景仰。在封建社会，吏治腐败，官吏贪污成风。统治者为了维系自己的统治，也愿意将一些品行与政绩突出的官员作为典型进行表彰，藉此来为官吏树立榜样，扭转官场风气。

所有这些反腐倡廉的理论、制度、清官廉吏的事迹等，构成了内容丰富、形式多样的中国传统廉政文化体系。当然，从现代民主政治的眼光来看，所有这些来自于上层的监察力量终究不可能从根本上解决腐败问题。但若放在某一个时间断面上，它的效用则是不容否认的，同时也是能为我们今天所借鉴的。借鉴中国古代反腐倡廉的理论，充分挖掘、吸收其中的一些精华，对我国古代的廉政文化进行再创作，将其中的优秀成分复兴光大并实现其现代转化，能够促进以廉为荣、以贪为耻的良好风尚的形成，丰富当下反腐倡廉的理论，促进当代交通廉政文化建设。

由于历史的局限性，中国传统的廉政文化产品充斥着许多封建的糟粕，许多内容属于落后的乃至腐朽的文化成分。我们必须在科学的理论和科学的方法指导下，加以甄别，认真清除。只有探究千古兴亡之理，重视以史为鉴，善于汲取历史经验，弘扬中华民族优秀的廉政文化传统，才能在交通系统内顺利地有力地开展思想教育和舆论宣传，大力宣传廉政观，努力扬善惩恶，形成廉政风气。

（三）发掘和利用交通廉政建设的现实资源

任何一个新政权替代旧政权的过程，都是人民抵抗旧政权腐败的结果。中国共产党在取代国民党政权的过程中，对国民党的贪渎行为进行了无情的批判、对人民的清廉要求作出了积极的响应。国民党政权垮台的原因是多方面的，究其内因，则是腐败，腐败成为国民党政权的毒瘤，使其民心尽失，军无斗志，经济崩溃。

鉴于此，新中国成立后的初期，中国共产党深刻认识到廉政建设关系到党和国家的生死存亡，并大力提倡艰苦朴素、廉洁奉公的优良作风，强调加强廉政建设，取得了不少宝贵的经验。概括起来看，新中国成立初期廉政建设的主要经验有：加强监督，拒腐防变（如加强党内监督的力量、提升党外民主人士的监督力量、发挥舆论监督和群众监督的力量等）；整风肃党，以整促廉；有腐必纠，严惩不贷；加强教育，自省自律；以身作则，率先垂范⑤。

新中国成立初期的廉政建设经验为以后的廉政建设奠定了良好基础，为今后的廉政建设指明了发展方向：制度建设是搞好廉政建设的保证；思想政治教育是廉政建设的基础；坚决惩治腐败是搞好廉政建设的重要措施；领导干部带头廉洁自律是加强党风廉政建设的关键；廉政建设要以经济建设为中心，反腐败与经济建设应当一致。

十一届三中全会以来，在廉政文化的建设中，中国共产党又提出了一系列反腐倡廉的举措，例如重新设立党的各级纪律委员会、重新设置人民检察院、重新成立各级政府的监察部门；颁布实施了一系列反腐倡廉的法律法规和规章制度，把腐败纳入到了法治的轨道，掀起了一次又一次惩腐倡廉斗争的高潮。

党和政府作出的许多反腐败的决策、举措，提出的一系列反对腐败的廉政思想，以及所积累的极为宝贵的反腐倡廉的经验，促进了我国廉政文化的形成与发展。这为交通行业深入持久地开展反腐败斗争、推进廉政建设，提供了强大的思想武器和精神动力，是交通廉政文化建设的宝贵资源。

不可否认，近年来，交通系统发生的腐败现象引起了社会各界的关注。这其中既有整个国家和社会的宏观环境问题，也有交通系统自身存在的问题。但是，同样不可否认，多年来，交通系统的广大干部职工不断加强廉政文化建设，守牢廉政的大门，积极开拓创新，大力倡导适应现代化建设和富有时代特征、富有交通行业特色的新观念、新制度，涌现了一大批廉政先进典型。同时，交通行业又通过不断强化廉政教育，使尚廉耻贪意识深入交通领域工作人员的心中，最大限度地提高了广大干部职工的自身免疫力，牢牢把握交通廉政建设的主动权。并且，交通行业通过强化制度建设，加大惩治腐败的力度，打击了贪污受贿，及时清除了腐败的毒瘤。

正反两个方面的经验教训都是现阶段我们开展交通廉政文化建设的宝贵资源，值得我们重视和珍惜。正面的典型事例既能让我们对开展交通廉政文化建设充满信心，又能使我们认真学习先进典型，积极发挥交通系统内先进典型的先锋模范作用，以交通系统内领导干部和先进典型的实际行动带动全系统的交通廉政文化建设。反面的教训时刻提醒我们开展交通廉政文化建设的现实必要性和紧迫性，看到交通系统内腐败存在的根源，为根除腐败和廉政建设提供实践依据。

（四）借鉴和吸收域外廉政文化建设的先进成果

文化的世界化势在必然。任何一个国家、任何一个民族只有在频繁的世界性交流中，与国际化要求接轨，充分吸收其他国家和民族的优秀成果，才能推动本国、本民族的发展。因此，在人类历史转向“世界历史”进程的今天，中国的廉政文化自然要与世界各国、各民族的廉政文化发生联系和交流，学习借鉴世界各国，包括近现代西方发达国家廉政文化建设的成果。

近代西方资产阶级在反对封建君主专制的斗争中，逐步形成了以主权在民、人权保障、法治主义和分权制衡等为核心内容的政治理论。这些政治理论为资本主义国家制度的确立和发展奠定了基础，也深深影响了近现代西方资本主义国家廉政文化的形成和发展。从世界范围来看，法治主义、分权制衡、人权保障等思想也已经成为了廉政文化建设的基本要求和指导思想，对现今我国交通廉政文化建设也具有重要的启示作用。

1995年8月，意大利西西里岛墨西拿市市长朱塞佩·布赞卡与妻子外出旅游，他让公务车司机开车将他和妻子送到400公里之外的港口，回来时又让司机接他们回家。意大利消费者协会联合会就此将布赞卡告上法庭，指控他滥用职权，损害了纳税人利益。2003年10月21日，意大利最高法院裁定私用公务车属违法行为，以滥用职权罪判处其半年监禁。

如此严格的反腐措施根植于西方深厚的政治理论和政治实践。西方政治理论中关于一切权力属于人民的观点，关于对权力进行监督的有效途径在于权力分立和制约的观点，关于以人民权利制衡公共权力、以公共权力制衡公共权力、以社会权力制衡公共权力的观点，关于绝对权力导致绝对腐败的观点，关于重视和加强政府官员的廉政道德建设、强化政府官员的职业道德和法制观念的观点，关于防止权力被滥用、被异化的观点等等，所有这些，对我们构建教育、制度、监督并重的惩治和预防腐败体系，加强交通廉政文化建设，都具有十分重要的积极意义。因此，为了更好地推进交通廉政文化建设，我们不能仅是局限于国内交通廉政文化建设这一狭义的角度，而应有更为广阔的国际视野。

当然，中国的交通廉政文化建设必须立足于本国现代化进程和建设中国特色廉政文化的需要，结合中国国情、交通系统行情和廉政文化的特点，学习吸收人类一切优秀的文化成果尤其是廉政文化成果，对外来优秀的廉政文化进行改造、整合和融汇创新，这是世界历史发展的潮流，也是交通廉政文化建设的客观要求及其活力所在、生命所在。

二、交通廉政文化建设的基本原则

理论来源于实践，又指导实践。廉政文化建设是一项理论性和实践性都很强的工作，只有在理论上取得突破，才能在实践中得到发展。推进交通廉政文化建设，既要坚持用科学的理论指导实践，推动工作，为交通行业廉政建设和反腐败工作提供有力的文化支撑，为交通廉政文化建设的深入发展提供有力的思想保证和理论指导，更应将这种理论指引转化为实践原则，认真研究廉政文化的各种现象和各地交通系统的生动实践，从中概括经验，提炼理论，揭示规律，促进交通廉政文化的建设。

我们认为，现阶段我国的交通廉政文化建设必须坚持以下基本原则（图2-2）。

（一）坚持党的领导与群众路线相结合

交通廉政文化建设首先必须遵循党的领导和群众路线相结合的路线，这是与我国的国情相一致的。宪法规定，中国必须坚持党的领导，而国家的一切权力属于人民。可见，在我国的社会主义现代化建设中，必须依靠党的领导，走群众路线，才能真正体现人民主权的本质，才能更好地服务社会，服务人民。交通建设本身是一种基础设施建

① 江泽民：《全面建设小康社会，开创中国特色社会主义事业新局面——在中国共产党第十六次全国代表大会上的报告》（2002年11月8日）。

② 胡锦涛：《高举中国特色社会主义伟大旗帜 为夺取全面建设小康社会新胜利而奋斗》，载《人民日报》2007年10月16日。

③ 徐海峰主编：《廉政文化建设研究》，中国方正出版社2004年版，第289页。

④ 孙中山先生的五权宪法就吸收了中国历史传统中的监察制度。

⑤ 参见张纲：《建国初期廉政建设的经验与启示》，载《青岛日报》2007年5月26日。

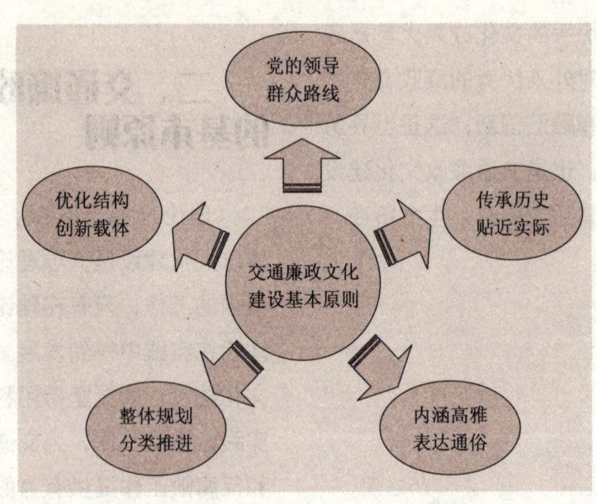

图2-2　交通廉政文化建设基本原则

设，涉及到国计民生，因此，交通廉政文化建设就显得尤为重要，只有立足于走群众路线，以人为本，多听取群众的建议，接受群众的监督，才能真正实现交通行业的廉政建设。

1. 坚持党管廉政文化建设

在我国，中国共产党在社会主义建设中的领导作用主要通过政治领导、思想领导和组织领导来实现的。在交通廉政文化建设中，中国共产党也是通过这三种方式来实现其领导作用的。

中国共产党对于交通廉政文化建设的政治领导主要是通过确定在交通系统中廉政文化建设的基本路线、实施战略、所要实现的目标，营造出积极向上的廉政氛围，引导交通行业广大员工沿着正确的方向前进。具体而言，交通系统内的党组织在交通廉政文化建设中发挥着极其积极的作用，例如通过党政会议强调廉政文化建设的重要性，发布党内关于交通部门廉政文化建设的文件，开展以崇廉为主题的思想教育活动等。

坚持党对交通廉政文化建设的思想领导，就是坚持以马克思主义的廉政思想作为交通廉政文化建设的指导思想，加强党的理论工作和思想政治工作，向人民群众宣传党在交通廉政文化建设方面的路线、方针、政策，提高人民群众的思想觉悟，把党关于交通廉政文化建设的主张变成人民群众的自觉行动。

党对交通廉政文化建设的组织领导主要体现在建立健全党的组织，培养、选拔、使用和监督党员干部，搞好各级领导班子和干部队伍的廉政建设，组织带领交通系统广大员工去实现党的廉政文化建设工作。总的来说，就是在交通系统内建立起比较健全的党组织，成立专门的机构，有专门的人员来负责本部门的廉政文化建设，例如成立纪委，由党委总负责，纪委协助分工协作的建设方法，纪委在党委的领导下开展廉政文化建设的相关工作。与此同时，要加强对交通系统内党员领导干部的廉政建设，只有在领导干部的带头表率下，广大员工才能积极参与进去，以“以点盖面”的方式实现全系统的交通廉政文化建设。

政治领导、思想领导和组织领导是一个有机的整体，绝不能将其割裂开来或对立起来。党的政治领导是党的领导的核心，思想领导是政治领导、组织领导的重要基础，组织领导是实现党的政治领导和思想领导的重要保证。只有通过政治领导、思想领导和组织领导，才能实现党管廉政文化建设的基本要求。

2. 坚持密切联系人民群众

坚持和改善党的领导与密切联系人民群众是相辅相成的。密切联系群众是党的优良作风和政治优势，一切为了群众，一切依靠群众，从群众中来，到群众中去，是党的三大法宝之一。十六届四中全会指出：“密切联系群众，善于做群众工作，是党的优良传统，也是我们的政治优势。提高做群众工作的能力和水平，是加强党的执政能力建设的重要内容。”十七报告多处体现群众工作的重要性，明确要求“要坚持人民是历史创造者的历史唯物主义观点，坚持全心全意为人民服务，坚持群众路线，真诚倾听群众呼声，真实反映群众愿望，真情关心群众疾苦，多为群众办好事、办实事”。人民群众是社会发展的根本动力。在交通系统建设中，只有密切联系群众，才能真正做好交通廉政文化建设；只有发挥群众的力量，才能显示交通廉政文化建设的深度。相信群众、依靠群众，时时处处密切联系群众，交通廉政文化建设的水平才能不断提高。

交通廉政文化建设坚持密切联系群众具有特别重要的意义。交通是国民经济的命脉，交通行业涉及到国家和社会生活的方方面面，没有群众的参与，就不可能真正形成交通廉政文化，交通行业的廉洁性也就无法得到根本保证。因此，一方面，交通系统必须继承和发扬中国共产党的一系列优良作风，着力解决与人民大众息息相关的问题，努力实现好、维护好、发展好人民群众的根本利益。另一方面，“遏制为政不廉，人民群众是最坚决的力量，也只有他们起来才能达到彻底遏制的目的。”[①]在交通廉政文化建设中，要发动和依靠群众，认真听取广大人民群众的意见和建议，根据人民群众的意愿，进行制度、相关措施或者廉政建设活动的设计，为遏制不廉提供强大动力。同时，要发挥人民群众的监督力量，壮大交通系统的监督队伍，依靠群众去揭露交通系统内的贪污腐败现象。

（二）坚持传承历史与贴近实际相结合

廉政文化是政治文明和精神文明相互融合的一种文化形态，具有一般文化所共有的延续性、独立性和时代性的特征。在交通廉政文化建设中，必须注重历史与现实的结合。只有注重历史，坚持文化的延续性，充分挖掘优秀传统文化，廉政文化建设才有坚实的基础；只有立足现实，突出文化的时代性和创新性，不断增强时代气息，廉政文化建设才有生命力。

交通廉政文化建设同样必须坚持传承历史与贴近实际相结合的原则。我国古代的廉政实践能为现今的交通廉政文化建设提供很好的廉政建设经验，与借鉴国外先进的廉政建设成果相比，利用本土化、具有中国特色的廉政文化，古为今用，更能得到交通系统广大员工的认同，更能加速廉政文化的建设。当然，仅仅移植古代优秀的廉政文化传统是远远不够的，现今的交通廉政文化建设相对于历史而言是一种新兴事物，有其特殊性和新颖性，只有立足于交通系统，认真审视其现实资源，借鉴其廉政文化建设中的经验与不足，才能真正实现适于交通系统的廉政文化建设。只有立足于历史与现实的结合，才能找到交通廉政文化建设赖以发展的基础和具有时代特色的发展动力。

可以说，传统廉政文化的深厚底蕴为交通廉政文化建设提供了坚实的理论基础和实践经验。但是，仅仅依靠传统廉政建设理论或实践经验是不够的，交通廉政文化建设更需要立足于现实，因地制宜：一是整个社会大环境的现实，二是交通系统内的现实。立足于现实还要求在交通廉政文化建设中，做好“两个创新”：一是创新思维，促进交通廉政文化建设的科学化。也就是说，要把交通廉政文化建设放到先进文化建设的总体部署中，放到反腐倡廉的总体格局中去谋划，去推进，不游离中心，不自行其是，不封闭运行。只有这样，交通廉政文化建设才能把握正确方向，才能有所作为。二是创新方法，促进廉政文化建设的多元化。也就是说，要大胆创新交通廉政文化建设的方法，坚持边实践边总结边提高，努力实现由封闭向开放、由重声势向讲实效、由号召动员向真情感召、由单纯灌输教育向综合艺术渗透的转变。

在交通廉政文化建设中，历史与现实相结合的原则在实践中主要体现在以下两方面：

一方面，在交通廉政文化建设中，必须坚持古为今用、以古鉴今的原则，以新时期的伟大实践为坐标，用现代的眼光去审视优秀的历史廉政文化，用创新的理念去研究历史廉政文化，用丰富的载体去展示历史廉政文化，将历史上的廉政文化资源转化为现实的交通廉政文化建设。同时，要具有世界眼光，积极借鉴和吸收人类创造的一切优秀文明成果，深入研究挖掘廉政文化底蕴、廉政文化渊源和廉政文化积淀，并根据形势的变化，时代的发展，赋予新的内涵、载体和形式，与时俱进，推陈出新，在继承中发展，在创新中前进，力求使交通廉政文化建设把握时代脉搏，顺应时代潮流，着眼当今时代特点，把适应现代化建设和社会主义市场经济的公平正义、效率诚信和民主法治等富有时代特征的新观念、新道德，作为交通廉政文化继承和创新的核心，使交通廉政文化建设更具科学性、时代性。

另一方面，又要弘扬时代精神，不断丰富交通廉政文化的内容。“时代精神是时代发展的潮流和方向”②，党的历届代表大会都强调反腐倡廉的重要性，廉洁已经逐步成为了时代精神的一部分，廉政文化更是与时代精神相统一。交通行业既是生产部门，又是为人民群众服务的重要窗口，交通运输安全生产人命关天，工程建设质量是百年大计，这就使得交通行业反腐倡廉任务特别艰巨，形势特别复杂。近年来，全国交通行业屡屡出现“硕鼠”现象，给行业内外带来很大震动，加快交通廉政文化的建设已迫在眉睫。交通廉政文化建设是筑牢交通防腐体系的一项重要的基础性工作，是对交通领域工作人员价值取向、思想观念、行为准则整体上的结构性建设。构建交通廉政文化，既要随着社会和交通行业的发展，在内容和形式上不断创新，使之保持旺盛的生命力，又要把它作为交通行业战略的重要组成部分，全面规划，合理布局，坚持跟进，强化执行。

（三）坚持整体规划与分类推进相结合

交通廉政文化建设是一项量大面广的系统工程，涉及到社会政治经济文化的方方面面，没有整体规划，没有统筹协调，就不可能做到可持续发展。因此，必须从整体上把握交通廉政文化建设，必须始终坚持用统筹的理念推进交通廉政文化建设。当然，仅仅从整体上去把握交通廉政文化建设是远远不够的，整体是由各个局部所构成的。相对于整个交通系统而言，各地交通系统、各地交通系统内的工作部门、各交通系统内的广大干部职工为局部单位。可以说，局部的廉政文化建设是基础，整体的廉政文化建设是目标。在交通系统总的廉政建设部署下，统筹性地开展交通廉政文化建设，能使廉政文化得以延伸；把握交通廉政文化的局部建设，分类推进，能使各地交通系统、各交通部门、交通系统内的广大干部职工在廉政建设中立足于本行业的实际，有针对性地开展适合于本系统和本地区的交通廉政文化建设。

整体规划与分类推进相结合原则主要体现为在交通廉政文化建设的总要求下，各地交通系统、各交通部门和交通系统广大员工应根据各地、各部门和各岗位的实际情况创造性地实践廉政文化建设。

交通廉政文化建设的总要求就是杜绝腐败，使全系统所有员工具有较高的廉洁素养，就是要健全工作机制，始终坚持"以人为本"，坚持交通系统内领导干部和员工是廉政文化建设的主体，紧紧抓住提高人的思想道德素质，尤其是廉政修养这个根本，把先进性的要求与广泛性的要求结合起来。廉政交通应该是队伍勤政廉政、事业和谐发展的交通。打造廉政交通，就是要建设一流队伍、创造一流业绩、提供一流服务。尊重、了解交通系统员工的特点，才能增强整合力，才能把握好交通廉政文化建设的针对性和认同感，才能确定符合交通系统特点的工作模式和创建模式、建设载体和建设形式。

实践中，各地交通系统及其员工积极响应交通部的号召，因地制宜积极实践廉政文化建设，营造良好的廉政氛围。例如，针对交通领域出现的贪污腐败现象，交通部认识到了我国现行的交通投资体制"四位一体"（投资、建设、管理、运营）管理模式存在的弊端，于是制定一系列的法律进行防范，加强对投资体制的监管，制作有关案件的警示教育片，强调廉政的重要性，这就属于整体的规划。而作为局部的各地交通系统和广大员工则是在中央的廉政建设要求下采取相关措施，严格遵守法律的同时，实施制度创新、机制创新，做到制度反腐、机制反腐。如各地交通系统针对腐败现象频发的交通基础设施建设领域纷纷采取措施抑制腐败，对四位一体的投资管理模式进行改革，实现四位分离，专人负责；又如江苏交通系统在农村公路的建设中通过管理体制的创新，创立了农村公路巡查制度，加强了内外监督力度。

实践表明，在总的廉政文化建设方针的指导下，从局部改革入手，分类推进，通过工作机制和服务心态的转变，交通系统员工的廉洁意识会明显增强，服务、工作效率和监督能力会明显提高，群众的满意程度也会明显提升，从而有力推进交通廉政文化建设。

可见，没有整体对局部发展的导向，或者没有局部对整体的促进，交通廉政文化建设将裹足不前。只有在整体和局部的相互促进下，交通廉政文化建设才能体现全局性，增强整体合力，以点带面促进整个交通系统廉政之风的形成。

鱼：你看不见我的眼泪，因为我

在水里。

水：我看得见你的眼泪，因为你在我心里。

（四）坚持优化结构和创新载体相结合

任何一种文化的形成和发展都会有一定的模式，采用一定的结构方式。交通廉政文化建设也同样需要找到适宜的廉政文化结构形式，这将使我们能够有针对性地建设交通廉政文化，及早发现交通廉政建设的薄弱环节，有的放矢地营造良好的廉政环境，加快交通廉政文化建设的进程。当然，仅仅注重打造交通廉政文化结构是远远不够的，还必须与方式方法的创新相结合，这样才能又好又快地开展交通廉政文化建设。如果说结构打造是通过外力来营造廉政氛围和工作环境，仅限于在交通系统内部对交通系统广大干部职工的廉政状况进行硬性的规定，属于外因，那么，方式方法的创新无疑就是内因了，它是采用不同的手段和载体，通过丰富多彩的活动形式，使交通廉政文化建设更具有渲染力，潜移默化地深入到交通领域工作人员的内心深处，使其对腐败产生抵触心理，从而达到廉洁自律的效果。可见，只有在外因和内因相结合、相互作用下，即结构打造和方式方法创新相结合的情况下，才能加快交通廉政文化建设进程。

1. 大胆实践，打造优秀交通廉政文化结构

廉政文化建设仅仅依靠思想道德教育，仅仅依靠人的自觉性是不够的，还需要有结构性的基础。最重要的是依赖价值引导和制度规范，形成一整套对公共权力的监督制约机制，用文化来促进交通廉政建设。廉政文化建设没有统一的模式，但从实践看，打造良好的廉政文化结构有利于廉政文化的建设。从结构的角度，廉政文化可以分成廉政价值文化、廉政制度文化、廉政物质文化三类。廉政制度文化与廉政物质文化主要包括必要的规章制度、文化设施和教育环境等，这些也可称为廉政建设的“硬文化”结构。廉政价值文化主要包括思维方式、价值观念、审美意识、政治意识、道德观念、科学观念、工作目标、行为取向、心理习惯、工作情绪等，这些可称为廉政建设的“软文化”结构。“硬文化”结构与“软文化”结构是构成廉政文化复式形态的主要内容[③]。

实践表明，廉政制度文化与廉政物质文化是廉政价值文化发展的物质基础，并且以可视资源的形式存在，而廉政价值文化是廉政制度文化与廉政物质文化发展的前提条件，并且以无形资源的形式存在。只有将这两种资源进行有机结合，发挥相互联系、相互渗透和相互制约的功能，才能真正打造出优秀的

廉政文化。现实中，人们往往偏重于第一层面——“软文化”建设，而疏于第二层面——“硬文化”建设，这显然不利于廉政文化的塑造。只有以“软文化”作为打造廉政文化的核心和关键，促使“硬文化”更好地发挥作用，才能使廉政建设发挥主动性和号召力。廉政硬文化是规章制度、文化设施等外在因素，廉政软文化是交通系统员工的意识形态和价值观等内在因素。因此，在交通廉政文化建设，做到“两手抓，两手都要硬”，打造优秀的交通廉政文化结构。

在交通廉政文化建设中，重视“软文化”，就是要使交通领域工作人员树立起廉洁自律、廉洁奉公、廉洁正直的观念，加强廉政宣传，增强交通系统员工的廉政意识，为廉政文化建设奠定社会基础，营造舆论氛围。特别要引导交通系统广大干部职工从执政为民的思想高度出发，不断提高对加强廉政建设的重要性、长期性和自觉性的认识。重视“硬文化”，就是要强化法纪教育，提高交通系统员工遵纪守法的自觉性，要将法纪教育贯穿于反腐倡廉的各个环节，努力使遵纪守法逐步转变为高度的自律，把外在的强制转变为内在的自觉，增强交通系统员工的法制意识、纪律意识和责任意识；开展全员廉政教育，提高交通系统执法人员的素质。交通安全管理工作的好坏，与交通系统执法人员的关系最为密切，与他们的廉政意识、执法水平最为密切。交通系统特别是交通执法部门的领导干部，必须努力提高对廉政与执法、廉政与法纪的认识，依法办事，严格执法，秉公办事，不以权谋私，不贪赃枉法，自觉遵守法律法规和职业纪律，不断提高自身的廉政素养。

2. 运用丰富多彩的载体，创造交通廉政特色文化

在交通廉政文化建设中，要不断创新载体和手段，坚持以人为本，贴近实际、贴近生活、贴近群众、创新内容、创新形式、创新手段。要让交通廉政文化建设真正走出机关，走出领导干部圈子，融入社会，走近群众，并提高群众的参与率和满意度，真正形成廉政氛围。同时，还必须有贴近生活的、群众喜闻乐见的形式，进而增强交通廉政文化的说服力、吸引力、感染力和亲和力。

实践表明，只有通过不断创新，运用多种载体和各种方式方法，才能与时俱进，适应社会的需求，才能使廉政理念深入人心，将交通廉政文化宣传教育延伸到交通系统的各个领域、各个层面。

（五）坚持内涵高雅与表达通俗相结合

在交通廉政文化建设中，要把高

雅与通俗结合起来。交通廉政文化建设的雅文化主要是指其价值理念，因而“雅”源自其深邃的思想内涵，是交通廉政文化的魅力之所在，是其神。正是因为“雅”，使交通廉政文化更具感召力，吸引人们去鉴赏、去体味，从而使人们的思想得到改造，精神得到提升，心灵得到净化。“俗”是由交通廉政文化的社会性所决定的。交通廉政文化必须面对整个社会，这就要求必须将其深刻的思想内容通过通俗的形式表现出来，为广大人民群众所接受，因而“俗”是交通廉政文化的表现形式，是其形。俗文化主要如快板、标语、廉政戏剧、廉政短信等通俗易懂、喜闻乐见的文化形式。交通廉政文化只有做到雅俗共赏、神形兼备，才能拉近与群众的距离，才能更具说服力，才能更充分的发挥其自身潜在的价值。

当然，雅俗文化之间的区分是相对的，事实上，文化的雅俗高低需要在每一次的创造中具体地显现和接受评判，并不是固定不变的。例如，《诗经》原本是当时的民谣俚曲，却可以成为后世的风雅之师；而许多当年被视为风雅之极的宫廷御制、状元文章等，如今却大多和其他文化糟粕一道成了历史的垃圾。此外，如《水浒传》、《西游记》等小说，京剧、越剧等戏剧，中国传统工艺等，都是来自民间的大众文化、“俗”文化产品，现在则成了传统文化的瑰宝，成了雅文化。应该说，不论大众的还是精英的文化，都有自己的“俗”和“雅”，都有自己从低向高、从浅入深、从粗到精的发展提高问题。因此，大众文化也可以有自己的高贵和优美；而精英文化也难保不出粗俗之作。只有凭借创造的智慧和精心的劳动，而不是凭借某种身份，才能产生精品。

从这种意义上说，交通廉政文化建设必须在雅俗共赏中推进。交通廉政文化提倡什么，反对什么，必须旗帜鲜明。要用格调高雅、健康向上的文化占领交通系统文化阵地，帮助交通领域工作人员树立正确的世界观、人生观、价值观等，打牢立身做人的思想基础，切实做到为民、务实、清廉。同时，交通廉政文化又要适应市场经济条件下人们思想活跃、文化需求丰富多彩的特点，开展一系列交通领域工作人员喜闻乐见、生动有趣的文化活动，吸引广大人民群众踊跃参加，以达到陶冶情操、增长知识的目的。

因此，必须把雅与俗紧密结合起来，一手抓高雅廉政文化建设，以理想信念、道德修养、价值观念、行为准则、生活情操为核心，不断提升领导干部的思想境界、文化素养和道德情操，引导领导干部增强先进性意识、实践先进性要求、树立先进性形象；一手抓通俗廉政文化建设，根据不同群体对廉政

文化建设多层次的需求，以各种主题鲜明、内容丰富的文化活动为主题，与建设社区文化、校园文化、企业文化、村镇文化、家庭文化相结合，有针对性地创作一批为交通系统员工喜闻乐见的通俗廉政文化产品，提高廉政文化建设的渗透力、有效性。交通廉政文化建设内容确定后，能否取得预期的效果，关键在于廉政文化是否能取得广大员工的共鸣。实践证明，如果不能吸引交通领域工作人员的注意力，交通廉政文化建设很难达到预期的效果。

只有在交通廉政文化建设中做到雅俗共享，才能真正调动整个交通系统参与到廉政文化建设中来，才能真正做到寓教于乐，融思想性、艺术性、知识性、趣味性为一体。

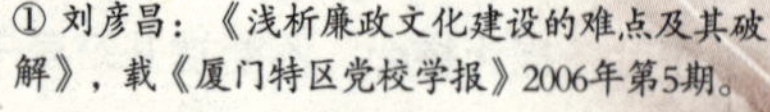

① 刘彦昌：《浅析廉政文化建设的难点及其破解》，载《厦门特区党校学报》2006年第5期。

② 四川省邓小平理论和“三个代表”重要思想研究中心：《大力弘扬民族精神和时代精神》，载《光明日报》2006年10月18日。

③ 参见徐海峰主编：《廉政文化建设研究》，中国方正出版社2004年版，第141页。

第三章　交通廉政文化建设的基本经验与存在问题

毛泽东同志曾经指出：“历史的经验值得注意。”交通廉政文化建设的经验是交通人在长期的廉政文化建设实践中形成的宝贵财富。认真总结交通廉政文化建设经验，必将使我们从中受到教育、得到启示、获得力量，更好地推进交通廉政文化建设实践。

一、交通廉政文化建设的基本经验

近年来，交通廉政文化建设立足交通行业，服务交通改革发展大局，以教育培训为基础，以制度建设为根本，以先进典型为引领，点面结合、扎实推进，在新的起点上取得巨大成就，在实践中创造了丰富经验，有力保障和促进我国交通事业的发展。

（一）强化教育培训，重视价值构建的基础性

教育培训是交通廉政文化建设的重要手段。理想信念是思想和行动的“总开关”、“总闸门”，理想的滑坡是最致命的滑坡，信念的动摇是最危险的动摇。道德修养是自觉抵御各种腐朽落后思想侵蚀的思想基础。通过强化教育培训，帮助广大党员干部牢固树立马克思主义世界观、人生观、价值观和正确的权力观、利益观、地位观，始终筑牢拒腐防变的思想道德防线。多年来，各级交通部门坚持教育先行，建立思想道德教育的长效机制，开展面向全行业的反腐倡廉教育，实现构建交通廉政价值体系的功效最优化。

1. 上好廉政党课

廉政党课是以廉政思想为主要内容的特殊党课。近年来，各级交通党组织紧紧围绕加强党风廉政建设这一主题，开设廉政教育课堂，认真组织广大党员干部学习《党章》、“两个条例”和领导干部廉洁从政准则等。交通系统党政主要负责人亲自讲党课，成为一项教育制度和特色做法。通过上党课，交通系统广大党员干部进一步提升了勤政廉政意识，以廉为荣、以贪为耻，转变作风、狠抓落实的氛围更加浓厚。

湖北省荆州市交通局主要领导亲授廉政党课

2006年5月22日，湖北省荆州市交通局党委书记、局长姚荆汉为局机关和市直交通系统党员干部上了一堂生动的廉政党课。姚荆汉同志紧密结合实际，深入分析了荆州交通廉政建设面临的严峻形势和任务，剖析了交通领域在廉政建设方面面临的突出问题和矛盾，提出了“实施十个100%”的工作措施。姚荆汉提出，要始终坚持“两手抓，两手都要硬”的方针，在全面落实“十一五”交通建设任务的同时，切实抓好党风廉政建设工作，为荆州交通全面快速发展保驾护航；深刻认识交通领域在廉政建设方面面临的突出问题和矛盾，进一步增强抓好党风廉政建设的信心和决心；紧密结合实际，创新工作方法，全面落实全市交通党风廉政建设的工作措施，增强党风廉政建设的实际效果。姚荆汉在授课过程中对全市交通系统党风廉政建设宣教月活动进行了安排布置，还特别要求所属各单位主要负责人结合实际，为本单位干部职工上一次廉政党课。

通过廉政党课这种形式，使交通干部职工进一步认清了交通廉政建设面临的形势和压力，增强了对廉政建设工作极端重要性和紧迫性的认识，明确了党风廉政建设的工作目标和任务，收到了很好的教育作用。

2. 深化主题教育活动

主题教育活动是交通系统廉政教育的重要形式。近年来，各级交通部门广泛开展以廉政为主题的各类教育实践活动。比较有代表性的主题教育活动有“增强纪律观念、自觉接受监督”，“做清廉干部、当服务先锋”，展示“廉政交通新形象”，“架金桥、留清名”，“把党旗和国旗插到世界最高桥塔上”等主题教育活动。主题教育活动已经成为交通部门廉政建设的一项基础性、常规性工作。大部分交通单位每年都能围绕中央纪委统一部署，结合本地区、本单位实际，开展特色鲜明的主题教育活动，贯穿廉政建设全过程，推动了交通廉政文化建设实践活动向纵深发展。

在党员干部中开展主题教育实践活动，坚持突出领导干部廉政建设和行业作风建设这一重要主题，注重贴近党员干部的思想和工作实际，注重解决实际问题，注重运用评议和考核加以推动和保障，做到“寓思想教育于生动活泼的活动之中”。这样的主题教育活动有利于交通部门切实转变机关作风，着力提高服务效能，努力打造办事效率高、服务质量高、管理水平高、人民群众满意的公正、高效、廉洁的交通机关；有利于交通干部职工转变服务理念，提高服务能力，在学习中接受教育，在实践中提高能力，在服务中树立形象，锻造出一支为民务实、清正廉洁、人民信赖的交通队伍。

3. 开展警示教育活动

警示教育就是要让我们的党员干部从身边的典型案例中吸取教训，引以为戒，时刻保持清醒的头脑，自觉做到勤政为民、清正廉洁。中纪委、交通部党组专门针对交通反腐败工作面临的严峻形势，摄制了警示教育专题片《贪路无归》，组织全行业干部职工收看，在广大交通干部职工中产生了强烈震撼。交通系统各级党组织都非常重视利用警示教育这一生动形式，通过参观监狱、听取服刑人员现身说法、观看警示教育片、撰写警示教育心得等，增强廉政教育的实效性。

江苏省交通厅400多名党员干部到浦口监狱接受警示教育

2007年6月14日下午，江苏省交通厅组织厅机关和厅属单位400余名党员干部在浦口监狱接受警示教育，并现场召开警示教育大会，听服刑人员现身说法。厅党组书记、厅长潘永和作重要讲话，省监狱管理局局长于爱荣介绍了全省监狱管理工作情况。省交通厅在宁厅领导杨根林、钱国超、李先友、王昌保、钟建驰参加了警示教育活动。

潘永和语重心长地告诫全体党员干部，一定要不断提高拒腐防变的能力，始终保持清正廉洁的政治本色；要牢记宗旨，千万不能滥用职权；要严于律己，千万不能拒绝监督；要慎待亲友，千万不能徇情枉法；要学习法纪，千万不能弃守防线；要学会算账，算好政治账、经济账、家庭账、健康账。他强调，要扎实推进理论创新和实践创新，着力构建较为科学、严密、完善的具有交通特色的反腐倡廉制度体系，深入治理交通建设领域商业贿赂，把监督的关口进一步前移到行业管理和交通执法领域。要严格执行一岗双责要求，把履行岗位工作目标责任和履行党风廉政建设责任紧密结合起来，贯穿到各项重要决策措施和业务工作之中，体现到行业管理和职业道德建设的全过程。对发生严重问题的单位和部门，必须依纪依法追究领导责任。

警示教育活动对广大党员干部产生的教育作用，可以说是最刻骨铭心的，看着昔日的同事、朋友如今沦为阶下囚后，身败名裂、妻离子散、家破人亡，现场以身说法、痛心疾首、追悔莫及，对党员干部的内心深处产生的强烈震撼，是其他教育形式无法比拟的。

4. 举办专题廉政讲座

专题廉政讲座已经成为交通干部职工理论、业务和技能培训的必修课程，成为交通部门廉政教育的基本形式。在党委（党组）中心组学习、党员政治理论学习和各类交通干部职工培训中，交通廉政专题讲座的内容十分宽泛，涉及反腐倡廉形势、党纪条规、纠风治乱、治理商业贿赂、预防职务犯罪等，授课的既有纪检监察部门、司法检察机关的领导，也有党校、高等院校和社科研究机构的专家学者，还有交通系统的党政主要领导干部。接受教育的对象既包括交通部门的各级领导干部、执法人员，更拓展到交通建设工程参建单位的管理人员和建设工人。

福建省运管局举办预防职务犯罪专题廉政讲座

2006年9月1日，为深入推进治理商业贿赂专项工作的开展，切实加强运管系统党风廉政建设和反腐倡廉工作，福建省运管局邀请省高检职务犯罪预防处郭鹤处长举办“预防和制止职务犯罪知识讲座”。局机关全体干部职工、福州市道运处和水运处中层以上干部及福州辖区各运管所长共71人参加。讲座从五方面剖析了职务犯罪的基本情况、特点、如何预防职务犯罪以及商业贿赂犯罪有关问题等常识内容。与会人员通过听取讲座、案例分析及观摩廉政电教片等形式，深受反腐倡廉教育，进一步提高廉洁自律的意识。

专题廉政讲座以开阔的视野、大量的信息、生动的讲解，紧密结合交通廉政建设实际，系统地介绍党风廉政建设形势，准确地解读党纪条规和法律法规，有针对性地剖析犯罪心理、分析犯罪动机，为党员干部和职工全面而深入地学习领会廉政建设的实质、目标、任务和措施，提供了生动形象的辅导，收到了较好的效果，受到广大干部职工的好评。

（二）突出权力制衡，增强制度建设的针对性

制度约束落后于权力运行的新变化，是腐败滋生的重要原因。交通行业具有工程建设、行业管理、行政执法等多种职能，特别是工程建设领域管权、管钱、管物的环节多，客观上容易诱发腐败。要构建和谐交通，必须更加注重反腐倡廉制度建设。近年来，各级交通部门坚持以加强对权力的制约监督为核心，以建好领导干部和执法人员两支队伍、完善交通建设和交通运输两个市场为着力点，深入扎实地推进反腐倡廉制度建设，加快构建惩治和预防腐败体系，积极探索用制度管权、用制度管人、用制度管事的体制机制。

1.调整和改善权力的配置机制

各级交通部门普遍意识到权力的过于集中是腐败滋生的土地，一方面积

极将过于集中的权力向不同的部门分散、化解，形成相互间的制衡，一方面在领导集体内部，发扬民主集中制，避免一人说了算，在重大事项上强调科学认证，民主决策。同时，还将不必要的行政干预权力从经济领域中退出来，充分发挥市场调节作用，由经济规律去自发地调整和优化市场结构和交通企业的生产经营，避免了行政权力直接插手微观经济行为而可能产生的腐败。

江苏交通重点工程建设实施资金协议监管制

江苏省交通厅在润扬大桥有效实践的基础上，全面推行由指挥部、承包商、开户银行三方签订的《工程资金监管协议》，规定承包商必须开设专门银行账户用于储存业主所支付的资金，专户中大额资金的使用必须接受业主的审批和银行的监督，承包商使用资金必须出具相关证明，对于没有用于工程项目的资金，业主不予批准，银行拒绝办理。银行还对专户资金的使用情况向业主提供月报，接受业主的全面检查，从而形成了三方监督、三权制衡的监管机制。建立交通与审计部门联动共建制度，主动协调审计机关，对工程项目概算执行的严肃性、内部控制制度的合理性、合同履约的真实性及建设资金使用情况的规范性等进行全过程跟踪审计，及时发现问题，及时整改落实。加强对资金拨付的监督，凡是超过5万元以上的费用支出都实行签报会审，做到多支笔共审一笔费用。

这种三方监督、三权制衡的监管机制，不仅杜绝了工程计量款的挪用和挤占，形成了权钱分离、互相制约、规范严密的工作流程，确保了资金的“体内循环”，也保证了资金支付的公开、透明、及时和安全，起到了超前监督、源头防范、查纠及时、促进管理的作用，构建了监察和审计对资金使用的双控机制，达到了有力监督、准确监督、高效监督的目的。

以服务质量为评价标准的客运线路经营权招投标

客运线路经营权服务质量招投标制度，是以运输服务质量为衡量指标，通过面向社会公开招标，公正选择客运班线经营业主，并在一定期限内准予其无偿使用客运线路经营权，以促进客运市场公平竞争的一项制度。自2001年开始，江苏省交通厅停止客运线路行政审批，全面实行省际、市际客运线路经营权无偿招投标制度。

客运线路招投标按照公告报名、投标、开标评标和定标四个阶段实施。为提高客运线路经营权招投标的可操作性，江苏省交通厅制定了《客运线路经营权服务承诺考核标准和办法》，并以规范性文件的形式事先设定招标线路的经营期限，严格规定上线经营的时间限制。客运线路招投标的具体做法是，在社会媒体上正式发布招标公告，实行投标资格审查，召开专家开标评标会议，依据标准进行评分，综合评标情况由定标委员会确定中标人，纪检、监察部门全过程实施监督。

到目前为止，江苏已经顺利实施了19批次700余条客运线路的公开招投标工作，社会反响相当良好，不少省份已经学习借鉴这一做法。

招投标是提高社会满意度的重要手段。客运线路经营权公开招投标制度，通过引入服务质量承诺和企业综合实力的竞争，可以体现市场经济“公平、公正、公开”的竞争原则，实现资源配置市场化，有利于行业管理部门的宏观调控。采用服务质量招投标，可以提高办事透明度，转变作风，从源头上防止了腐败现象的产生；可以使客运资源向有资质、服务好、信誉高的企业适度集中，引导企业走集约化、规模化经营的路子；可以促使道路运输企业改善内部管理，提高服务质量，促进企业进一步加强安全生产，增强道路运输企业与其他运输方式的竞争能力；可以促进企业加强人才培养、提高企业管理和生产人员素质，从根本上提高企业的竞争能力。

2. 规范和公开权力的运作程序

程序的规范和透明，是使权力得到制衡和约束的关键。“注重程序公正日益成为现代法治国家共同的价值取向”。在交通廉政建设工程中，各地交通管理部门普遍重视权力运作程序设置的规范和公开，促使权力按部就班地公开行使，一方面防止权力行使过程紊乱不清，避免产生漏洞；另一方面，避免了暗箱操作，有助于提高廉洁系数。在交通工程建设领域，由于资金流量巨大，腐败更容易滋生，以及社会影响广，质量和安全要求标准高等特点，程序化的权力运行更受到交通部门干部职工的重视。

高速公路建设工程招投标试行“合理定价评审抽取法”

为了从体制机制上排除人为因素对高速公路建设项目招投标工作的干扰，湖南省农村公路建设招标投标普遍推行的、而且已取得很好效果、社会反应良好的“合理定价评审抽取法”引入了高速公路建设项目招投标活动中，其相关操作程序和要求如下：

1. 操作程序

（1）资格预审：招标人报厅核备

资格预审文件→招标人发布资格预审公告→招标人发售资格预审文件（5天）→潜在投标人购买资格预审文件→潜在投标人编制资格预审申请文件→潜在投标人递交资格预审申请文件→招标人依法组织评审委员会评审潜在投标人递交的资格预审申请文件→招标人报厅核备资格预审结果。

（2）招标：招标人报厅核备招标文件→招标人发售招标承诺文件→招标人组织现场考察和标前会→投标人编制投标（承诺）文件→招标人依法组织评标委员会对投标（承诺）文件进行评审→由公证机关摇号确定中标候选人顺序→公示→招标人将招标结果报厅备案。

2. 具体要求

（1）在资格预审文件中对潜在投标人资质、人员要求、设备能力、财务能力、业绩和信誉等方面的资格条件，明确通过与不通过的标准。

（2）潜在投标人递交资格预审申请文件的时间，从招标人发售资格预审文件之日起不少于14天。

（3）招标人依法组织评审委员会依据资格预审文件规定的标准对潜在投标人递交的资格预审申请文件进行评审。审查结果分为“通过”与“不通过”。对各合同段通过资格预审的投标人数量不限，但少于3家时，招标人必须重新组织资格预审。

（4）招标（承诺）文件须明确合同条款、技术标准、质量要求及对施工组织设计的要求等，明确强制性响应条件，公布标段工程量清单、单价和工程总造价等必须由投标人承诺的具体内容。

（5）招标人组织现场考察和标前会。投标人根据招标文件的要求参加现场考察和标前会，在投标（承诺）文件中按招标文件的要求进行承诺，编制施工组织方案，对标段工程量清单、单价和工程总造价签字认可。

（6）投标人递交投标（承诺）文件的时间，从招标文件发售之日起不少于10天。

（7）招标人依法组织评标委员会对投标人递交的投标（承诺）文件进行评审。对通过评审的投标人，采取随机摇号方式确定中标候选人顺序。当进入随机抽取程序的投标人不足3个时，由评标委员会确定是否重新招标。

（8）随机摇号分二次进行，第一次确定投标人的顺序号，第二次确定中标候选人顺序。

（9）经随机摇号选定的第一中标候选人按规定进行公示，公示期10天。

（10）资格预审评审委员会和评标委员会依法由招标人代表（1人）和专家组成，专家由招标人从省交通厅评标专家库中随机抽取。

（11）招投标全过程由省纪委驻

省交通厅纪检组、监察室进行全过程监督。

完整地规范好、执行好交通工程招投标程序是招投标工作的关键，是进一步完善交通工程建设市场的基本前提，是实现公平竞争、确保工程质量、提高投资效益的重要保障。招标文件编制、投标人资格预审、标段划分、评标监督和中标合同管理，是工程招投标程序中的五大重要环节，把握这五大环节，对于确保招投标程序的规范和透明至关重要。多年来，全国交通系统十分重视工程招投标程序的规范性，经过不断探索和长期努力，形成了一整套科学合理的招投标程序制度，确保了交通工程招投标工作免受外界控制和人为干扰，最大程度地防止腐败问题的发生，确保了在工程建设招投标和工程建设中创造公开、公平、公正的良好环境。

3. 跟踪和监控权力的执行环节

对权力执行环节进行有效的跟踪和监控，是交通廉政制度建设取得实效、树立权威的根本性保证。近年来，交通部门通过制度的完善，不断加强对权力执行环节的跟踪监控，有效抑制了权力的滥用。主要做法有：建立并完善工作目标责任考核问责体系，推行廉政合同制，制定并推广农村公路纪检监察巡查制，实行“四双”管理、促进工程质量与廉政双优等。

陕西省交通厅落实违纪违法行为问责制度

2006年5月，陕西省交通厅征费稽查局信息中心两名工作人员，利用职务之便，擅自篡改养路费征收信息，致使应缴规费63.45万元流失。发现问题后，陕西省交通厅于同年12月对征稽局实行问责，对征稽局领导班子进行警示提醒，分管信息中心工作的副局长负有领导责任，被免去副局长、党组成员职务；对两名工作人员，依据党纪政纪，予以开除党籍、开除公职。同年11月，陕西省交通建设集团榆靖分公司王则湾治超检测站个别工作人员内外勾结，索要财物、降低称重吨位，私自放行超限超载车辆驶入高速公路。陕西省交通厅接到举报后，立即调查核实，并于12月启动问责机制，责成陕西省交通建设集团对榆靖分公司领导班子进行警示提醒，对分管治超工作的分公司负责人戒勉谈话，对负有直接领导责任的检测站主要负责人撤销职务，对直接责任人给予严肃处理。

问责制的推行，反映出交通部门“做负责任的部门和行业”的勇气和决心。问责制是“有权必有责，用权受监督”的直接体现，其意义在于“防患于未然”与“惩前毖后”，有利于增强领导干部的责任感。惩处只是手段，预防才是目的。交通系统注重从源头抓起，把事后问责与事前预防紧密联系起来，建立了责任追究制度，在工作中认真执行，达到了“治标更治本”、“根治于长远”的目的。

贵州省交通厅在工程建设领域推行“四双”管理制度

贵州省交通厅针对工程建设领域腐败易发的特点，推行“四双”管理制度，促进了工程质量与廉政双优。此项制度包括：第一，一岗双责制，即工程管理干部既要承担工程建设质量的职责，又要承担廉政建设的职责。贵州交通厅制定廉政激励约束机制，按工程项目投资总额的1%向施工单位收取廉政保证金；交通厅各级干部按月扣缴廉政保证金。廉政保证金专户储存，项目结束和年终考评时，根据廉政情况兑现奖惩。第二，双合同制，即业主与施工和监理单位签订工程合同时，必须同时签订廉政合同，工程检查和竣工验收时，同步检查、验收廉政合同。廉政合同执行差的施工、监理单位，进入交通系统“黑名单”，取消进入交通建设市场的资格。第三，双监控制，即建设项目资金使用，必须由建设单位和银行双系统监控。一方面，工程项目建设资金的支付在网上公开和审批，由建设单位予以严密监控；另一方面，借助程序化的资金支付软件，强化银行对资金流向与大额现金使用的监控力度。第四，双监督制，即实行单位内部和社会双监督制。交通厅针对不同的工程项目，实行不同的廉政监督制度，同时，公示工程投资总额、建设规模、工程质量等，公布举报电话，公开接受社会监督。为了保证跟踪到位，贵州交通系统还建立了建设项目“三介入”廉政监督制度，即重点工程全程介入，一般工程重点介入，拟建工程提前介入，做到廉政向工程建设各个环节延伸，不留死角。

“四双”管理制度的核心在于“一岗双责”，落实措施是双合同、双监控和双监督。“一岗双责”要求负责交通重点工程建设的领导干部既对业务工作负责，更对廉政建设负责。通过签订廉政合同、加强资金使用的监控和引入社会监督等有效手段，使交通建设领域“一岗双责”的要求真正落到实处。既抓发展、又抓监督，既抓管理、又抓制度，是多年来交通行业深入推进反腐倡廉建设的典型做法。各地交通部门针对交通工程建设领域腐败现象易发多发的特点，坚持不断总结和大胆创新，有效促进了交通党风廉政建设工作，创造了许多特色做法和丰富经验，基本实现了“工程优质、队伍优秀”的目标。

4. 借助和接受权力的外部制约

外部制约是保证权力正确行使的重要力量。交通系统外部的制约力量，主要包括纪检监察部门，反贪污贿赂部门，新闻媒体，社会各界人士以及交通服务对象等。近年来，各级交通部门以闻过则喜的气度，主动借助和接受外部制约，完善了交通重点工程纪检监察派驻制、资金跟踪审计制等各项制度。

实行纪检监察派驻制，推进制度约束对重点工程建设的全覆盖

从2000年10月起，江苏省纪委、监察厅和交通厅先后对润扬大桥、高速公路、航道等交通重点工程建设项目实行纪检监察派驻制。派驻纪检监察工作的主要职能是指导并协助工程参建单位加强对参建人员的法纪法规、职业道德和廉政教育，制定并完善各类人员的行为准则和道德规范；协助工程建设部门制定党风廉政建设制度；按照党风廉政建设责任制规定，严格实行责任追究；对“双合同”等制度执行情况进行监督检查；加强对工程项目施工和物资采购招投标的监督检查；会同有关部门加强对工程建设征地拆迁政策执行情况的监督检查，促进征地拆迁工作顺利进行；配合质监和监理部门加强对工程质量的监督检查，在管理、设计、施工、监理等单位全面实行质量责任人档案制；加强对工程财务管理和资金使用的监督检查；针对交通重点工程建设项目出现的新情况新问题，不断加强对廉政工作的探索和研究；认真处理来信来访，会同有关部门及时查处。

江苏交通重点工程纪检监察派驻制实施以来，派驻机构共参与征地拆迁、招投标、物资采购、设计变更和质量、安全、资金的监管等活动880余次，协助解决矛盾、纠正违规问题416个，受理信访举报239件次，避免损失约8000万元，帮助参建单位建章立制359件。国务院八部委联合检查组评价纪检监察派驻制是“无缝隙的监督”。这一机制被江苏省纪委、监察厅成功运用到江苏奥体中心、南水北调和人民医院改建等省重点工程项目，被交通部向全国交通系统大力宣传和推广。

派驻机构代表上级纪检监察机关行使监督职能，跳出项目管项目，实施的是异体监督；派驻机构从工程立项到竣工验收全程参与，实施的是全方位、全过程的监督；派驻机构常驻工程第一线，实施的是面对面、零距离的监督；派驻机构充分发挥参建单位内部监管部门的职能作用，实施的是对监督的再监

督。这些优势和特点，使派驻制充满生机和活力。交通重点工程纪检监察派驻制，在实践中呈现出行使职能的权威性、处理问题的公正性、现场办公的快捷性、解决矛盾的协调性和防范工作的前瞻性，不仅为工程建设提供了有力的监督保证，而且也为参建各方营造了良好的施工环境，实现了工程建设和廉政建设的良性互动。

（三）选树廉政典型，发挥先进文化的示范性

廉政典型，体现了交通人的蓬勃朝气、昂扬锐气和浩然正气，铸就了交通人的“精、气、神”，代表着先进文化的前进方向。选树廉政先进典型，是交通行业落实科学发展观、提升交通行业贡献率的现实需要，是推进党员长期受教育、永葆先进性的长期需要，是实践社会主义荣辱观、引领交通行业新风尚的迫切需要。近几年来，各级交通部门十分注重抓典型、树标兵。2004年以来，交通部党组连续三年召开交通基础设施建设领域廉政工作经验交流会，先后推出了广东开阳高速公路、江苏润扬大桥建设群体等廉政先进典型，在行业内外产生了广泛影响。各级交通部门采取经验交流会、事迹报告会、表彰勤政廉政好干部等多种形式，大力宣传交通行业廉政建设的先进典型和先进经验，进一步展示了交通干部职工队伍的良好形象。

广东开阳高速公路廉政建设经验

广东开阳高速公路建设项目确立“精细管理、廉洁自律、确保质量、运作有序”的管理思路，坚持走市场运作、信息管理、科技创新、操作透明、队伍廉洁的“阳光之路”，建造了一项“优质、高效、低价、廉洁”的精品工程，创造了以“运作市场化，管理信息化，技艺标准化，奖惩合同化，理念人本化，监督日常化”为主要内容的开阳经验，实现了“两高、两新、两廉”的总体目标。

一是高质量、高效率。项目建设中杜绝了重大质量事故的发生，消除了质量通病，实现了分项工程合格率100%，优良率98%，项目交工验收综合评分93.2分的优质工程目标。同时，工程在生态保护、全线绿化、优化美化、附属设施等各方面全面创优。

二是新机制、新技术。在管理体制上，实行项目法人责任制。在运作机制上，建立现代企业的治理结构。在机构设置上，形成相互制衡的权力约束监督体系。在监理设置上，率先打破“一路一总监”的固有模式。在监理服务上，引入竞争机制。在技术管理上，开展九大科研课题的攻关研究，引进了多

项新技术、新工艺和新材料。

三是造价低廉、干部廉洁。开阳项目的建设成本严格控制在概算的85%以内，节省投资约6.6亿，真正实现了“高质低价”的目标。先后输送出12名中高级管理人才，做到了“修一条阳光路，出一批好干部”。

2004年2月，广东省人民政府和省纪委、省监察厅分别授予开阳项目“模范建设工程”和“廉洁工程”荣誉称号，同年5月，中华全国总工会授予开阳高速公路有限公司“全国五一劳动奖状”。

阳光操作，科学管理，形成制约激励机制，严格监督，堵塞工程漏洞，以人为本，提高队伍素质，这是以开阳高速等为代表的交通重点工程廉政建设的基本经验。交通项目廉政典型，体现了交通基础设施建设领域反腐倡廉工作取得的成果，反映了交通基础设施建设项目管理水平的不断提高。交通部党组多次召开全国交通系统基础设施建设项目廉政工作经验交流会、研讨会，大力宣传交通项目廉政典型，深入推广交通项目廉政经验，有力提升了全国交通重点工程廉政建设水平。

交通勤政廉政好干部——扬州市交通局局长蒋爱祥

扬州市交通局局长蒋爱祥在抓工程建设中，给自己定下了“三不”原则：不讲面子、不钻空子、不留辫子。他认为，当干部，要干事，更要“干净”，特别在“敏感”的岗位上，一步走不好，一辈子心不安；出了事情，几代人抬不起头来！

蒋爱祥3年累计加班247天，等于3年干了4年的活，不知疲倦、忘我投入，是扬州市交通系统出了名的“拼命三郎”。在众多建设单位眼中，蒋爱祥的严谨与固执是出了名的。哪家建设单位想请他吃顿饭，想给他送个礼，那绝对是没门！就是连自己的亲戚朋友也不行。因为无私，所以无畏。蒋爱祥对所有的同志和工程单位一视同仁，大家都非常尊重和信任他。正如他自己坦言，首先管好自己，自身行得正，再复杂的工程也能管好，再难缠的“公关”也能挡住，高速公路筑得再长，也不会出现“豆腐渣”，也不会有人“倒”下去。

蒋爱祥同志2004年被江苏省纪委、省委组织部、宣传部选树为全省“坚持科学发展、提高执政能力”先进典型，先后荣获江苏省交通系统勤政廉政好干部，“江苏省优秀共产党员”，“全国五一劳动奖章”，全国先进工作者等荣誉称号。

一个典型就是一面旗帜。当前，迫切需要培养和选树一大批廉政先进典型，用廉政典型去教育人、塑造人、激励人，在全社会形成学习廉政典型、崇尚廉政典型、争当廉政典型的浓厚氛围。然而，培养和选树廉政先进个人典型的难度确实很大。积极培育和树立更多的“蒋爱祥”式廉政先进典型，对于弘扬主流、彰显正气，鼓舞全行业、影响全社会，不断推进交通廉政建设，为交通发展创造良好环境，都将起到巨大的引领和促进作用。

（四）坚持点面结合，把握文化生根的规律性

所谓文化生根，就是先进的理念、科学的思想、崇高的道德在人们心中扎根，内化于心，成为激发人们迎接挑战、创新业绩、追求卓越的内在动力。文化生根的过程就是用先进文化改造人的主观世界的过程，是包括廉政文化在内的一切文化建设的根本任务。实现交通廉政文化生根，要求交通廉政文化建设在推进策略上，必须牢牢抓住主要矛盾，兼顾次要矛盾，突出重点，以点带面，整体推进，这是交通廉政文化生根的一般规律。近年来，全国各级交通部门坚持点面结合，在推进廉政文化生根方面进行了卓有成效的探索。

1. 发挥领导干部在交通廉政文化建设中的主导作用

交通各级党政领导干部是交通廉政文化建设的重点人群，发挥交通各级党政领导干部的主导作用，就是牵住了交通廉政文化建设的“牛鼻子”。从总体上看，通过多年的努力，各级交通党政领导干部的思想道德素质都得到了很大的提高，廉洁从政的意识和拒腐防变的警觉性明显增强。

交通部党组高度重视行业领导干部廉政建设

交通部党组高度重视交通系统领导干部队伍建设，从部机关内部抓起，向全系统作出廉政承诺，从部党组成员做起，从部机关和直属单位做起，针对交通行业的特点，对领导干部提出了“四个不准”，即：不准利用职权打招呼、写条子，违规干预和插手建设工程招标投标、建设物资设备、材料采购等市场经济活动；不准接受与其行使职权有关系的单位、个人的现金、有价证券和支付凭证；不准违反规定兼任建设公司等经济实体的法人代表、工程项目法人代表和公司领导；不准配偶、子女和亲属以及身边工作人员利用领导干部职务的影响谋取私利。部党组主要领导带头承诺，主动接受全行业的监督。交通部党组十分重视对各级领导干部的教育，要求交通厅长参加廉政工作会，多次召开与交通厅长的谈心会，做到提醒在先，要求在前，关口前移，立足防范，进一步筑牢各级领导干部拒

腐防变的思想道德防线。

交通部党组带头作出廉政承诺，既是一面旗帜，也是一道无声的命令，充分表明交通部党组坚持“两手抓”的决心毫不动摇，大大增强了交通干部职工推进党风廉政建设的信心。近年来，交通系统各级领导班子和领导干部普遍作出了廉政承诺，并主动接受普通干部和职工的监督，这为进一步加强交通领导干部思想道德建设增添了新的合力。

甘肃省交通厅开展领导干部集体廉政宣誓

2005年3月29日，甘肃省交通厅召开廉政工作会议。会议召开前，交通厅长带领全省交通系统160多名干部通过电视台进行廉政宣誓。“我们面对党旗、面对全省人民宣誓：作为党员，必须严格遵守自己的誓言，贯彻‘四大纪律八项要求’，为民、务实、清廉、高效，为发展交通事业贡献力量。”同时，重申《甘肃省交通厅党组成员廉政禁令》，规定：严禁在公务活动中收受礼品、礼金及有价证券；严禁参加施工企业的宴请、娱乐活动；严禁利用职务便利为配偶、子女、亲属经商办企业提供任何优惠条件；严禁利用职权违反规定干预和插手建设工程招投标；严禁为企业推销材料和介绍劳务队伍等。交通厅长与14个公路总段（分局）的28名负责人一对一地谈心。“交流必须敞开心扉，不是教条地要求他们怎么样，而是倾听他们的心里话，在合乎原则的前提下帮助他们解决实际困难，同时提出廉洁从政的要求，”交通厅长说，“如果组织上不关爱干部，那么他们很可能通过别的途径解决困难，也许就走上了违纪违法的道路。”

廉政宣誓具有鲜明的制度化、规范化、程序化的特征。交通行业开展廉政宣誓活动，以庄严肃穆的公开程式，引导领导干部郑重表白遵纪守法、廉洁自律、报效国家和人民的心迹，是震撼心灵、强化意志、坚定信念，激发内心深处使命感、荣誉感和责任感的重要形式。这种特殊形式，进一步培育了交通行业领导干部的羞恶之心、敬畏之心和仁爱之心，达到了深化教育、扩大监督的双重效果。

2. 选准交通廉政文化建设的切入点

交通机关、工地、港站、车船、学校和职工家庭等是交通廉政文化建设的基本单元，从这些单元入手推进交通廉政文化建设，传播性强、影响力大，且易于落地生根。近年来，各地交通部门普遍实施“六进”、“七进”工程，把交通廉政文化建设的触角延伸到交通职工工作和生活的每个环节，不断扩大交通廉政文化的覆盖面、影响面、教育面，推动交通廉政文化在广大干部职工中生根、开花、结果。

江苏省交通行业实施廉政文化“六进”工程

自2005年起，江苏省交通厅在全行业大力实施交通廉政文化“六进”工程。这是江苏省交通厅结合自身特点，开展交通廉政文化建设的重要载体。“六进”工程是指交通廉政文化进机关、进工地、进港站、进车船、进校园、进家庭。

“六进”工程的总体工作构架是：廉政文化进交通机关，要求交通机关党员干部带头学习反腐倡廉理论和法律法规，切实改进工作作风，规范从政行为，增强拒腐防变的能力。廉政文化进建设工地，要求建设工地积极创建“廉政文化俱乐部”，努力营造人心思廉的浓厚氛围。廉政文化进交通港站，要求利用港站宣传橱窗，广泛宣传交通文明服务公约，同步开展“满意在交通”活动。廉政文化进运输车船，要求运输车船开展丰富多彩的廉政艺术传播活动，努力成为交通廉政文化的流动阵地。廉政文化进交通校园，要求交通院校把“敬廉崇廉”纳入德育课程，切实加强交通廉政文化的普及教育。廉政文化进职工家庭，要求将廉政文化教育融入亲情，融入关爱和睦、健康幸福的理念之中，增强干部家属的助廉意识。

江苏交通系统实施廉政文化“六进”工程以来，廉政文化活动健康向上、生动活泼、丰富多彩，深受干部职工喜爱。2006年，江苏省交通厅机关被省纪委、省委宣传部等9部门评定为第一批“省级廉政文化示范点”。

文化建设具有自身的特殊规律。廉政文化进交通机关、窗口和家庭等，遵循了文化生根的客观规律，进一步突显了廉政文化的教育功能、规范功能、舆论功能、监督功能和凝聚功能。交通行业普遍开展以“五进”、“六进”、“七进”等为有效载体的廉政文化建设活动，使廉政文化更易入脑入心、更易职工参与、更易辐射传播，增强了交通廉政文化建设的针对性，在交通行业进一步形成了“廉洁光荣、腐败可耻”的文化氛围。

（五）倡导监督文化，提高廉政建设的参与性

积极倡导监督文化是促进监督机制不断完善和有效运行的重要手段，有利于营造社会公众积极参与监督的氛围和环境。增强干部“监督就是爱护”的意识，养成干部“学会在监督下工作”的习惯，对增强交通廉政建设的参与性具有积极促进作用。不断提高交通干部职工廉政建设参与性，也为监督文化发

展提供动力。近年来，各级交通部门大力倡导监督文化，畅通群众监督渠道，公开权力清单，建立群众监督保障程序，不断提高交通干部职工和社会各界对交通廉政建设的参与度和认同感，发挥监督文化的潜移默化作用。

1. 主动接受社会监督，提高交通建设透明度

交通系统具有业务范围广、管理职能多等特点。主动公布交通工程建设重点环节和行政管理权力运行清单，是主动接受社会监督重要形式和具体措施。近年来，交通系统以交通基础设施建设领域为重点，积极实施“阳光工程”、高速公路“十公开”、建设工地廉政公示等，不断营造监督文化氛围，有力推进了交通廉政文化建设。

河北省交通厅在高速公路建设中实行“十公开”

河北省交通厅自2005年7月起，在高速公路建设工程中全面实行“十公开”，即：高速公路发展规划、建设计划公开；项目审查、审批管理公开；招标过程公开；征地拆迁管理公开；施工过程管理公开；设计变更管理公开；质量监督公开；竣（交）工验收公开；资金使用公开和建设市场管理公开。

为避免流于形式，每一项“公开”都落实六大内容——主体、内容、方式、范围、时间、监督检查部门等。同时省交通厅通过强化内外监督机制、制度约束机制、集体决策机制、督办落实机制等“五大机制”，监督保障“十公开”贯彻实施。两年时间内，172个高速公路项目公开招投标，金额高达660亿元，没有出现一起认为招标不公正的投诉，全省高速公路建设优质工程率达到100%。“十公开”按照公路基本建设程序的要求，针对高速公路建设招投标、设计变更等十个关键环节，覆盖了高速公路建设全过程。

“十公开”要求，每一条高速公路在动拆之前，沿路村民都要收到征地拆迁宣传单，关于用地批复文件、征地总面积、补偿金额以及相关费税，土地种类、青苗附属物的分类，补偿方式、标准，征地拆迁责任人等，要让人民群众明明白白，一旦遇到问题时有人可找、有据可查。

阳光是腐败的天敌，公开是腐败的克星。河北省交通厅通过“十公开”，进一步增强了工程建设单位主动接受监督的意识，也为广大干部群众参与交通工程建设监督提供具体内容和程序保障，营造了浓郁的监督氛围和良好的监督环境，促进了交通工程建设领域监督文化的形成和发展。近年来，各级交通部门普遍推行“阳光工程”，规范和公开行政权力运行的依据、程序和结果，真正把行政权力运行置于阳光之下，使之透明化、程序化、规范化，保障人民群众的知情权和监督权，杜绝暗箱操作，从源头上预防和减少腐败问题的发生。

2. 主动搭建监督平台，扩大群众参与度

社会监督是社会主义监督体制的基础，是反腐保廉、遏制腐败的可靠保证，是促进交通事业健康和谐发展的强大力量。交通行业充分吸纳和接受包括舆论监督在内的各方监督，是“交通发展依靠人民、发展过程请人民监督、发展成果由人民共享”的本质要求。畅通群众监督渠道，搭建群众参与监督的平台是监督文化建设的基础。群众参与监督的渠道越畅通便捷，群众参与度就越高，交通廉政建设的成效就越明显。加快建设群众广泛参与的监督文化，需要包括监督平台在内的物质条件作支撑。近年来，各级交通部门积极探索有效途径，畅通群众监督渠道，拓展群众参与监督的空间，提高了群众监督的积极性。

江苏省交通厅组建交通广播网主动搭建监督平台

2001年，为了加强交通信息化和宣传阵地建设，拓宽群众监督渠道，方便社会群众监督交通工作，江苏省交通厅与江苏广播电视总台等单位联合组建了江苏交通广播网，在向社会公众提供交通信息服务的同时，主动搭建社会监督平台。近年来，江苏省交通厅高度重视交广网等新闻媒体的舆论监督作用，建立健全投诉举报信息共享和处理机制，对被新闻媒体曝光的问题，认真调查处理，责令及时整改。

与此同时，江苏省各级交通主管部门主动听取群众的意见和呼声，虚心接受群众监督，充分利用新闻媒体公布社会公众关心的热点、难点。省交通厅在政府网站设立厅长信箱和投诉热线，实时受理网上投诉举报；南京、常州、盐城等市交通局设立96196服务热线，提供包括投诉在内的全方位信息服务；全省运管和地方海事系统在全省范围内分别设立了96520运政监督电话、12395水上救助电话；各级交通机关和执法单位按统一要求设置执法公示牌，公示监督电话，并将公示范围扩大至所有收费站、船闸、治超站点和国省干线公路，构建了全方位、多选择的信访举报渠道和监督网络。江苏在省、市、县三级交通部门成立了公路河道“三乱”监督机构，组建了由94部投诉举报电话和320名专兼职工作人员组成的监督网络，率先在全国建立“三乱”监督网络和快速查处机制。

交通系统加强监督平台建设、开拓监督渠道，不断健全监督机制的务实做法，反映了交通部门主动接受社会监督的真诚态度，体现了对国家负责、对人民负责的精神。主动搭建监督平台，广泛接受群众监督，有力地促进了交通部门的自身建设。在主动接受社会监督的过程中，交通机关作风和行风不断改进，交通的服务意识不断增强，服务效能不断提高。

3. 主动接受社会评议，提高监督互动性

有序推进交通重大事项社会公示和社会听证，请社会各界对交通工作进行评议，提高监督互动性，有利于改进监督方式，提高监督效率。近年来，各级交通部门广泛开展行风评议等群众性评议活动，尊重民意、倾听民声、汲取民智，促进了包括廉政建设在内的各项工作。

江西交通行业虚心接受社会民主评议交通政风行风

自2007年6月以来，江西交通厅认真贯彻落实江西省政府关于民主评议政风行风工作的统一部署和要求，紧密结合交通工作实际，切实加强组织领导，建立健全工作机构，认真动员部署，深入广泛宣传，推进自查自纠，强化督导检查，扎实推进民主评议政风行风工作。全省11个设区市交通部门和厅直属参评单位，按照省厅统一部署，同步开展民主评议工作。

江西省各级交通部门在开展民主评议政风行风工作中，注重结合交通特点，突出工作重点，认真完成省政府部署的“规定动作”，注重“自选动作”，呈现出五个特点，一是“早”，即发动早、动员早、部署早。二是“广”，即广泛沟通，增进互动。三是“深”，即深入征求意见和建议，广言纳谏，广积民智，广泛征求社会各界的意见和建议。四是“实”，即注重实效。五是“新”，即创新。

在评议工作中，江西省各级交通部门始终坚持“四个结合”。一是把评议工作与领导干部作风建设相结合，切实推进评议工作；二是把评议工作与交通建设生产发展相结合，更加关注民生；三是把评议工作与治理商业贿赂专项工作相结合，促进廉洁从政；四是把评议工作与考核工作人员的工作纪律和工作态度相结合。努力做到评议工作与其他工作“两不误”、“两促进”，以工作实绩检验评议成效。

请人民评判、让人民满意，是由交通行业的使命决定的。开展民主评议政风行风工作，是推进交通改革发展、做好“三个服务”的需要，是提升交通行业形象、构建和谐交通的需要。近些年来，各级交通部门以民主评议机关作风和行风为契机，从人民群众最关心、最直接、最现实的利益问题入手，认真倾听群众呼声，加大党风廉政建设工作力度，加大工作作风改进力度，加大治理损害群众利益行为的力度，切实维护好群众的合法权益，极大改善了交通行业形象，提升了交通干部队伍素质，促进了交通事业又好又快发展。

（六）主动借鉴创新，注重载体方法的多样性

创新载体方法是增强交通廉政文化建设成效的重要途径。要使廉政文化充满生机和活力，就必须结合交通实际，不断借鉴创新载体，积极探索廉政文化建设的新途径、新方法，不断增强交通廉政文化说服力、吸引力、感染力、渗透力和亲和力。近年来，各级交通部门十分重视载体和方法的创新，在推进交通廉政文化建设实践中，进行了积极有益的探索和尝试。

1. 坚持交通廉政文化建设载体多样性

交通廉政文化建设载体的多样性，主要反映在艺术表达和实践活动的创新上。近年来，各级交通部门先后创作了体裁多样、数量众多的小品、戏剧、歌曲、电视专题片、廉政公益广告等，广泛开展了“廉政歌曲大家唱”、廉政文艺汇演、廉政书画作品巡展、向干部职工赠送廉政台历、评选表彰“廉内助”等群众性廉政文化活动，丰富了交通廉政文化表达形态，陶冶了广大干部职工的情操，达到了较好的教育效果。

江苏省交通厅新年向党员干部赠送廉政台历

2007年元旦前夕，江苏省交通厅向厅机关、厅属单位党员干部每人赠送一本特制的新年廉政台历，上面印有厅领导班子9名成员的廉政承诺和228名处级干部的个人廉政承诺，并配发寓意深刻的廉政漫画。台历没有奢华的装饰，只配置一个普通的时钟。

廉政台历的开篇，是全体厅领导庄严的廉政承诺：“带头遵纪守法，坚决抵制跑官要官，坚决拒收钱财，严格规范从政行为，严格管好亲属和身边工作人员”；紧接着是厅党组成员、驻厅纪检组组长陈以琳发自肺腑的告诫：“纵观贪污受贿者，一旦东窗事发，身陷囹圄，大多后悔莫及，度日如年。我们不禁要问：失去了自由，才知道自由的可贵，那么，当你享有自由的时候，为什么不懂得珍惜呢？”处级干部的承诺更是异彩纷呈：“一身清一生轻，一人廉明全家太平”；“有廉乃洁，无欲则刚”；“不为灯红酒绿诱惑，不以觥筹交错为欢，不被人情世故左右”；“我以我心践诺言：慎行”；“对党忠诚，默默无闻”，等等。厅党组不仅把廉政

台历发放到公开承诺的党员干部本人，要求自学践行，而且赠送给上级领导机关、基层交通局和有关业务单位，广泛接受监督。年终，厅党组还将结合年度考核和述职述廉工作，对党员干部廉政承诺的践行情况进行考评。

把领导干部的廉政承诺以人们喜闻乐见的台历形式予以公示，并赫然摆放在桌面上，让廉政承诺天天面对面，既警示自己，又明示他人，还可互勉互励。载体创新，效果明显。用江苏省交通厅党组书记、厅长潘永和的话说：这样设计就是要让党员干部时刻对照自查，时刻信守诺言，时刻警钟长鸣。

2. 坚持交通廉政文化建设方法多样性

交通廉政文化建设方法的多样性，主要反映在工作思路和方法措施的创新上。近年来，各级交通部门博采众长，引入和借鉴国内外文化建设的成功经验，积极应用于交通廉政文化建设实践，创造了不少富有自身特色的好做法。

福建省交通系统以丰富多彩的形式推进廉政文化建设

自2006年4月起，福建省交通厅在全省交通系统组织开展了丰富多彩的“十廉”文化建设活动。这“十廉”包括：教育守廉、文艺颂廉、网络宣廉、家庭助廉、示范兴廉、典型带廉、专题议廉、创建促廉、制度督廉、环境倡廉。

福建省交通厅党组要求全系统通过廉政文化建设试点、廉政文化建设现场会等形式，推动全系统掀起廉政文化建设高潮。一是努力建设机关廉政文化。通过领导干部诺廉践廉、机关效能建设、廉政勤政评价机制、树立勤廉兼优先进典型等载体，弘扬“清廉从政，服务发展”的主题。二是努力建设所站廉政文化。通过作风建设年、文明执法月、领导接待日等活动，弘扬“秉公执法，优质服务”的主题。三是努力建设院校廉政文化。通过在教师中开展廉洁从教、服务学生教育活动，在学生中开展遵纪守法、诚实守信教育活动等，弘扬“敬廉崇洁，防微杜渐”的主题。四是努力建设家庭廉政文化。通过开展争当“廉内助”、创建廉洁文明家庭等活动，弘扬“亲情助廉，美德养廉”的主题。五是努力建设工地廉政文化。通过签订《廉政合同》，推行廉洁从业、诚信经营承诺，开展文明工地评选等，弘扬“廉洁诚信，依法经营”的主题。

丰富多彩的廉政文化建设，打造了交通廉政文化的特色“景观”，使交通系统广大干部职工始终置身于廉政文化的强烈氛围之中，不管是工作、学习、生活，都能时时处处沐浴在廉政文化的春风里。广大交通干部职工在廉政文化的熏陶下，进一步坚定了理想信念，提高了廉政素养，增强了自觉抵制腐朽文化侵袭的思想意识。

二、当前廉政文化建设中存在的共性问题

廉政文化及廉政文化建设随着社会的进步而发展，具有传承性、时代性等特性。尽管廉政文化和廉政文化建设不是新生事物，但新中国成立以后，特别是改革开放以来，真正赋予其新的时代内涵和要求，在我国系统开展廉政文化研究，系统推进廉政文化建设，则是近些年来的事。由于政治、经济、文化、社会等多方面的因素，目前，人们对廉政文化及廉政文化建设认识尚不足，理解还不深，难免会存在一些认识上的误区，有的认为廉政文化就是廉政和文化的简单叠加，就是给廉政建设加个“文化”的时髦帽子；有的认为廉政文化建设就是廉政宣传教育，只要在廉政中多开展一些大宣传、大教育活动，廉政文化建设即可告成；有的认为廉政文化是官方文化，建设主体仅仅是领导干部，与基层职工、普通群众无关；还有的认为廉政文化建设就是以廉政为题材，组织开展群众性文艺创作和文化体育活动，轰轰烈烈，仅此而已。

其实，廉政文化建设是一项以廉政建设为目标内容的，在价值体系、廉政制度和文化表达等多方面协调联动的系统工程。真正认识和把握廉政文化及廉政文化建设的本质、内涵和内在规律需要一个过程。透视当前社会中“廉政文化热”背后的认识误区和建设实践中的误读、误解、误用，分析这些现象背后的真正原因，对科学指导和持续推动交通廉政文化建设，具有十分重要的反鉴意义。我们认为，当前社会廉政文化建设普遍存在5个方面的共性问题。

（一）规划建设不够系统

任何一项事业的科学发展都离不开规划。廉政文化建设规划是一项事关廉政建设和廉政文化建设大局的综合性、战略性、基础性工作，是廉政文化建设和发展的蓝图，是推进廉政文化建设向纵深发展的基本依据，是保证廉政文化建设资源得以科学合理利用，廉政文化建设各项工作得以合理进行的前提和基础，是实现廉政建设和廉政文化建设目标的重要手段。科学规划的过程，就是深化认识、深入研究的过程，就是把握其实质、探求其规律的过程。没有规划的系统性，就不可能有廉政文化建设的系统性。当前，社会廉政文化建设在规划建设方面的不足，主要表现在：一是普遍缺乏廉政文化建设的科学规划。有些地方、行业和单位虽然制订有

文化建设规划，但廉政文化建设份量明显偏少，少数地方、行业和单位虽有廉政文化建设规划，但缺乏系统性、完整性，只侧重于廉政物质文化建设。由于规划不够系统，难免导致廉政文化建设工作合力不强、效率不高、成果不佳。二是廉政文化建设不协调、不平衡、不连贯。不同地区、行业和单位之间，各地区、行业内部之间廉政文化建设发展不平衡，不少基层单位对廉政文化建设重视不够、认识片面。同时在发展阶段上存在着断断续续的现象，往往出了问题抓一抓，平安无事放一放。三是廉政文化建设缺乏应有的工作机制，廉政文化建设纳入廉政建设的工作重点，普遍属于倡导性工作，没有硬性考核规定，出现了“抓与不抓一个样”、“抓好抓坏一个样”的现象。四是廉政建设资源、文化建设资源没有得到充分协调利用。一方面，有的文化场馆设施闲置或利用率很低，另一方面，有时候又明显感到廉政文化建设缺少阵地。

（二）文化气息不够浓郁

随着组织文化理念的不断确立，人们越来越意识到文化建设对引导人、激励人、鼓舞人、约束人具有十分重要的功能，并深切感受到文化的特有魅力。正所谓“人管人管死人，制度管人困住人，文化管人管灵魂”。对于一个地区、一个行业，乃至一个单位而言，最能影响人、熏陶人的莫过于饱含着人文精神的价值理念、充满着人文关怀的制度安排、洋溢着人文气息的环境氛围。廉政文化建设尤其要注重文化气息的培养和营造。当前，社会廉政文化建设明显存在着文化气息不够浓郁的客观事实，主要表现在：一是普遍缺乏应用组织文化指导、推动廉政文化建设实践的理念和意识。各地区、各行业、各单位普遍缺乏组织文化理论的指导，急需系统开展大规模组织文化理论培训。不少干部和群众把廉政文化建设简单理解为“廉政宣传教育+廉政文体活动”，更不用说自觉应用组织文化理论推动廉政文化建设实践。二是在价值体系构建上，没有充分发挥文化“润物细无声”的力量，更多地强调自上而下的“灌输”、填鸭式的说教，廉政文化建设活动方法简单、形式刻板、枯燥乏味，对广大基层群众缺乏吸引力、感染力和说服力。三是在廉政文化建设中存在着急功近利的不良倾向，片面追求华而不实的表面效果，违背了文化建设的一般规律，欲速则不达。四是在廉政文化建设的表达上，仅限于直观描述，缺乏艺术加工，文化含量明显不高。有的文化作品甚至牵强附会、粗制滥造。无论在数量上还是在质量上，廉政文化建设总体上仍缺乏足以在国内外产生重大影响、在干部群众中引起强烈共鸣的精品佳作。

（三）策划意识不够到位

策划是创新的直观体现，是工作取得成效的关键要素。从目标要求上分析，策划必须实现对工作主题的最准确、最深刻的把握，实现对现有资源的最合理、最有效整合，实现对方法手段最经济、最可靠的应用。任何一项事业、一项具体工作，要取得成功都离不开策划。廉政文化建设具有政治性强、导向要求高、难以通俗表达等特点，容易陷入纸上谈兵、曲高和寡、应者寥寥的境地，这对廉政文化建设中的创新和策划提出了更高要求。廉政文化建设迫切需要用系统的观念去认识资源，用系统的方法去分析整合资源，用系统的功能去实现资源的优化，达到事半功倍的效果。当前，社会廉政文化建设普遍存在策划意识不强、策划水平不高的现象。主要表现在：一是廉政文化建设的创新意识和能力不强。有的地区、部门、单位因循守旧、懒得创新，有的则满足于上传下达、照本宣科，还有的甚至生搬硬套、简单拿来。二是对廉政鲜活素材挖掘、整理和利用不够。中华民族具有历史悠久、丰富灿烂的传统文化，我国建设中国特色社会主义伟大实践中，具有非常丰富的廉政文化资源和鲜活素材，但往往由于人们的视野不够宽、策划意识和创造力不够强，造成廉政文化实践活动与人们的工作、生活实际联系不够紧密，与干部群众的思想状况贴得不够近，有时甚至是“两张皮”。三是廉政文化活动载体缺乏设计和包装。廉政教育活动常常陷于“一般性号召和说教”的泥淖，造成活动载体的吸引力不强，互动性较弱，干部群众自觉参与度不高，要么被动参与，要么借口逃避，甚至产生抵触情绪。四是缺乏创新策划机制和专业策划人才。一方面内部缺乏创意人才，不少活动载体单纯靠自身力量难于达到理想效果，另一方面，活动的“外包”机制没有形成，外部的智力资源难以引进并为我所用。

（四）投入保障不够有力

文化也是一种“生产力”，其特点是以“人”为中心环节，以软实力为表现形态，它对社会经济发展中的其他要素有着巨大的配置、整合和推动作用。任何事业没有投入就不可能有产出。投入保障是文化建设取得实效的重要基础和前提。尤其是廉政文化建设，属于相对抽象的政治文明、精神文明建设范畴，具有绩效隐形性。这往往会误导人们低估廉政文化建设的功能和作用，由此对廉政文化建设成效产生疑虑，削弱人们对廉政文化建设投入的迫切性、主动性和积极性。当前，从总体上看，社会廉政文化建设的投入保障还不够有力，主要表现在：一是廉政文化建设资金投入明显不足。无论是行政事业单位还是企业的会计制度，都没有将文化建设经费支出列为会计科目。从地方党委、政府及部门看，文化建设普遍没有列为政府预算专项资金，导致廉政文化建设经费难以保障。从社会团体、企业看，廉政文化建设经费支出没有作为相对固定的支出科目，有的将其列为管理费用，有的列为营业外支出项目，甚至还有的被迫列为职工福利支出。即使是数额不大的廉政文化建设支出，大部分基层单位也不得不挤占行政管理经费。二是面向广大基层纪检监察干部的廉政文化建设专门培训，有待进一步加强。目前既熟悉纪检监察业务，又有较为深厚文化理论功底的纪检监察干部相对缺乏，普遍存在以一般纪检监察干部代替廉政文化建设专业人才的现象。三是因廉政文化建设属于交叉管理领域，目前地方党委、政府相关部门的职责划分还不明确，协作机制尚未形成，具体工作中不易形成合力。四是廉政文化建设装备普遍不足，可用资源相对有限。不少城市社区、乡镇机构的文化活动中心功能单一、设施不全、开放度不高、活动不多，有的基层单位缺乏基本的电教设备、网络设施，有的甚至没有像样的图书室、阅览室。

（五）总体成效不够显著

廉政文化建设的总体成效主要体现在干部群众素质的提高、管理制度的完善、廉政氛围的形成、廉政文化成果的丰硕和长效机制的健全等方面。客观地评价成效，必须坚持把干部群众的认同度作为根本尺度。系统的规划建设、浓郁的文化气息、强烈的策划意识、有力的投入保障等，都是影响廉政文化建设总体成效的关键要素。当前，社会廉政文化建设的总体成效不够显著，主要表现在：一是廉政价值理念没有深入人心。一些干部群众没有树立正确的世界观、人生观、价值观，理想信念淡薄，极少数领导干部尚不能做到“常修为政之德、常思贪欲之害、常怀律己之心”。二是从思想道德教育入手预防腐败的效果不明显。尽管思想道德教育的效果不断提高，但离防腐反腐的目标要求仍有差距，少数干部并未在思想深处筑牢党纪国法和思想道德两道防线。三是监督与接受监督的意识有待进一步提高。有的干部群众片面认为廉政建设是主要领导和纪检监察部门的事情，主动参与监督的意识不强。少数领导干部没有闻过则喜的心胸气度，消极对待监督，听不进批评和监督意见。四是腐败现象易发多发的土壤和条件尚未根本消除。在行政执法领域依然存在以权谋私、执法不规范、侵害群众利益的现象，在工程建设、土地出让、产权交易、医药购销、政府采购以及资源开发和经销等领域，反商业贿赂的形势依然严峻，工作压力依然很大，腐败案件仍时有发生，严重损害了中国特色社会主义事业的健康发展，影响了党和政府在人民群众心目中的形象。

以上5个方面的问题和不足，是社会廉政文化建设中的共性问题，具有普遍性。这些共性问题，在交通廉政文化建设领域，也程度不同地存在着。因此，认真研究和分析这些共性问题，从思考、研究和实践的各个层面上，都有利于交通行业深入推进廉政建设和廉政文化建设。一是有利于交通行业统一思想、提高认识，切实增强廉政文化建设的责任感；二是有利于交通行业在廉政文化建设实践中拓宽视野、明晰思路，切实增强廉政文化建设的导向性；三是有利于交通行业在廉政文化建设实践中深入分析原因、寻找对策，切实增强廉政文化建设的针对性；四是有利于交通行业在廉政文化建设实践中把握规律、创新载体，切实增强廉政文化建设的实效性；五是有利于交通行业在廉政文化建设实践中科学规划、整体推进，切实增强廉政文化建设的持久性；六是有利于交通行业在廉政文化建设实践中联系实际、贴近职工，切实增强廉政文化建设的感染力。

第四章　交通廉政文化建设的域外经验

在全球化的今天，各国的经济行为和政治行为已经超越国家界限，文化建设也需要国与国之间加强交流与合作。因此，加强交通廉政文化建设需要借鉴和吸收国外和境外廉政文化建设的基本经验和一般做法。综观国外和境外反腐败斗争的历史发展与现状，我们发现，无论是发展中的新加坡、韩国、我国香港等国家和地区，还是发达的美国、英国、日本、瑞典等国家，都成功地形成了自己独具特色的廉政文化建设经验。

一、反腐制度化：廉政文化建设的主导原则

制度反腐是国外发达国家治理腐败的一条重要经验。从一些国家和地区的成功经验来看，无论是法治国家还是非法治国家，制度反腐都是遏制腐败发生的重要办法，它具有全局性、稳定性和长期性等其他反腐形式无法比拟的优点。要取得反腐成效就必须建立健全相关制度。具体地说，这些制度主要包括：

（一）分权制衡制度

权力应该受到制约，这一思想在西方历史上可谓源远流长，最早可以追溯到古希腊时期的亚里士多德，经过17、18世纪洛克、孟德斯鸠等人的发展，到了今天，这一思想已随着西方社会政治实践而日趋成熟。西方国家建立分权制衡政体的前提是：人性是恶的，将权力交给一个机构或一群人，就会导致完全的暴政，有多大的权力，就有多大的暴政，对掌握权力的人，应该深怀戒心。这与中国社会的文化环境恰恰相反，中国的制度建设都基于人性善这一前提，把希望寄托在个人的英明决断上。

应该说，在所有的权力制约理论中，孟德斯鸠的学说最具独到之处，并被许多国家的政治实践所采纳。孟氏在《论法的精神》中提出，一切有权力的人都容易走向滥用权力，这是一条千古不变的经验。要防止权力的滥用，最好的办法就是以权力制约权力[①]。如果权力置于同一人手中，不论是一个人、少数人或是多数人，不论是世袭的、自己任命的或是选举产生的，均可公正地断

定为虐政[2]。没有受到制约的权力要么暴政，要么腐败。不受约束的权力必然走向腐败，绝对的权力导致绝对的腐败。也就是说，只有依法受到制约，公共权力才能在良性的轨道上运行，从而造福于人民。

美国前副总统戈尔曾讲过这样一个故事：

布莱德利议员有一次被邀请去一个大型宴会发表演讲。这位自信的议员坐在贵宾席上，等着发表演讲。这时，一位侍者走过来，将一块黄油放在他的盘子里。布莱德利立刻拦住他："打扰一下，能给我两块黄油吗？""对不起，"侍者回答道："一人只有一块黄油。""我想你一定不知道我是谁吧？"布莱德利高傲地说道："我是罗氏奖学金获得者、职业篮球联赛球员、世界冠军、美国议员比尔·布莱德利。"听了这句话，侍者回答道："那么，也许您也不知道我是谁吧？""这个嘛，说实在的，我还真不知道。"布莱德利回答道："您是谁呢？""我嘛，"侍者不紧不慢地说："我就是主管分黄油的人。[3]"

因此，在政治的游戏中，最关键的是黄油分配者和黄油享用者不是同一个人（自然人或法人）。如果游戏规则的制定、执行和监督集中于一人之手，腐败便绝对不可避免。

在这种意义上，腐败是权力的衍生物，腐败的根源在于权力自身的属性，在于权力失去控制。预防腐败的根本在于对权力进行有效制约。制约权力对腐败的遏制主要表现为两方面：一是减少腐败的机会。权力分散将提高腐败成本，腐败的机会自然就会减少。二是相互监督形成威慑，即使想腐败也不敢，从而达到相互牵制的目的。目前，大多数民主国家都确立了权力制约原则，其中，最为典型的国家当属美国。正因为如此，美国当前交通部门的腐败水平也相对较低。

然而，美国建国后交通行业的腐败现象一度非常严重。按照美国学者亨廷顿的观点，现代化剧烈进行时期往往是腐败现象最为猖獗之时。应该说，这两者之间确实存在一定的关联。内战结束后，美国经济进入一个高速发展期，腐败的程度也不断加深。1869~1877年格兰特总统在位期间，美国交通部门就发生了一起重大丑闻。当时，交通部门在修建拓展西部的联合太平洋铁路时，成立了一家所谓的信贷公司，然后向这家公司提供可赚大钱的建筑合同。修筑铁路的实际费用为4400万美元，然而，信贷公司的收费却高达9400多万美元。国会议员艾米斯与这起丑闻有着密切的联系，他为了防止政府调查，到处分发公司股票，受贿者就包括当时的众议院议长和副总统以及后来的总统加费尔德等重要人物。

与其他国家的交通腐败一样，美国交通腐败采取的形式也是利用手中掌握的权力为自己谋取私利。其中，违法出让特许经营权就是一种典型形式[④]。通过出让特许经营权向私人企业索取贿赂和回扣的现象，在19世纪末的美国政府官员中司空见惯。可是，由于美国政府各部门之间横向制约机制的存在，这些腐败现象后来并未能扩展，而是很快得到有效控制。

美国的权力制约模式还包括联邦与州及地方之间的分权与制衡。联邦政府加强对州、地方政府自由裁量权的限制及监控力度，极大抑制了交通腐败的蔓延。同时，联邦政府对地方政府控制能力的加强也限制了其自行设租、从私人企业处索贿的空间，从而形成一种良性循环。19世纪末至20世纪初是美国联邦管制兴起时期，当时，联邦政府在影响、甚至控制运输业方面的权力急剧膨胀，使地方上气焰嚣张的交通腐败遭受重创[⑤]。

针对交通廉政文化建设而言，这种特定情景下的权力制约与一般意义上的权力制衡在内涵上有所不同。从理论上说，一般意义上的权力制衡有以下两层含义：一方面，国家权力要有所分化，分别执行不同的职能。政府的各个部门都限于行使自己的职能，不允许侵蚀其他部门的职能；另一方面，国家权力之间要相互制衡，在权力之间对权力行使实施积极限制[⑥]。交通廉政文化建设情景下的权力制约更侧重于强调对交通行政权的控制，从而有效防止权力异化导致腐败的产生。交通行政机关担负着依法管理的繁重任务，因此，交通行政权的存在是必不可少的；但是，正由于交通部门在国家权力体系中拥有很大的行政自由裁量权，如果这种权力被肆意行使，必然会对人民的基本权利造成极大的威胁或损害。因此，对交通行政权的制约也是必要的。这是交通廉政文化形成的基础。

（二）廉政立法制度

世界各国非常重视法律在廉政建设中的重要作用，把有关反腐败的各项活动纳入法律调整的范围，从而努力实现廉政文化建设的制度化、法制化。整体而言，各国廉政立法制度有以下主要特点：

1. 廉政立法历史悠久

与其经济社会发展的程度相适应，西方国家的廉政立法历史悠久。美国是制定防范和惩处公职人员犯罪法律较早的国家之一。早在1883年，美国就颁布了《文官制度法》，1978年修订为《文官制度改革法》。该法要求政府公务员奉公守法、廉洁自律、不得贪赃枉法、不得以权谋私、不得营私舞弊等。1989年，美国还通过了《举报人保护法》，鼓励公民举报贪污受贿等违法犯罪行为，保护举报人免受非法报复。英国则在1889年颁布了世界上第一部反腐败法，即《防治公共机构腐败行为法》，2003年又公布了新的《反腐败法》草案，以防范和控制腐败蔓延。

2. 廉政立法较为齐全

西方国家既有反腐的一般法律规定，又有反腐的专门法律规定；既有立法机关的法律规定，又有行政机关的行政命令。例如，英国很早就制定了专门的反腐败法律，对公务活动中的贪污受贿等腐败犯罪行为进行相应的惩罚。再如日本，自明治维新以来，就建立了一套较为完整而严格的廉政法律法规，并在实践中不断地充实和完善。除了一般意义上的廉政立法之外，各国也十分重视在专门的交通立法中规定有关廉政方面的内容，例如，加拿大于1967年制定了《加拿大国家运输法》，1996年修改为《加拿大交通运输法》，其中强调尽可能利用竞争和市场作为提供经济有效的运输服务的基本手段，从而排除行政手段的任意干预。在加拿大，另外还有诸如《交通部法》、《航空法》、《海洋运输法》、《海洋运输安全法》、《铁路运输安全法》、《货物空运法》、《危险品运输法》、《机动车安全法》等主要的交通运输法律法规，其中都规定了防止腐败的相关制度和措施。

3. 廉政立法严肃有效

法律的效力是法律的生命。因此，西方国家特别注重廉政立法的法律效力。美国1989年通过了《廉政改革法案》，该法案把有关政府工作人员卸职后重新就业限制规定的适用范围，进一步扩大到国会议员和高级政府官员，使美国廉政立法更加严密有效。再如，为了保证各级政府官员的清正廉洁和机构的高效运作，新加坡制定了《防止贪污法》，并多次修改《没收贪污所得利益法》、《公务员守则和纪律条例》以及《公务员惩戒程序规则》等重要法律法规，从而有效地规范公务员的行为，预防腐败的产生。

4. 注重道德规范向法律规范的转化

西方许多国家早就认识到廉政建设不仅仅是一个法律制度问题，更是一个道德规范和行政伦理问题，因而在反腐时十分重视将这两者结合起来。在美国，提高公职人员道德水准成为20世纪70年代以来反腐败立法浪潮的一个主要内容，旨在革新政府道德的反腐败立法，在民主党总统卡特任期内达到了高潮。其中以1978年制定了《政府道德法》最具典型意义，该法授权成立政府道德署，负责指导全国行政的廉政工作，负责制定行政系统统一的行为准则和廉政计划。另外，行政系统的每个部门都有自己的道德署，负责制定适合本部门特点的行为准则补充规定，与政府道德署协商制定并实施本部门的廉政计划。政府各主要部门和机构中还设有专职道德官，他们专门负责审查和处理本部门中的个人利益和公共利益的冲突⑦。

（三）财产申报制度

财产申报制度最早起源于瑞典。该制度是有关政府官员财产申报、登记和公布的制度，一般包括财产申报对象、财产申报时间、财产申报内容、对财产申报违法处罚等方面。财产申报制度可以有效防止腐败已成为世界各国的共识。例如，法国规定国家公职人员必须依法对其财产状况向指定的监察机关做出报告，以接受审查和监督。韩国1993年开始“阳光运动”，金泳三总统率先公布个人财产，韩国国会立法规定，自总统以下的各高级官员必须向社会公布财产。与此同时，实行金融实名制，清查匿名存款，韩国两位前总统全斗焕、卢泰愚的巨额秘密资金案由此东窗事发。又如，根据《新加坡财产申报法》的规定，每年7月1日，新加坡各政府部门的职员都要申报个人、担保人和家庭成员所拥有的投资和利息收入情况。财产如有变化，应自动填写变动财产申报清单并写明变动原因，及时更换原有财产清单。

（四）岗位轮换制度

岗位轮换制度主要是培养公务员适应各类工作场合的能力，积累更多的工作经验，并在相当大的程度上减少公职人员贪污腐败的可能性，使政府官员很少有机会通过长期控制某个部门，结成营私舞弊的关系网。例如，日本政府规定，国家高级公务员一般两年左右调动一次工作；中初级公务员一般3年左右调动一次工作，这些调动主要在不同科室之间进行。除此之外，日本政府的各机关之间、中央政府与地方政府之间、政府与国营企事业之间，也相互进行公务员岗位轮换和交流。这已经成为一种制度，十分普遍。又如，美国每4年政府换届时，都有3000名至5000名联邦政府官员易职。易职的方式是联邦政府与州政府以及地方政府之间人员交流，这种交流为期一年或一年以上。

（五）高薪养廉制度

从世界范围来看，财力保障对于制止贪污，保持政府公务员的廉洁发挥了相当有效的作用。世界上很多国家和地区之所以在廉洁排名上均位居世界前列，与其实行高薪养廉是密不可分的。即使是初级公务员，美国、日本、英国、法国、德国(3年工龄的职员)、加拿大、新加坡、韩国、越南、香港、澳门等国家和地区的年平均工资也接近3万美元。除高薪外，域外公务员还有各种收入不等和种类名目繁多的奖金、津贴和补贴，还有高福利，包括住房、医疗、出国休假、培训以及丰厚的退休金。但是，如果谁的操行引起怀疑，受到投诉，并经证实有不廉行为后，则立即予以惩戒或者开除。因此，这些国家或地区的政府公务员不愿意通过贪污受贿的方式为自己谋取私利。如果这样的话，他们失去的不仅是自己的工作和高薪，还失去了受人尊重的社会地位。

当然，以上所述只是域外反腐和防腐的一些典型制度。除此之外，相关的制度还包括政务公开制度、财务制度、审计制度、人事制度、税收征管制度、公务回避制度、官员问责制等。尤其值得称道的是，发达国家普遍将这种制度约束转化为守法观念。例如，北欧国家在普遍重视整个公务员队伍廉洁自律教育的同时，还注重培养公民的守法观念。在瑞典和芬兰，中学就开设法律基础教育课程，录用公务员必须考法律知识，上岗必须进行守法宣誓。

① 参见孟德斯鸠：《论法的精神》（上），孙立坚等译，山西人民出版社2001年版，第183页。

② 参见[美]汉密尔顿等：《联邦党人文集》，程逢如等译，商务印书馆1980年版，第246页。

③ 吴思：《中美官场规则比较》，载《博览群书》2003年第12期。

④ 需要说明的是，违法出让交通领域的特许经营权是一种普遍的交通腐败形式，它并不为美国所特有。之所以美国很早就出现这种形式，与其当时的经济发达程度密切关联。事实上，很多国家在自己的发展过程中都采用过这种形式。

⑤ 参见张宇燕等：《美国历史上的腐败与反腐败》，载《国际经济评论》2005年第5期。

⑥ 参见胡建森，但伟：《国家权力的分化与制衡——宪政制度和监督理论的梳理》，载《法制日报》2004年2月5日。

⑦ 参见李秀峰主编：《廉政体系的国际比较》，社会科学文献出版社2007年版，第45页。

二、反腐道德化：廉政文化建设的人本取向

反腐倡廉，还需要依靠道德对权力的自觉约束、自觉监督。如果缺乏道德约束，有了法律法规也不会去学习，学了也不会真正去领会；如果缺乏道德约束，有了制度也不会去遵守，甚至还会想方设法钻制度的漏洞；如果缺乏道德约束，对自己要求就不可能严格，更不会同不廉行为作斗争；如果缺乏道德约束，见利就会伸手，有错也不可能自纠，以至发生质的蜕变。一般来说，这种道德约束主要体现在自律和诚信两个方面。

（一）诚信

学者们曾对瑞典和东欧的诚信度做过比较，得出的第一个结论是，社会诚信度越高，腐败就越少，反之腐败就越多。第二个结论是，人们通常认为，只有诚信度较低、腐败较多的国家的老百姓才更关心腐败问题，事实恰恰相反，瑞典人关注腐败的程度要远远高于罗马尼亚人。瑞典人最看重的就是廉洁的政府和政府官员的廉洁，而罗马尼亚老百姓最看重的则是选举公正。从世界上清廉度较高的国家和地区的成功经验来看，崇尚诚信、以廉为荣、以贪为耻的文化价值理念对于预防腐败发挥着积极的作用。例如，透明国际近年来的年度报告表明，新加坡和日本最为廉洁。新加坡和日本在廉政文化建设方面主要注重三方面：一是爱国主义与奉献精神的培养；二是道德判断力与约束力的培养；三是廉洁文化的培养。

在瑞典，因受历史和文化的影响，腐败行为被认为天理难容，贪污受贿等权钱交易被认为是非常羞耻之事，谁要是背负腐败臭名，整个家庭和家族都难以在社会抬头。瑞典的公民普遍认为，公平正义和诚实守信是必须遵守的社会准则和个人操守。这样的荣辱观念，已经深入到人们的内心深处。不管是政府官员还是普通公民，都担心有污点记录。一旦有污点记录，就很难在瑞典社会乃至欧洲地区立足。例如，到瑞典留学的中国留学生，都会从留学生网站上看到这样一个经典例子：

一位在瑞典取得博士学位的中国留学生，在申请一家著名跨国公司职位的考试中，笔试面试均拔得头筹，其他条件也很优秀，但最后还是落选了。什么原因？总裁告诉他，未被录用的原因，是他在求学时有两次乘车逃票的记录——虽然时间相隔一年多，还是被照录案底。这种不良行为，就成为其诚信记录中的严重污点，如果他长期生活在

瑞典，那么其负面影响将是终生的[①]。

可以肯定地说，瑞典之所以能在透明国际[②]每年度的清廉国家排名中始终位于前列，在相当程度上与其讲究公平的社会价值理念和以贪为耻的诚信自觉是分不开的。理念是世界上最强大、最重要的现实力量[③]。在诚信的精神理念指引下，国家公职人员必然会在内心深处自觉产生对腐败行为的鄙视而不愿介入其中。因此，对交通腐败防患未然的最佳方法在某种程度上就是推广廉洁奉公、廉洁自律、清廉正直的价值理念。

（二）自律

加强廉政文化建设的一个基本要求就是要提高领导干部和公职人员的从政道德素养，把道德规范的要求转化成他们的自觉行动，进一步促进廉洁从政。所谓自律，就是指人们自觉地依照道德规范进行自我对照、自我践履、自我反省、自我提高。很多廉洁度较高的国家和地区，不仅重视道德自律教育，而且从立法的高度规范公职人员的道德行为。例如，英国政府先后制定了《公职人员履行公务基本原则》和《公务员行为准则》，这些基本的原则包括：无私、廉洁、客观、负责、公开、诚信和表率。日本于1999年通过了《国家公务员伦理法》，加强公务员的伦理建设。韩国早在1981年就颁布实施了《公职人员伦理法》，该法对于推动韩国的廉政建设发挥了积极的作用。中国香港政府公务员事务局更是发给每位公务员一本《公务员良好行为指南》的小册子，明确公务员在工作、礼貌、忠心、诚信、服从、私生活等方面的行为准则，这对于培养公务员的廉洁意识，提高公务员的行政伦理水平，具有十分积极的意义。

我国香港廉政公署在自律方面要求甚严，主要做法是向全社会公开自己的“使命及承诺”，将自己置于全社会的监督之下。廉政公署的“使命宣言”是：廉政公署致力维护本港公平正义，安定繁荣，务必与全体市民齐心协力，坚定不移，以执法、教育、预防三管齐下，肃贪倡廉。廉政公署宣称，廉政公署人员无论何时都致力维护本署的良好声誉，并严格遵守以下的专业守则：坚守诚信和公平的原则；尊重任何人的合法权利；不惧不偏，大公无私执行职务；绝对依法行事；不以权位谋私；根据实际需要严守保密原则；为自己的行为及所作的指示承担责任；言行抑制而有礼；在个人及专业修养上力求至善。廉政公署的“服务承诺”是：48小时内对贪污举报作出回应；两个工作天内对非贪污举报作出回应；两个工作天内对要求提供防贪意见的人士作出回应；两个工作天内对要求提供倡廉教育或资料的人士作出回应。

良好的道德自律之所以能够有效抑制腐败，根本原因就在于这种道德自律，能够使公务员形成崇尚廉洁的价值理念和以贪为耻的职业自觉。道德自律程度越高，腐败的可能性就越小，反之亦然。

三、决策民主化：廉政文化建设的公信前提

谁都无法否认，有相当一部分交通部门的腐败是因为权力过于集中而导致决策专断造成的。决策民主化，这既是西方国家交通廉政文化建设的一条重要经验，也是交通廉政文化建设的程序要求，更是决策公信力的保证。

（一）民主决策提升廉政文化建设公信力

交通对人民的和平、安全和公众福利发挥着重要作用，在整个国民经济的良性发展中具有不可替代的基础地位。近年来，世界各国对交通的投入大幅度增加。巨大的投入要求交通部门必须保持清廉，否则，腐败必然泛滥成灾。在这种情况下，必须强化民主决策过程，用好这些投入，用实这些投入，防止和杜绝交通部门的腐败现象，营造和提升交通廉政文化建设的公信力。德国、美国和芬兰的实践经验充分证明：民主的交通决策能在有效防止交通腐败、取信于民的同时，提高交通廉政文化建设的认同度。

在德国，交通决策过程采取的步骤是先草拟决策内容，然后与股东商讨这些内容的可行性，最后由政治家做出决定。这种民主的决策过程可以在最大

① 参见劳剑：《反腐败在瑞典》，载《检察风云》2007年第2期。

② “透明国际”(Transparency International)系国际非政府组织，该组织每年公布腐败指数(Corruption Perceptions Index，简称CPI)。CPI属于复合民意调查，较为系统地反映了全球商界和学界对各国腐败状况的观感，于1995年首次发布，在国际上具有相当的权威性。该指数以10分为满分，分值越高，意味着腐败程度越低。

③ 参见[美]安·兰德等：《商人为什么需要哲学》，吕建高译，华夏出版社2007年版，第1页。

程度上弥补决策者的信息、知识和能力不足，纠正他们价值、理性和观念的偏见。更为重要的是，它可以有效避免领导者个人或者个别领导集体的专断行为，从而防止权力的滥用和腐败的滋生。在我们交通系统，因为领导的权威凌驾于民主之上而导致权力失控、决策失误、行为失范的事例不胜枚举。

美国政府在道路运输决策方面非常注重公众的参与，注重依法办事。美国各州运输局基本上都设有公共关系办公室、法律顾问办公室，就项目规划、建设、运营管理广泛征求公众意见。如遇争议，先通过协商、沟通解决，如达不成协议，则通过法律途径解决。因而具体方案易于实施，措施易于推行。美国交通运输业的法律法规，通常是由运输部在征求各相关人士意见的基础上，提出有关交通运输管理方面的法规草案，再向社会公布，经广泛征求意见并讨论、审查通过后方能实行。

芬兰则是另一个成功的例子。自独立以来，芬兰各级政府的决策都是集体决策。芬兰人认为，如果决策部门只有一个人说了算，就容易导致腐败，行贿者也会以较小的成本贿赂该决策者。相反，如果集体决策，就会使行贿者的行贿成本、难度和风险大大增加。

综上所述，发达国家在进行交通决策时，都制定了一整套严格的程序预防决策失误。其基本程序如下：先由交通管理部门提出初步方案，在听取专家和市民的意见后，报相关管理部门或委员会；然后由相关管理部门或委员会将方案提交相关的专业委员会（如环境委员会等），进行充分论证和修改；之后对方案进行公示，如果多数市民不同意，方案就不被批准；如果方案获得通过，相关管理部门或委员会将以法律法规的形式予以确认并付诸实施（图4-1）。

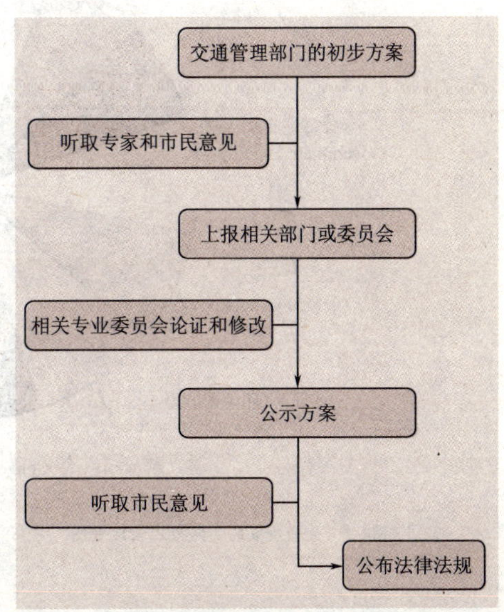

图4-1 发达国家交通管理决策流程

（二）民主决策中的文化因素

值得强调的是，域外很多国家和地区在进行交通决策时都十分注重对文化因素的考量。它们在做出一项重大的交通决策时，都充分考虑很多决定因素以及这些因素彼此之间的相互关系，有些因素是重要的，有些因素是必须的，而有些因素则无关紧要，其中交通文化因素占了相当的比重（图4-2）。虽然该图并没有直接明确交通廉政文化因素的比重，且也只是一家之言，但毫无疑问，交通廉政文化是交通文化的重要组成部分，也就是说，交通廉政文化也是重大交通决策必须考量的因素之一。

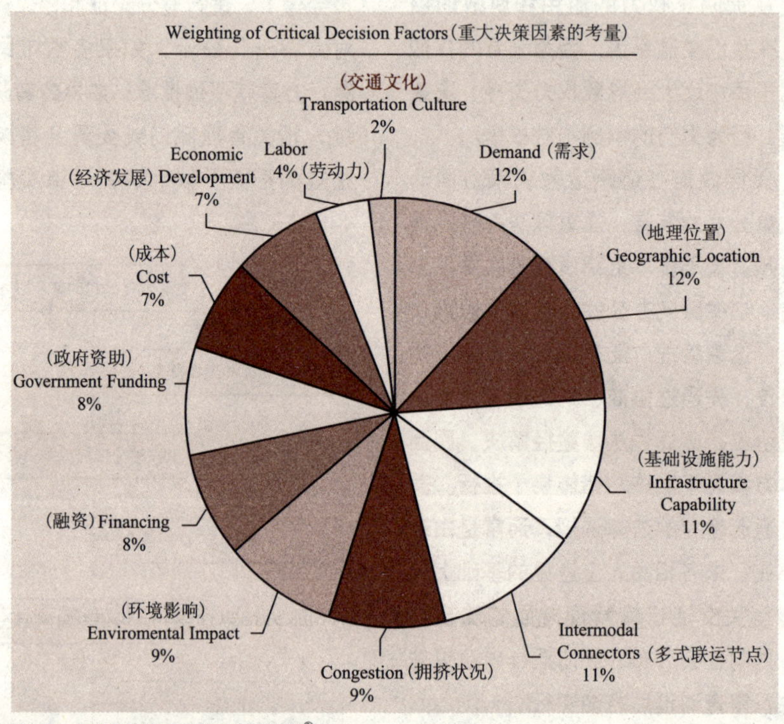

图4-2　交通决策的决定性因素比重图①

四、改革市场化：廉政文化建设的外部动因

无论在哪里，交通、电力、通信、公用事业、教育、金融等部门和行业由于掌握着资金信贷、审批调配、工程发包、质量监督等权力，都属于“行政性垄断”，从来都是滋生腐败犯罪的高发区。因此，在廉政文化建设中，就改革趋势而言，各国普遍的做法是放松规制、打破垄断，探索在公共服务领域

① Lawrence Henesey and Mark Yonge:Short Sea Shipping in the United States:Identifying the Prospects and Opportunities, White Paper Selected the reviewing committee of the National Academies —Transportation Research Board(TRB) for Presentation at the 2006 TRB Annual Meeting,January 25,2006.

如何引入市场竞争机制，从而发挥市场的有效调节。

（一）改革市场化的原因与表象

西方国家深刻认识到资源垄断的危害。交通部门对其提供的公共产品和服务具有高度的垄断地位，而垄断极有可能导致腐败。20世纪70年代末80年代初，许多西方国家都面临严重的财政赤字，迫使政府及其部门寻找更好的治理模式，以适应现代化的管理需要。进行改革成为政府及其部门的必然选择，而改革正是铲除腐败产生土壤、减少腐败产生机会的有效途径，属于廉政文化建设的治本措施。事实证明，凡是在交通领域采取公私合营模式的国家和地区，腐败的发生率相对较低。这种改革模式打破了公共服务的生产和供给中的行政垄断，引入了市场和社会的力量，运用竞争压力达到提高服务质量、降低服务成本的目的。引入竞争机制的市场化改革在西方取得了巨大成功，形成一股对公共权力的制约力量，从而在源头上遏制腐败发生。

英国和瑞典是这方面的代表。英国公共行政改革采取民营化模式，主要表现是引入顾客观念，将社会公众和企业这些政府服务对象视同市场上的顾客，政府仅仅是一般意义上的公共产品提供者，顾客作为平等的市场主体有自由选择权。双方角色变化带来的直接后果是，政府公共部门只能通过改善服务水平，提高绩效来赢得顾客，并获得预算和合法收入。瑞典针对原来主要由政府独家提供公共产品和服务的局面，着重强调引入竞争机制。他们提出一种“挑战权”理论，主张私有企业如果认为自己能够提供有竞争力的公共产品和劳务，可以有权挑战每一个国有实体。在国家对于基础领域和公共事业领域的重要环节保持必要控制力的前提下，瑞典首先在公路、铁路、民航等基础领域让出一部分空间，改由私人投资和经营[①]。

（二）改革市场化的意义与例证

尽管在某些情形下可能存在失败的例证，但是，全球范围内绝大多数项目的结果都证明，私人投资介入公共交通领域具有积极意义。随着私人资本的引入，效率和服务指数持续得到改善和提高。

当然，虽然发展中国家的投资在早期确实有所增长，并在1997年达到184亿美元的高峰，但在2002年金融动荡时期，由于稀缺资金有更好的投资机会，上述投资急剧下降到只有29亿美元。对交通项目的投资收益被认为具有长期性，因而风险较大。直到最近，人们才对交通项目恢复信心，2005年的投资额达到162亿美元，并在以后各年中保持持续增长态势（图4-3）。

应该说，公私合营的方式确实具有一些优势：首先，项目管理效率得到

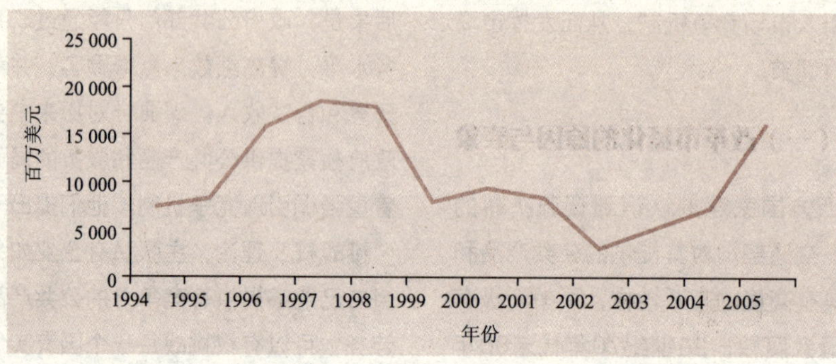

图4-3 1990至2005年发展中国家的私有部门在交通项目上的投资[②]

提高，因为风险同时由私营公司承担，而不是由国家单独承担；其次，由于私营企业的竞争，能够提供更好的服务和适宜的价格，从纳税人的角度来讲，项目总开支降低了。更为重要的是，公私合营方式可以有效制约公权力的滥用，从而抑制腐败的滋生和蔓延。

目前，不论是发展中国家还是发达国家，都已经充分认识到公私合营这种方式对于杜绝交通领域腐败现象具有积极意义，并将之付诸实践。例如，美国交通运输业就热衷于公私合营模式，美国许多地区道路基建商目前都在重新检测他们的投资计划，以适应公私合营模式。美国至少有18个州在公开讨论交通项目的公私合营模式，这些项目为私有资本市场提供了广阔的空间。法国高速公路也实现私有化。法国财政部于2006年发表声明，宣布法国政府以148亿欧元的价格将国内3大高速公路公司中的国有股份转让给法国或外国私有公司。巴西BR-116/BR-324公路项目已由巴西联邦政府首次采用公私合伙特许经营的方式进行建设。该特许经营项目的改造、扩建、维修和运营，预算筹集资金将达到5.11亿美元。同时，克罗地亚也以公私合营的融资方式修建了通往斯洛文尼亚边境的一条公路，并正式通车。加拿大交通运输部更是确立了“整合紧固的交通运输政策框架内政府和私营部门间的伙伴关系和合作关系”，作为其可持续交通运输系统的指导原则。

① 参见李秀峰主编：《廉政体系的国际比较》，社会科学文献出版社2007年版，第107页。

② World Bank Independent Evaluation Group: A Decade of Action in Transport: An Evaluation of World Bank Assistance to the Transport Sector,1995-2005.

五、反腐社会化：廉政文化建设的强大外力

广泛动员和争取社会力量（包括国际社会和国内社会）参与反腐斗争，加强廉政文化建设，创造廉洁文明的社会风尚，不仅可以使反腐制度与反腐行动建立在民意的基础上，而且可以使反腐精神内化于个人的认识、动机、情感、态度和组织的目标取向上，使社会公众以强烈主人翁的独立意识和自觉意识，积极投入反腐斗争之中，使反腐成为全体社会公众共同参与的一项正义事业。西方发达国家的实践也证明，依靠社会力量参与反腐斗争是反腐倡廉的重要动力源。

（一）社会监督

对于腐败的监督和预防不仅是政府的责任，同时也有赖于公民、社会组织和新闻媒体的强大监督力量。尽力争取社会各界对反腐工作的支持与合作，采取广泛措施吸引和组织公众直接参与反腐斗争，是反腐倡廉取得成功的重要保证，是廉政文化建设的重要内容。

1. 交通廉政文化建设必须依靠高度的公民参与

在这方面，我国香港地区具有丰富的经验。香港廉政公署很多案件得以揭发，无论是复杂的巨额商业贪污或是牵涉升斗市民日常生活的案件，都是源自市民挺身举报，近年香港廉政公署接获的贪污投诉之中，有九成来自市民直接举报。“具名举报”比例更是屡创新高，2006年达73%，不少外地反贪组织对此亦表示欣羡。历年的民意调查亦显示，市民对香港廉政公署的支持度达99%。

2. 交通廉政文化建设必须包含广泛的舆论监督

在许多国家和地区，有相当一部分腐败案件是通过新闻媒体揭露出来的。例如，1988~1989年日本里库路特股票案，竹下登首相下台，前首相中曾根康弘被传唤，宫泽喜一等一大批政要陷入股票受贿丑闻。披露此案并穷追不舍的就是日本发行量最大的《朝日新闻》。在1992~1993年导致自民党下台的日本自民党副总裁金丸信受贿逃税案中，《每日周刊》、《朝日新闻》、《东京时报》等媒体功不可没。1972~1974年导致美国总统尼克松下台的水门窃听案，是《迈阿密先驱报》、《华盛顿邮报》、《纽约每日新闻》等媒体揭露出来的。1986~1991年美国“伊朗门”案，1986~1990年法国“发展路口”案，1989年希腊总统帕潘德里欧因经济和桃色丑闻下台等一系列腐败案件，均得益于新闻媒体的及时曝光。诚如英国哲学家罗素指出的那样，法律如果没有舆论的支持几乎毫

无力量，作为有效力量的法律，它依赖舆论甚至要比依赖警察的权力多。因此，新闻媒体被称为立法、行政、司法之外的第四种权力不是毫无道理的[①]。

新闻媒体对腐败现象的揭露不仅出现在发达国家，即使在发展中国家，新闻媒体的监督力量也不容忽视。根据2007年6月发布的“西非贸易和交通问题报告”，西非国家（尤其是布基纳法索、加纳和马里）充分认识到交通对贸易的积极意义，同时也充分认识到交通腐败对经济的消极影响。在这些国家，交通警察对公路货物运输人员的索贿现象特别严重，对此，上述国家政府充分动员新闻媒体进行报道。《加纳时报》在2007年4月披露了一位加纳交通警察向卡车司机索贿的情形。很快，加纳警察总长就公开表示谴责那些腐败行为，并承诺对那些接受贿赂之人实施严惩。这位司机在接受记者采访时表示，“这并不是针对我一个人的新闻，在加纳，任何一位司机都会告诉你交通警察是如何执法的。不管你的卡车是一切正常还是有什么问题，警察都会向你索要钱财。我认为，政府必须要采取措施解决这个问题了。它正在毁灭加纳精神。”

由此可见，新闻媒体监督是防止腐败的一种行之有效的形式。在遏制腐败的过程中，通常都是由新闻媒体对腐败事件或腐败人物的披露为先导。新闻媒体的穷追不舍和深度挖掘，一方面促进了公民道德意识的觉醒，另一方面对潜在的腐败官员产生震慑作用。它们对政治、经济丑闻的揭露和批判，还往往导致政治家竞选败北，引发检察机构进一步调查介入。对此，德国的经验非常具有代表性。在德国，舆论监督的力量非常强大。根据德国法律规定，检察院如果发现有腐败方面的报道，有义务进行调查。德国实行新闻自由，报刊、电台、电视台可以报道政府、政党内部的情况，只要内容属实，不泄露国家机密，即属合法，而消息来源受法律保护，任何人不能对消息来源进行调查。政府官员和公务员的腐败丑闻和绯闻一旦曝光，一般就要引咎辞职并受到相应惩处。

3. 交通廉政文化建设必须发挥社会团体的组织化力量

随着世界民主化浪潮的推进，社会团体在反腐斗争中发挥了不可替代的作用。例如，韩国1994年成立的“参与联大”明确提出自己的活动宗旨：“开展反腐倡廉运动，建设廉洁透明政府”。1999年成立的“反腐败国民联大”提出的活动宗旨是：“建设无腐败现象的干净国家。”具体地说，这些市民团体开展的反腐败活动包括以下几个方面：一是推动廉政立法。韩国政府制定的《腐败防止法》正是通过市民团体的艰苦努力所取得的成果；二是对腐败案件的举报和监督。受理市民举报和监督腐败是韩国市民团体最为普遍的反腐方式；三是对市民开展反腐教育。公务员的廉洁意识教育是反腐运动取得成功的必要条件，这些市民团体通过举办学术研讨会等方式积极开展相关教育活动，从而引发人们反腐的自觉意识[②]。

（二）国际合作

腐败现象已成为许多国家共同关注的一种国际公害，已成为一种全球化的犯罪行为，且越来越呈现复杂化、组织化、国际化趋势。在这种情况下，一个国家显然已经无法独立承担反腐重任。要想提高反腐成效，积极开展国际合作至关重要，这是交通廉政文化建设必须关注的最新动态。

但是，由于各国法律的不同，在反腐败的国际合作中极易引发分歧，这就需要在各方可接受的底线基础上寻求法治化的解决途径，扫清反腐败国际合作的障碍，落实反腐败的法律规定，进而在全球范围内有力打击腐败犯罪。为此，第58届联合国大会于2003年10月31日审议通过了《联合国反腐败公约》，这是联合国历史上通过的第一项指导国际反腐败斗争的法律文件，对各国加强国内的反腐败行动、提高反腐败成效、促进反腐败国际合作具有重要意义。目前，已有107个国家批准了该公约。2005年10月27日，我国十届全国人大常委会第十八次会议表决通过全国人大常委会关于批准《联合国反腐败公约》的决定，同时声明中华人民共和国不受《联合国反腐败公约》第六十六条第二款的约束[③]。

《公约》确立了反腐败的科学理念和策略，形成了全球性打击腐败犯罪的基本准则，规定了被转移他国的腐败资产返还的原则，并建立了国际合作预防和惩治腐败犯罪的五大法律机制，即预防机制、定罪与执法机制、国际合作与执法合作机制、资产返还与追回机制、履约监督机制，奠定了反腐败国际合作坚实的法律基础，从而为国际反腐败斗争提供了基本的法律指南和行动准则。

① 参见朱向东：《舆论监督是反腐败不可或缺的锐利武器》，载《东南大学学报（社科版）》2006年第3期。

② 参见李秀峰主编：《廉政体系的国际比较》，社会科学文献出版社2007年版，第252~255页。

③ 《联合国反腐败公约》第六十六条第二款规定：两个或者两个以上缔约国对于本公约的解释或者适用发生任何争端，在合理时间内不能通过谈判解决的，应当按其中一方请求交付仲裁。如果自请求交付仲裁之日起6个月内这些缔约国不能就仲裁安排达成协议，则其中任何一方均可以依照《国际法院规约》请求将争端提交国际法院。

六、载体多元化：廉政文化建设的丰富表达

交通廉政文化建设除了廉政价值文化建设、廉政制度文化建设之外，还应该包括廉政物质文化建设。综合起来看，其他国家和地区在交通廉政文化建设的物质载体方面有以下主要特点：

（一）交通廉政文化建设载体的全员覆盖

众所周知，反腐是一个长期的、艰巨的、异常复杂的社会生态的完善过程，与腐败的斗争不可能一蹴而就。有权力存在的地方，就有腐败滋生的可能，而且，腐败力量还具有极强的自我修复能力，腐败分子会自动寻找法律政策的漏洞，在不同时期和不同环境中，转变成不同的腐败形式，以此完成对自身的保护。因此，与腐败力量的斗争，注定是一场艰苦而又长期的较量。为了提高反腐效率，就必须动员全社会的力量参与廉政文化建设，加强反腐本身的科学化。

在许多国家和地区，交通廉政文化建设载体不仅针对公职人员，而且覆盖了整个社会，实现了全员覆盖。例如，澳大利亚政府就十分重视通过各种研讨会、出版物，以及同外界发展联系来开展廉政文化建设活动。澳大利亚反腐败独立委员会已经在高中学生的法律知识课程中加入有关腐败问题的内容。同时，许多国家和地区注重廉政教育对象的多元化。例如，我国香港廉政公署一向把青少年作为倡廉教育工作的主要对象。廉政公署制作了不同形式的多媒体德育教材供中小学及幼儿园使用。他们针对青少年的心理特点，为幼儿园及小学生创造一系列卡通角色，以传递倡廉信息，同时还配有卡通短片、漫画、故事游戏集、互动教具及音乐剧等，开展生动活泼的廉政教育活动，其目的是从小开始，就给他们灌输贪污的危害，长大了不要贪污，不要行贿受贿，并帮助他们树立一种信念：廉洁是美德。

（二）全方位、多角度的物质表现形式

在许多国家和地区，交通廉政文化建设载体具有全方位、多角度的物质表现形式。例如，新加坡积极利用传媒、广告、互联网、通信等现代方法开展廉政文化建设活动，使大众时刻关注贪污问题，反贪机构与民众广泛联系，共同建立良好的反贪氛围，倡导廉洁，不断扩大廉政反贪的社会效果。

我国香港的清廉度举世闻名，而且其文化底蕴与我国内地极为相似。因此，在交通廉政文化建设上，可以汲取他们的成功经验。经过多年的积累，香港廉政文化建设已形成包括电影、电

视、书籍、海报、卡通、网络等全方位、多角度的物质表现形式。具体如下：

1. 利用廉政广告开展廉政文化建设活动

在主要场所设置生动的反腐倡廉广告，例如，“平生不做贪心事，夜半敲门也不惊”、“有贪污必有祸害”、“早知如此，何必当初”、“勿让柜底交易吞噬你的心血”，从而形象地刻画贪污腐败的危害，教育公众认识腐败的性质，鼓励公众自觉与腐败现象作斗争。

2. 利用电影、电视、广播、网络、录像等相关媒体开展廉政文化建设活动

廉政公署社区关系处每年都会利用崭新的手法制作宣传短片，在电视和电台上不断播放，从而提高市民对贪污的警觉性。此外，廉政公署还会定期摄制电视剧集《廉政行动》，供电视台播放。该剧都是根据真实案例改编，可令市民深入了解廉政公署的调查工作及面对的挑战，进一步认识廉政公署调查员是如何锲而不舍地将贪污分子绳之以法，从而在全社会营造以廉为荣、以贪为耻、以诚为本的廉政文化氛围。比较著名的《廉政行动2007》电视剧，由廉政公署与电视广播有限公司联合制作，分五集：《铁窗速递》（惩教人员受贿案）、《沙丘城堡》（建造工程短桩案）、《亿万信用》（银行信用状诈骗案）、《过界》（警务人员行为失当案）、《空卡》（铁路跨境货运贪污案）等。

3. 利用文学开展廉政文化建设活动

廉政公署特别注重通过文学等方式开展廉政文化建设活动。例如，廉政公署曾会同香港公民教育委员会、青年事务委员会及香港作家协会编印“百家联写”文集。文集分为“学校篇”、“家庭篇”、“社会篇”、“人际关系篇”及“励志篇”，透过百多位作家及名人分享生活点滴、人物故事及社会百态等，鼓励年青人奋发图强并培养廉洁风尚。再如，香港廉政公署曾专门组织过“廉政在香港”家书写作比赛。

4. 利用廉政标语、海报等开展廉政文化活动

香港廉政公署反腐败的口号之一就是“贪一块钱也不行”。尽管有人对该口号表示质疑，但廉政公署坚持认为，大贪小贪都是贪，放过小贪等于纵容大贪，继而纵容贪得无厌。到那时，调查的成本就会增加几十倍，甚至上百倍。正是有了这种对腐败现象“零度容忍”的精神和态度，才使香港成为世界上公正清廉的典范。香港的廉政海报是其廉政建设的一大特色。到处张贴的廉政海报日积月累，会深刻影响和左右人们的行为（图4-4、图4-5）。

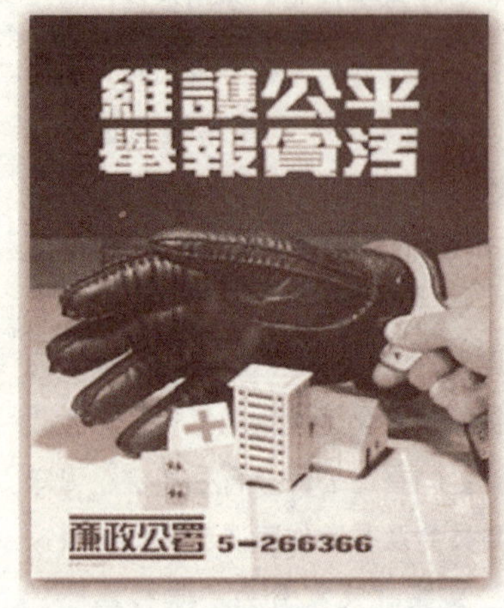

图4-4　香港廉政公署海报

图4-5　香港廉政公署海报

除此之外，香港廉政公署还通过公布举报电话鼓励市民积极举报贪污行为；廉政公署人员进社区办防贪讲座等多种多样的方式，全方位多角度地开展廉政文化建设。

第四章　交通廉政文化建设的域外经验

第二篇

交通廉政文化建设的价值追求、制度安排与技术路径

第五章 交通廉政文化建设的价值追求：核心价值观与基本使命

文化的表达和建设首先需要价值体系的支撑，交通廉政文化也应当确立与之相适应的价值体系，构建交通廉政价值文化。交通廉政文化建设的价值体系，是交通廉政文化建设的思想基础与内在精神。按照构建社会主义核心价值体系的基本要求，通过总结归纳交通廉政文化建设实践经验，我们认为，“交至廉，通至远”①是交通廉政文化建设的核心价值观，“廉通你我，路畅人和”是基本使命，“共建有序、互动、平衡的交通廉政生态系统”是共同愿景，它们共同组成交通廉政文化建设的核心价值理念体系。

一、交通廉政文化建设的价值体系

作为整个交通系统基于一定的客观环境所进行的精神选择，交通廉政文化建设拥有一个层次多样、内容丰富、不断发展的价值体系。

（一）交通廉政文化建设价值体系的构成

从广义上说，交通廉政文化建设的价值体系可以划分为两个层次：核心价值理念和表层价值理念。核心价值理念是这一价值体系的内核，是整个价值体系的原点。表层价值理念是以核心价值理念的价值主张为纽带，围绕核心价值理念而建构、与核心价值理念密切相关的基本理念。

交通廉政文化建设价值体系的表层价值理念主要包括公正理念、服务理念、依法行政理念、奉献理念、团队理念、诚信理念等等。所谓公正理念，是指交通系统工作人员在履行职务过程中应当具有的追求公平、正义、合理的信念，在处理具体事务时要同等情况同等对待，不同情况区别对待，并且要综合考虑相关因素，根据自己的内心信仰合理使用自由裁量，尽量做到不偏不倚。所谓服务理念，是指交通系统工作人员在履行职务过程中，必须牢记“一切权力属于人民”的宪法规定和“权为民所用，情为民所系，利为民所谋”的要求，自觉地把全心全意为人民服务作为最高行为准则，通过树立服务理念，坚决摈弃官本位思想，从而转向公民本位和社会本位。所谓依法行政理念，是指交通系统工作人员在交通行政管理和交通行政执法过程中，应当依法行使职权、履行职责，自觉将自己的职务行为纳入法律的调控之下，坚决做到有法必依、执法必严、违法必究，杜绝“黑头文件不如红头文件，红头文件不如口头文件”等此类“权大于法”的现象。所谓奉献理念，是指交通系统工作人员在职业中要勤劳敬业、敢于牺牲自己的利益，为别人着想的高尚情操。所谓团队理念，是指交通系统工作人员应在共同的价值理念下，团结合作，增强团队的凝聚力和向心力，最大限度地发挥集体的力量与智慧。所谓诚信理念，是指交通系统及其工作人员应诚实守信，言行一致、表里如一，践行自己的承诺，不断规范自己的行为。

中国社会科学院企业文化研究专家刘光明教授在分析海尔文化及其核心理念时指出：

“所谓团队精神、团队文化，就是要充分兼顾员工个人的利益、个人的人生目标、个人的爱好和志向，充分调动每个员工的积极性，激励他们为企业的共同事业规划贡献力量。海尔在进行团队文化教育时，还特别强调共同价值是个体价值得以实现的根本保证，因为，一个基于个人利益增进而缺乏合作价值观的企业在文化意义上是没有吸引力的，这样的企业在经济上也是缺乏效率的，以各种形式出现的狭隘的个人利益的增进，不会对我们的企业和社会带来好处。这是海尔文化的核心[②]。”

因此，表层价值理念并不是可有可无的，在交通廉政价值文化建设中，这些理念都是其核心价值理念的有力支撑和具体体现。

从狭义上说，交通廉政文化建设的价值体系主要是指其核心价值理念。核心价值理念构成交通廉政文化建设的内在精神，是交通系统及其每一个成员的共同价值追求、价值评价标准和所崇尚的最高的和最后的精神元素，是交通廉政文化建设最根本的观点与最概括的表述，也是支撑交通廉政文化建设的内在的、持续的精神力量。交通廉政文化建设价值体系的建构就是围绕核心价值理念，通过确立其基本使命和共同愿景来激发整个交通行业的主观能动性，营造一种独特的精神氛围，从而在交通领域实现廉的价值。

核心价值理念体系一般分为核心价值观、基本使命和共同愿景，它们构成交通廉政文化建设价值体系的主要内容（图5-1）[③]。

魔鬼发布广告出售他的工具，他作恶时使用的各种工具都明码标价地供买主挑选。工具的品种多种多样，包括憎恨、嫉妒、怀疑、欺骗、傲慢等等。另外还有件看起来无害的工具磨损得很严重，孤零零地放在一边。“这是什么工具？”一个买主问。“哦”，魔鬼说，“它的名字叫气馁。”“为什么它的价格这样高？”“因为这是我最有用的工具。每当无法用其他工具接近某人时，我就用这件工具撬开他的心，完全地控制他。很少有人知道它属于我，所以我在几乎所有人身上都使用过它，把它磨得很旧。”魔鬼给气馁定的价太高，始终没有能卖出去。所以它仍是魔鬼最重要的工具，每天在人们身上使用[④]。

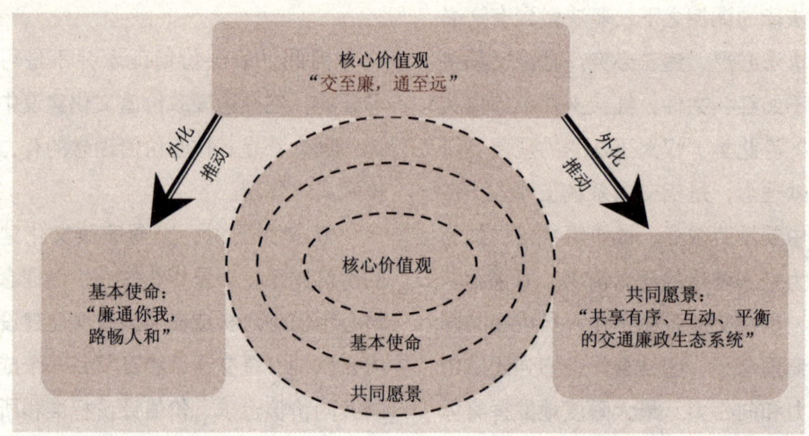

图5-1　交通廉政文化建设的价值体系

“气馁”之所以能起作用，就在于它能摧毁我们的核心价值观、基本使命、共同愿景这些我们赖以生存的精神寄托。因此，个人也罢，行业也罢，都必须坚定自己的价值文化，才不会被气馁这种魔鬼的工具钻了空子。

1. 核心价值观

硬实力需要软实力来支撑，软实力的基础是文化，文化的核心是价值理念，价值理念的核心是核心价值观。

在一个组织内部，受其复杂的结构特征影响，往往会形成一个混合许多价值理念在内的价值观体系。其内部不同对象对组织的价值理念具有不同的影响，进而在组织内形成各种既有区别、又有联系的混合价值观念，它们共同构成组织内不同层面的价值观体系。由于不同价值理念对主体的作用不同，在一个价值观体系内一般会出现依据一定标准对各种不同的价值进行排序的要求，排序中位列最高的价值理念反映了该组织的基本价值取向，构成组织的核心价值观，主导和支配着其他价值观，并成为对各种利害关系评判的最高价值标准[5]。核心价值观回答了“我们是谁，我们的信仰是什么”这一根本性问题。

交通廉政文化建设的核心价值观支撑着整个交通体系的顺转流畅，体现了交通部门的特殊职能，其他价值观都是其核心价值观的有力支撑和具体体现。交通廉政文化建设的核心价值观可以概括为“交至廉，通至远”。“交至廉”是“通至远”的前提和保障；“通至远”是“交至廉”的方向和目标。两者有机统一于交通廉政文化建设的核心价值观。

“交至廉”就是把廉洁奉公、廉洁自律、清廉正直作为崇高追求。“通至远”是要实现交通人道德境界的至臻至善、交通廉政文化建设方法举措的至臻至善、交通行业落实“三个服务”的至臻至善。在交通廉政文化建设中，对交通领域工作人员来说，这一核心价值观是对是非善恶的判断标准，是对交通事业和交通目标的共同认同，是对所认同的交通目标的共同追求，是一种高尚的共同境界。只有深刻凝练的核心价值观才能有效地渗透于整个交通系统，才能发挥巨大而持久的主导作用和引领作用。

2. 基本使命

任何组织的存在都有其特定的基本使命，基本使命就是宗旨，基本使命就是目标。基本使命既是一种对自身所承担的历史和社会责任的意识及其认知的过程，也是一个组织之所以存在的理由或价值。因此，基本使命回答的是“我要干什么？我们的事业是什么”这一基础性问题。

交通廉政文化建设的基本使命可以概括为“廉通你我，路畅人和”。“廉通你我”强调交通廉政文化建设的核心任务就是通过廉政文化建设实现交通领域工作人员人人廉洁的要求，其内涵主要体现在三个方面：一是廉洁奉公的理念在交通系统内部实现贯通，二是廉洁自律的意识在交通从业人员之间实现融通，三是清廉正直的风气在交通与社会之间实现互通。“廉通你我”的基本职能和作用在于确保“路畅人和”。所谓“畅”，就是要实现“顺畅交通”；所谓“人”，就是要实现“人本交通”；所谓“和”，就是要实现“和谐交通”。很显然，“路畅人和”既是现在和未来交通廉政文化建设发展方向的构想、展望与憧憬，也是交通廉政文化建设的正当表述和存在理由。因此，“廉通你我”既是一种目的，也是一种手段，更是交通廉政文化建设的重大责任，是实现“路畅人和”的先决条件；“路畅人和”既是“廉通你我”的目标归宿，更是历史和时代赋予交通人的崇高使命。

“廉通你我，路畅人和”决定了交通廉政文化建设的核心任务，就是要树立交通领域“以廉为荣，以贪为耻”的道德旗帜，就是要建立健全交通系统组织决策、组织执行和组织监督三者协调统一的坐标体系，就是要让“为民、务实、清廉、高效、和谐”始终贯穿交通事业发展全过程。

3. 共同愿景

十五大报告在“建设有中国特色社会主义的经济”这一部分首次使用“共享”这一重要概念，指出“保证国民经济持续快速健康发展，人民共享经济繁荣成果。”十六大报告在“坚持以经济建设为中心，用发展的办法解决前进中的问题”这一部分继续强调：“在经济发展的基础上，促进社会全面进步，不断提高人民生活水平，保证人民共享发展成果。”同时提出：“台湾同胞可以同大陆同胞一道，行使管理国家的权利，共享伟大祖国在国际上的尊严和荣誉。”

十七大报告继续强调：“发展为了人民、发展依靠人民、发展成果由人民共享”。“要充分发挥人民在文化建设中的主体作用，调动广大文化工作者的积极性，更加自觉、更加主动地推进文化大发展大繁荣，在中国特色社会主义的伟大实践中进行文化创造，让人民共享文化发展成果”。“我们要紧紧依靠人民，调动一切积极因素，努力形成社会和谐人人有责、和谐社会人人共享的生动局面⑥。”这表明，“共享”理论得到进一步发展，主要表现在：三次阐述了“共享”，次数明显增加；分别在科学发展观、文化发展、和谐社会等处提到“共享”，指导地位明显提高、涉及领域极为广泛。

十七大报告的“共享”理论对我们有重要启迪。发展交通、发展交通廉政文化就是为了让人民共享，而共享的前提是发展，发展需要全民的参与和共建，这样才能具有共享的成果。

因此，根据十七大报告的精神，我们认为，“共建有序、互动、平衡的交通廉政生态系统”是交通廉政文化建设的共同愿景。

共同愿景指向的是组织的未来，是其成员对组织所怀有的美好愿望。它将未来的发展目标同自身的基本使命结合起来，是组织存在的价值提升。共同愿景回答了“我们的目标是什么？我们想要创造什么”这一关键性问题。

交通廉政文化建设的共同愿景是交通系统在履行“廉通你我，路畅人和”这一基本使命时，其工作人员对交通廉政事业所产生的希望。这一共同愿景的实现将使交通系统内外形成一种良好的廉政氛围，并通过系统内部的廉洁影响和左右系统外的他人，使交通系统内外形成一种良性互动，进而保持整个交通事业良好健康的发展态势。

“共建有序、互动、平衡的交通廉政生态系统”的共同愿景中，“有序”、“互动”、“平衡”相互联系，互为依托，共同构成交通廉政生态系统的辩证统一体。“有序”指状态，是“互动”和“平衡”的前提；“互动”是过程，为“有序”和“平衡”提供动力源泉；“平衡”是目标，是“有序”的升华、“互动”的结果。“有序”主要包括交通组织有序、法治有序、市场有序，最终实现行业发展有序；“互动”则指行业之间、行业内部员工之间、交通人与社会公众之间在廉政文化建设方面的互动；“平衡”表现为交通廉政文化建设的各个主体之间相互协调、相互促进、相互制约，实现统筹、均衡发展。

（二）核心价值观、基本使命和共同愿景的逻辑关联

在整个价值体系中，核心价值观、基本使命和共同愿景并不是孤立的，它们之间存在着严密的逻辑关联。

1. 核心价值观推动基本使命和共同愿景的形成

众所周知，核心价值观是一个系统内价值体系的核心部分，表明该系统及其成员所共有的基础价值理念。首先，这种共有的信念具有极强的目标功能，体现在核心价值观对于组织的发展具有一定的指向性，能够引导其成员向着共同的目标前进。其次，核心价值观对组织有激励功能，即能够长久地鼓励、促使其成员向着既定的共有目标努力。最后，核心价值观还具有对组织的凝聚功能。作为一种共同秉持的信念，核心价值观能够将组织成员凝聚到一起并为这一共有的信念而奋斗。由此可见，核心价值观能够促使全体成员坚持不懈向着共同的基本使命努力，在努力的过程中会使他们自然地产生出一种对组织、对社会的责任感和使命感，同时也能生成对未来的一种美好共同愿景。因此，在交通廉政文化建设中，“交至廉，通至远”作为核心价值观是整个交通廉政文化建设的总的精神核心，是交通系统成员的共同信仰，也是交通系统廉政建设的驱动力。在“交至廉，通至远”这一核心价值观的指引和激励下，交通领域工作人员形成了对交通事业的责任感和使命感。因此，“交至廉，通至远”的核心价值观对“廉通你我，路畅人和”的基本使命和“共建有序、互动、平衡的交通廉政生态系统”的共同愿景具有统领作用。

基本使命是共同愿景的一个方面，换句话说，共同愿景包括基本使命，基本使命是共同愿景中具体说明组织活动和行为的理念[7]。因此，在交通廉政文化建设中，“廉通你我，路畅人和”这一基本使命是“共建有序、互动、平衡的交通廉政生态系统”这一共同愿景的一个方面，是共同愿景中努力实现的具体的廉政建设活动和廉洁行为理念。

2. 基本使命和共同愿景是核心价值观的外化表现

一般说来，核心价值观作为组织的内核，是组织文化中最为深层的内容。正因为如此，核心价值观在同外界的交往中很难被反映出来，也很难被系统外的其他人所直观了解，所以需要基本使命和共同愿景将这种抽象的价值理念直观地表现出来，这就是所谓的“外化”。基本使命作为其在社会中身份角色的表现，反映了核心价值观与社会之间的一种联系，是一种外化的物质表现形式，这使得核心价值观比较容易且直观、真实地被外界感知、认知。同样，共同愿景作为组织成员对组织美好未来的一种描绘，会在内部形成一种强大的共鸣，告知其成员如何努力来实现自己的基本使命，因此也使得外部特别容易直观、真实地体验到核心价值观。它常常通过各种外向的表达方式展现出来，以使其成员更明确地了解自身的发展要求和方向，同时这种外向的表达方式也更易为组织外他人感知。因此，交通廉政文化建设的基本使命和共同愿景也是其核心价值观在交通廉政活动中的承载和表现。

具体来说，“交至廉，通至远”这一核心价值观是交通系统内成员在廉政方面的共同价值取向，但是核心价值观较为抽象，不易为交通系统外的他人所感知。而“廉通你我，路畅人和”的基本使命和“共建有序、互动、平衡的交通廉政生态系统”的共同愿景则容易通过交通系统的服务行为体现出来，通过提供优质的交通服务，交通系统外也能够体验路畅人和的交通状况，感知交通系统廉洁的氛围，也能体会交通系统对于其美好未来的畅想。可见，“交至廉，通至远”的核心价值观需要通过“廉通你我，路畅人和”的基本使命和“共建有序、互动、平衡的交通廉政生态系统”的共同愿景向外界传递。

① 这一核心价值观的提出，得益于中纪委研究室邵景均副主任的启发，特此致谢！

② 刘光明编著：《企业文化案例》，经济管理出版社2003年版，第4页。

③ 参见韩福明：《企业文化核心概念及其概念间关系辩析》，载《商业时代》2007年第7期。

④ [美]约翰·劳伦斯：《魔鬼的故事》，张宵峰编译，载《读者》2007年第16期。

⑤ 参见毛世英：《从价值哲学看企业价值观》，载《社会科学辑刊》2006年第2期。

⑥ 胡锦涛：《高举中国特色社会主义伟大旗帜为夺取全面建设小康社会新胜利而奋斗》，载《人民日报》2007年10月16日。

⑦ 刘先明：《如何理解企业共同愿景和企业基本使命》，载《中国企业报》2004年4月27日。

二、交通廉政文化建设的核心价值观："交至廉，通至远"

当代著名学者蒋庆认为：中国人最怕的是亡文化，亡文化即意味着亡价值，亡价值则使人类的社会生活不可能，是人类万劫不复的灾难[①]。在交通廉政文化建设中，至关重要的问题是价值文化建设，价值文化的关键则是确立交通廉政文化建设核心价值观，而前提是需要科学把握交通文化的核心价值理念。

（一）"文以载道，道以载文"：交通文化的核心价值理念

交通建设的过程同时是一个文化建设的过程：交通建设既是文化的一部分内容，又是文化的有效载体。因此，整个交通文化的核心价值或者说交通文化的基本功能就是"文以载道，道以载文"。

唐宋八大家，较前代那些浮滥的诗赋，更突出了"文以载道"。周敦颐《通书·文辞》认为："文所以载道也，轮辕饰而人弗庸，徒饰也，况虚车乎。"意思是说，"文"像车，"道"像车上所载的货物，通过车的运载，可以到达目的地。如果车装饰得很漂亮，却不载物，那么车再美也是无用的。提倡"文"要言之有物、不陈腐、不表闲情逸致，要追求三代两汉时的风骨，要以文济世，表现社会实貌，歌颂有道者而抨击不仁之事。总之，所谓"文以载道"，是指文章可以承载做人为国的道理。

古人提出的文以载道，"文"是指文章，"道"本身有多种释义，主要的含义有：道路；途径，方向；道理，正当的事理；方法，办法，技艺；德行，封建伦理纲常；思想学说或宗教教义；道家或道教；某些封建迷信组织等。这里，"文以载道"的"道"实际上是指封建伦理政治的准则。在"文"与"道"的定位中，就其经典意义而言，"文"只是实现"道"的工具和手段。

在当今中国，交通文化建设必须批判地继承古人的"文以载道"思想。"文"就是指廉政文化，"道"也是广义的，但与古代的"道"含义不同，是宽泛意义上的道路、途径、道理、事物的规律性、方法、道德、正义、法律法规等等的总称。因此，"文以载道"就是要在交通领域内，以文化来承载廉洁为官、发展交通、兴国安邦的道理。

事物的发展是能动的。在交通文化建设中，不仅要强调"文以载道"，同时也要强调"道以载文"。现在的交通道路不仅仅是物化的形态，更是一定的文化在交通道路上的反映。离开了文化的熏陶，各种交通道路都是僵死的，

不具有鲜活的生命力。诚如北京大学金开诚教授所言，中国人在心灵深处感觉到桥有三种含义：创造的含义和审美的含义，还有一种历史文化的含义：

"桥的文化意义首先在于它和许多历史人物与故事发生过联系。古代像长安的灞桥、渭桥、河南的洛桥等，在许许多多诗文中写到，可见活动繁多。李白诗"新人非旧人，年年桥上游"，杜甫诗"寺忆新游处，桥怜再渡时"，可见桥较能引发人的感慨乃至"思古之幽情"。其中感慨较有深度的如唐代刘禹锡诗："朱雀桥边野草花，乌衣巷口夕阳斜；旧时王谢堂前燕，飞入寻常百姓家。"历史上多少人事兴衰，像王谢豪族那样富贵风流，也只是一时之盛；倒是"寻常百姓"乃是历史的主人，永久存在。这感慨很深沉而富有感染力，朱雀桥、乌衣巷也因此而成为名迹。"

"桥还有更为深层的文化含义，就是它在民族的文化思想中体现了重视联系、沟通而反对阻塞的意识。所以人们始终赞扬牵线搭桥、修桥补路；而把桥断路绝视为困境，不宜陷入；更把过河拆桥视为极其恶劣的行径。人要克服阻隔、联通彼岸，最佳的选择无过于架桥；就连牛郎织女要相会，亦由善良的人们通过想象为他们架起了鹊桥。可见桥始终意味着连接与畅通，而这正是文化发展的最重要条件之一；只有不同事物的联通，才能相互发生作用，促进新事物的生发与涌现[②]。"

因此，在交通文化建设中，"文以载道"与"道以载文"是相辅相成的，它们都是价值文化、制度文化与物质文化的综合表现形式。

（二）"交至廉，通至远"的思想渊源

"文以载道，道以载文"在交通廉政文化建设中的反映就是"交至廉，通至远"。这一交通廉政文化建设的核心价值观有其深刻的思想渊源。

十七大报告指出要建设社会主义核心价值体系，并把"社会主义核心价值体系深入人心"作为实现全面建设小康社会奋斗目标的新要求。社会主义核心价值体系是中华民族奋发向上的精神力量和团结和睦的精神纽带。主要包括：社会主义核心价值体系的灵魂——马克思主义指导思想；社会主义核心价值体系的主题——中国特色社会主义共同理想；社会主义核心价值体系的精髓——以爱国主义为核心的民族精神和以改革创新为核心的时代精神；社会主义核心价值体系的基础——社会主义荣辱观。社会主义核心价值体系的四个方面基本内容，相互联系、相互贯通、相互促进，是一个有机统一的整体。

社会主义核心价值体系是交通廉

政文化核心价值观的思想渊源。“交至廉，通至远”是社会主义核心价值体系在交通廉政建设中的特色表达。构建交通廉政文化建设的核心价值观，必须坚持马克思主义廉政思想的指导地位，以科学先进的思想引领方向；必须通过树立共同的目标理想，突出交通廉政文化建设的主题；必须让民族精神和时代精神在交通廉政文化建设中得到弘扬，成为促进交通廉政文化建设核心价值观加速形成的强大动力；必须自觉践行社会主义荣辱观，打牢交通廉政文化价值体系的基础。“交至廉，通至远”体现了社会主义核心价值观的本质要求，具体反映在以下四个方面：

1. 马克思主义关于“人的全面发展”理论在交通廉政文化建设中的生动映射

“人的全面发展”，是人从“必然王国”向“自由王国”的跨越，是马克思主义发展观的价值坐标。“交至廉，通至远”遵循了马克思主义的这一理论主张，由“交至廉”到人性之“道”的不断发展，代表了“人的解放”，是人在“自由王国”中的一个完美境界。因此，“交至廉，通至远”体现了马克思主义对人的发展的认识和理解，代表着正确的马克思主义方向，是自觉应用马克思主义理论指导中国交通廉政建设实践的具体产物，是马克思主义科学思想在交通廉政建设及廉政文化建设中的具体表达。

2. 中国特色社会主义共同理想在交通廉政文化建设中的直观表述

具体地说，中国特色社会主义共同理想，就是在21世纪头20年，要集中力量全面建设小康社会，再继续奋斗几十年，到21世纪中叶基本实现现代化，把我国建成富强民主文明和谐的社会主义国家。这一共同理想，既是对中国社会主义发展规律的正确认识，也是中华民族和人民群众利益和愿望的根本体现，它把中国共产党在社会主义初级阶段的目标、国家的发展、民族的振兴与各族人民的幸福紧密联系在一起。

无论是当前全面建设小康社会，还是将来建设富强民主文明和谐的社会主义现代化国家，都离不开交通的基础保障。全面建设小康社会的奋斗目标，反映在交通领域，迫切需要建设一个“为民、务实、清廉”的交通部门。离开了“为民、务实、清廉”，交通行业就不可能为全面建设小康社会提供强有力的交通保障。更进一步说，没有“交至廉”，交通廉政建设及廉政文化建设就无法表达文明、和谐，更无法促进民主政治建设、服务“富民强国”；没有“通至远”，交通行业就不可能有朝气蓬勃的干部职工队伍，交通的科学发展、可持续发展只能是一句空话，可靠的交通运输保障体系也不可能建成。可见，“交至廉，通至远”将国家命运与个人前途紧密相联，这将充分调动交通廉政建设主体各方的工作积极性，引领大家共同为建设中国特色社会主义事业而奋斗。

3. 以爱国主义为核心的民族精神和以改革创新为核心的时代精神在交通廉政文化建设中的具体体现

在中华民族的精神文化中，有着深厚的廉政自律传统："君子爱财，取之有道"，表现出对贪污受贿的鄙视和不屑；"富贵不淫、贫贱不移、威武不屈"，显示了古代士人的崇高人格；"壁立千仞，无欲则刚"，则道出了大丈夫无私无畏的浩然正气。在革命时期，中国共产党正是在继承和发扬中华民族优秀精神文化的基础上，才孕育了"长征精神"、"延安精神"等。

在和平发展的新时期，爱国主义精神内涵有了新的丰富和发展。以爱国主义为核心的民族精神和以改革创新为核心的时代精神在新的发展时期交相辉映、相融相通，要求每一个人首先在自己的工作岗位上，尽心尽职、发光发热，以积极向上、奋发进取的态度和作为，共同推动伟大祖国走向富强民主文明和谐。交通人的爱国，就是要视国家利益至上，以交通发展为己任，开拓创新、求真务实，干好每一项交通工作，全心全意服务于人民群众生产生活的需要，服务于国家政治、经济、文化和社会的发展。而这些，都必须依靠"交至廉"作保证、作约束，必须依靠"通至远"作支柱、作动力。

4. 交通廉政文化建设过程中践行社会主义荣辱观的应有之义

以"八荣八耻"为主要内容的社会主义荣辱观，涵盖了爱国主义、集体主义和社会主义思想的丰富内容，是中国传统美德和时代精神的完美结合，是以爱国主义为核心的民族精神和以改革创新为核心的时代精神的鲜明表达，为公民道德建设树起了新的标杆。"八荣八耻"中的"以服务人民为荣，以背离人民为耻；以遵纪守法为荣，以违法乱纪为耻；以艰苦奋斗为荣，以骄奢淫逸为耻"，都反映了"为民、务实、清廉"的本质要求，投射到交通廉政建设及廉政文化建设实践中，可以概括为"交至廉，通至远"的核心价值观。

"以服务人民为荣，以背离人民为耻"、"以遵纪守法为荣，以违法乱纪为耻"、"以艰苦奋斗为荣，以骄奢淫逸为耻"，是廉政价值理念在政治思想、党纪国法、道德修养层面上的厘清和表述。交通人只有坚持"交至廉，通至远"，才能坚定为人民服务的理想信念，真正筑牢拒腐防变的思想道德防线，才能遵纪守法、廉洁奉公，真正把交通事业办好，才能永葆党性人格的高风亮节，真正避免贪污腐败、背离人民的危险。

（三）“交至廉，通至远”的涵义透析

毫无疑问，不同的国家、不同的地区、不同的行业、不同的部门，“文”的表现形式和“道”的承载内容会有所不同，但“文以载道”、“道以载文”确实具有方法论上的永恒意义。因此，交通廉政文化的价值理念也必须精确地体现“文以载道”、“道以载文”的原则要求。在交通廉政价值文化建设中，我们将这种原则要求首先表述为“交至廉，通至远”。

就本课题的研究旨趣而言，“文以载道，道以载文”的“道”是广义的、多元的。这种“道”体现在交通廉政价值文化建设中就是“廉”，“廉”是“道”的一种。

“交至廉，通至远”意境深远。

1.“交至廉”的基本含义

“交”的基本含义即交通。交通至廉方能通达致远，永续发展；交通至远，交通廉政文化才能清廉如水。这是一个相辅相成互相转化的思想体系。

“交”的第二层意思是“结交、交际、交往、交情”。交通的基本特性是“交叉千行，通连万家”（原江苏省副省长仇和语），交通行业联系着各行各业的运行与发展，交通人之间、交通人与其他行业的人之间都需要形成至高至远的廉洁关系、良好和谐的人际关系，这是一个行业、整个国家运转顺畅的基础。

“交”的第三层意思是“交易、交换”。交通行业本身是一个系统，而在整个国家、社会中又是一个子系统，系统本身及系统之间需要进行物质交换，这是市场经济条件下交通行业的基本特点，也是部分交通领域发生腐败的重要原因。正如许多腐败者自己所感叹的，在进行这种市场交易过程中，诱惑实在太大了。“交至廉”正是针对这一特点，强调在这种物质交换中必须做到清正廉洁。

对于交通领域来说，仅仅有“廉”是不够的，还必须是“至廉”。“至”的第一层意思是“大”，体现了廉的程度；“至”的第二层意思是“事物的尽善尽美”，体现了廉的性质；“至”的第三层意思是“极”，体现了廉的追求永无止境，是一种终极价值追求，是一种趋势与人心所向；“至”的第四层意思是达到，意即重在实践。“至廉”主要体现的就是“廉”这种“道”在交通廉政文化建设当中至高无上的道德地位，具体化就是把廉洁奉公、廉洁自律、清廉正直作为交通人最崇高的追求。而将这种“至廉”实现于整个交通领域并取得权威的效果，就是交通廉政文化建设的终极目的。

2. “通至远”的基本含义

“通至远”包含三层意义：一是交通人在本职工作上追求尽善尽美，这主要是指“远”的实质内容上，交通行业的主要任务就是发展现代交通，把道路越修越远，逢山开路，遇河架桥。近年来我国实行村村通公路正是交通行业“通至远”精神的具体体现。二是交通廉政文化建设在方法举措上追求连贯畅通，“道”的一个基本含义就是方法、途径、举措，而“通”则是这些方法举措必须贯通，成为一个通力合作的综合方法体系，交通的发展往往站在时代的最前沿，交通廉政文化的建设也要跟上社会的步伐，发现新问题，提出新举措，创建新办法，培育一个丰富多彩、紧跟时代、人民喜闻乐见的交通廉政文化；三是交通行业在落实“三个服务”上追求至臻至善，这是“通至远”在当前历史阶段的具体追求，因为要“至远”，达到一个更能体现生态和谐、科学发展观远景的宏大目标，必须千里之行，始于足下。

3. “交至廉”与“通至远”的逻辑关联

作为交通廉政文化建设的核心价值观，“交至廉，通至远”是一个层次紧密的统一体。“交至廉”是“通至远”的前提和保障，建设交通廉政文化，在交通领域实践廉文化，把“廉”放在交通领域工作人员道德建设的最高点，是达到“通至远”的根本前提，也是最有力的保障。“通至远”是“交至廉”的方向和目标，“交至廉”不能建立在抽象意义的空架子上，必须落实到明确的方向和具体的目标之上。同时，这两者又是有机统一的，相辅相成的，密不可分的，逐次递进又相互作用，两者有机统一于交通廉政文化核心价值观。

核心价值观的提炼首先根源于中国优秀传统文化，即提倡圣人之道至上，心廉至上。同时，核心价值观的提炼也汲取了全人类的优秀文化成果，是对交通先进文化的吸纳映射。交通廉政文化建设必须充分吸纳所有的文明成果，特别是当代交通行业先进文化的文明成果，并在交通廉政建设实践中加以实施。

交通廉政文化建设的核心价值观是交通职工文化的积淀与升华，是交通领域所有职工在工作实践中长期形成的。核心价值观集中体现了交通行业廉政建设的经验和传统，是交通行业廉政成效的精炼总结。

（四）“廉”：交通廉政价值文化的重心把握

1. “廉”的三维向度

从词源上讲，“廉”有多种释义：正直，刚直，品行方正；廉洁；道狭窄；清亮；通“兼”等等。作为交通文化建设中“道”的一种，“廉”的本体形态是一个长期以来被忽视的重大问题。我们认为，在“交至廉，通至远”为核心价值观的交通廉政文化建设中，必须有效建构廉的本体形态。

众所周知，一种有效的行为规范必须拥有有效的时间效力范围、空间效力范围和对人的效力范围，作为普世价值的“廉”的本体也需要解决这三种效力。只有如此，才能实现对交通领域工作人员的廉洁状况进行全程覆盖、全域覆盖和全员覆盖。否则，交通廉政文化建设就必然存在漏洞和死角。

在时间维度上，“廉”的本体需要解决的基本问题为交通领域工作人员在工作时间内和工作时间外对廉洁的态度。就理性的一般要求而言，“廉”既贯穿于8小时工作时间之内，又涵盖了每天24小时的生活时间。

在空间维度上，“廉”的本体需要解决的基本问题为交通领域工作人员在工作场所内和工作场所外对廉洁的态度。就理性的一般要求而言，“廉”既必须包括公务空间（个人的公务空间及与此相联系的他人的公务空间），也必须包括私密空间（个人和家庭的生活空间）。

在主体维度上，“廉”的本体需要解决的基本问题为交通领域工作人员对自己和对他人的廉洁要求。就理性的一般要求而言，“廉”的规范对象应当多元而全面，既必须包括其本人，也必须包括其家人，还必须包括交通系统内和交通系统外的其他工作人员；既要包括担任领导职务的工作人员，也应包括履行普通职务的工作人员；既应当包括履行决策、执行等职能的工作人员，还应当包括履行监督职能的工作人员。

在价值的天平上，上述三个维度是相互平行的。或者说，这三个维度将交通领域工作人员视为全无差异的抽象个体，因而在这三个维度中都必须做到廉洁。但在实际生活中，人的差异是绝对的，对待廉洁拥有不同的态度也是绝对的。这就提醒我们，在交通廉政文化的建构理性中，必须恰当地反映这种差异。

因此，在交通廉政文化的实践理性中，我们必须实现上述三个维度的相应转换，将交通领域工作人员对待廉洁的价值选择由低到高划分为三个相联系的维度：交通领域工作人员在工作时间内对廉所持的态度、交通领域工作人员在工作时间外对自己及其家人对廉所持的态度、交通领域工作人员对他人的廉洁或腐败所持的态度等。相应地，“廉”的本体表现为廉洁奉公、廉洁自律、清廉正直。

这三个方面包括了交通领域乃至整个社会应当遵从的“廉”价值的全部内容，它们互相作用，互为依存，构成一个统一的“廉”本体。

2. “廉”的价值排序

从价值层面上说，廉洁奉公、廉

洁自律、清廉正直具有不同的排序。正是这种不同，构成“廉”丰富多彩的形态，也使人们在这种价值排序面前分出了道德上的差异。

第一，廉洁奉公。

按字面解释，“廉洁奉公”中的“廉洁”指的是清白，“奉公”指的是奉行公事，意指廉直不贪，忠诚履行公职。因此，“廉洁奉公”约束的是交通领域工作人员处于工作状态下的所有职务行为，其基本含义就是要求交通领域工作人员在自己的工作岗位上提供廉洁、高效、优质、便捷的交通公共服务，不允许利用工作上的便利条件为自己或他人谋取不当的利益。

作为履行一定公务的交通领域工作人员，本来就应该在其工作岗位上兢兢业业、勤勤恳恳、遵章守纪、为民办事，始终以人民利益为重，做到勤政为民，以积极的作为方式来实践“廉”的内涵要求。因此，在交通廉政价值中，“廉洁奉公”是国家法律和职业道德对交通领域工作人员最起码的价值要求。

第二，廉洁自律。

按字面解释，“廉洁自律”中的“廉洁”即不受不贪，“自律”即自我约束、自我调控，这是从主体性角度对交通领域工作人员提出的一项职业道德修养要求，也是交通领域工作人员应有的道德素质。因此，廉洁自律是对交通领域工作人员24小时内的廉洁要求，具体是指交通领域工作人员无论是否处于工作时间内和制度强制内都能约束自己的行为，通过修身正德和遵纪守法来达到“廉”的价值要求。

廉洁奉公与廉洁自律的联系在于：两者都强调廉洁；都是法律和道德对交通领域工作人员的共同要求。但是，两者也是有区别的：

（1）廉洁奉公是8小时要求，廉洁自律则是24小时的要求。这是因为，“廉洁奉公”侧重于“奉公”，即相应的职务要求和工作时间内的要求；而“廉洁自律”强调的是“自律”，即在任何情况下尤其是工作时间外和工作场所外都能自觉地以廉洁为标准。

（2）廉洁奉公虽然不排除自觉地遵守廉洁的要求，但更多的是一种外在的强制；廉洁自律虽然不排除法律和道德的强制性规定，但更多的是一种内在的自觉行为。显然，廉洁自律要求广大交通领域工作人员及其家庭成员等能够“慎独”。所谓“慎独”，是指一个人在私底下单独自处的时候，要小心谨慎，不可让自己放任散漫，或者瞒着别人做不善的事情。它来自中国的传统思想，通过严格的道德自律形式获得，因而是个人廉洁在道德自律上的最高境界。

第三，清廉正直。

清廉正直意即清白廉洁，为人正直不阿。“其身正，不令而行；其身不正，虽令不从。”清廉正直就是要求做到自身的廉洁，起好榜样的表率作用，在这样的基础上达到“不令而行”，上行下效，影响身边的每一个人。当然，这只是一种相对消极的正直，更进一层的清廉正直应该主动教育、引导、监督身边的人，营造人人廉洁的环境。

对于交通领域工作人员来说，廉洁奉公是最起码的价值要求，因为它只要求在交通系统内部、在8小时工作时间内做到廉洁；廉洁自律是中度层次的价值要求，因为它要求在24小时内，交通领域工作人员都要时刻警醒自己不贪不腐，其价值要求远比廉洁奉公为高。

无论是廉洁奉公还是廉洁自律，都只是要求交通领域工作人员“守身”和“修身”，更多地表现为对自身或其家人的要求，是“律己”与“正己”。但是，社会是连带的，因此，仅仅“律己”与“正己”是远远不够的，还必须“律人”与“正人”，这就是“清廉正直”的价值要求。

交通领域工作人员的公务行为除了在系统内产生效果之外，同系统内的其他人员和系统外的人员进行公务交往也是交通系统职能的重要方面。在实践中，这个过程也极易产生腐败，是反腐倡廉必须高度重视的。这就要求我们既要关注交通系统内的廉洁，也必须把目光放到系统之外，关注交通领域工作人员与他人发生公务行为的交往过程。由于交通领域工作人员与外部系统进行互动时以行使交通行政权力为主，特别容易受到各种诱惑，因而更应强调清廉正直的价值理念。

“清廉正直”除了强调交通领域工作人员自身要廉洁外，更强调交通领域工作人员在与他人进行公务交往时也要廉洁；不仅要抵制腐败行为对自身的侵蚀，也要抵制腐败行为对他人的侵蚀。一个人，能做到“正己”已属不易，能做到“正家”更为艰难，能做到“正人”最为神圣。因此，清廉正直是交通廉政文化核心价值中的核心，是最高程度的价值要求。

根据这一特性，清廉正直必然具有两个层次的内在要求：第一层次的要求是“清廉”，即交通领域工作人员在面对他人诱惑时能够把握自我、深明大义、拒绝腐败；第二个层次的要求是“正直”，即交通领域工作人员不但自己不能腐败，而且还要勇于同腐败行为作斗争。这两个层次的要求是递进式的，后者的境界要高于前者。

总之，廉洁奉公、廉洁自律、清廉正直三个基本价值所作用的时间、空间和对象是有内在逻辑区别的（图5-2）。

“廉”是普世价值，更是交通领域需要提倡的内在精神。“廉”是“交至廉”与“通至远”的起点，是核心要义之一，同时也是交通行业交叉千行的凝固剂。通过廉政建设，使“文以载

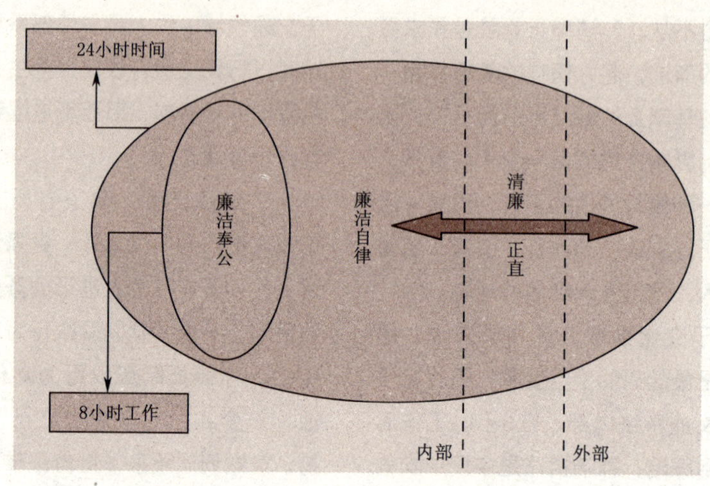

图5-2　廉洁奉公、廉洁自律、清廉正直的时间、空间与对象

说明：图中的大椭圆代表交通部门领导与普通员工们日常度过的24小时时间圈，图中的虚直线是对交通领域内外两个部分进行的人为区分。

道，道以载文”与“交至廉，通至远”一脉相承，层层递进，并能动地发挥着反作用，进而推动并加快整个交通廉政文化建设的步伐。

三、交通廉政文化建设的基本使命：“廉通你我，路畅人和”

“廉通你我，路畅人和”是针对交通行业的特点提出来的交通廉政文化建设的基本使命，是普世价值在交通系统的实践形态。

（一）“廉通你我，路畅人和”的概念内涵与逻辑关联

“廉通你我，路畅人和”的基本含义在于：“廉”是普世价值，更是交通行业需要提倡的内在精神。交通行业交叉千行，其拥有和衍生的各种价值观也是各显神通，但其关键在

① 载《读者》2004年第20期。

② 金开诚：《在科技与文化间架桥》，http://www.jsxx.org，2007年9月5日登录。

于“廉”。“你我”泛指交通行业内所有的政府公共机关与企事业单位以及交通部门的服务对象，“通你我”是指“廉”这一普世价值在交通系统的实现过程与现实状态；“路”的指代意义是宽泛的，既包括交通部门承担的公路、水路、桥梁等各项建设工程，也包括道路交通的运营、管理、监督等制度运行；“路畅人和”就是指通过交通廉政文化建设，实现顺畅交通、人本交通、和谐交通这三个目标。顺畅交通是交通行业的基本目标与职责，每一个交通人的本职工作就是至少要保证道路畅通。实现了顺畅交通，才能为人本交通、和谐交通奠定基础。建设交通廉政文化，在“你我”之间弘扬廉政价值，实现顺畅交通，都是为了在交通行业最终实现人本交通、和谐交通的基本使命。同时，人本交通、和谐交通的实现，也会进一步促进在交通领域更好的达到廉政，更好地做好交通顺畅的工作，更好地服务于百姓出行与国民经济。

“廉通你我”与“路畅人和”具有严密的逻辑关联：

一方面，“廉通你我”与“路畅人和”的价值理念是递进关系。作为一种普世价值，“廉”对于所有行业、各个部门的要求都是一致的，交通领域也概莫能外。“廉通你我”即是“廉”在交通行业内部的生成路径、实践过程，是交通廉政文化建设的基础、起点。通过在交通行业每一个人之间传播廉政价值观，倡导廉政精神，就能最终塑造一个廉洁的交通环境，使廉洁成为每一个交通人的行为准则，真正贯通每一个交通人的思想与行动。但在这里，“廉通你我”既是一种目的，也是一种实践过程，因为“廉通你我”既是为了达到以廉养廉、以廉促廉、以廉保廉的目的，更是为了实现“路畅人和”的基本使命：顺畅交通、人本交通、和谐交通。实践“廉”，才能建设更加便捷、更加高效、更加安全的交通；实践“廉”，才能更加尊重人的各种权利和价值，使交通部门、交通员工、交通规划、交通工具、交通规则等等都服务于人的生产和生活需要；实践“廉”，才能使交通行业内外的各个部分、各种要素、各个环节处于相互融合、协调发展、功能优化、良性互动的和谐状态。

另一方面，“廉通你我”与“路畅人和”又是和谐统一的。顺畅交通、人本交通与和谐交通是交通廉政文化建设的基本使命，也是“廉”的实现状态。交通廉政文化建设的基本使命必须符合国家廉政建设的整体格局，符合国家先进文化的发展方向，符合交通廉政文化建设的根本要求。因此，“路畅人和”的最终实现必将能动地提高交通系统的廉政程度，有助于净化交通系统的风气，有利于在百姓心目中树立交通行业廉政为民、廉政亲民的形象。

（二）廉“通你我”：“廉”的实践过程

“廉”是交通廉政文化的核心价值，其实践过程必须通过“通你我”来实现，这是基本使命的一部分。要实现“廉”，就必须以“廉洁奉公”、“廉洁自律”、“清廉正直”作为基本的价值取向，为“廉”的实践做好铺垫。

1. 廉洁奉公的基本要求

第一，时间上的要求。交通领域工作人员在8小时工作时间内的行为有两方面的特征：

在形式上，它是一个纯粹的公务执行过程。从理论上说，交通领域工作人员离开这个工作时间，就不可能有腐败的滋生，因为这一时间过程中的行为都是一种公务行为，他们的权力价值也集中体现在这一时间段。如果没有执行公务的权力，就没有腐败的机会和可能。

在本质上，交通系统发生的腐败行为都是在这一时间过程中实施了不当行为或违法行为的结果。虽然在这段工作时间内很少有腐败交易，因为腐败交易一般都发生在工作行为之外的时间内。但在实际生活中，不当利益大多在这段时间内出现，腐败交易发生后所要求的目的也在这段时间内实现。也就是说，之所以有人愿意行贿，就是希望交通领域工作人员在这一时间内利用公权为其谋取私利。

因此，交通领域工作人员在8小时工作时间内的所有公务行为（包括工作行为和非工作的生活行为）都必须体现廉洁奉公的基本要求。

第二，对象上的要求。贪腐必须同时具备两个条件：一是拥有公共权力；二是这种权力没有受到有效的约束。如果没有权力，即使没有约束，贪腐也会客观不能；如果拥有权力，但其产生、运作、消灭受到有效的约束，贪腐就会主观不愿。

国家权力在不同的交通领域工作人员身上有不同的内容、不同的效力和不同的权重。因此，在实践中，我们可以将交通领域工作人员分成普通工作人员和交通系统的各级领导干部两个层次，并且按照“因人制宜，因位制宜”的要求，提出既有联系又有区别的廉洁奉公的标准和要求。但是，由于他们或多或少拥有一定的公共权力，因而所有交通领域的工作人员都必须遵守廉洁奉公这一最低位阶的价值要求。

交通系统的普通工作人员包括参与交通事业工程的建设者是交通廉政文化建设的重要对象。交通系统的普通工作人员是从事基本公务操作的工作人员和交通系统的基础力量。就其权力地位而言，他们虽然处在交通队伍的较低层次，属于被领导的地位（也可以理解为事务型交通领域工作人员等），但是，对于行政相对人而言，他们仍然是行使公共权力的管理者，是“官”，他们与社会各界发生直接接触，代表了交通系统的整体形象。同时，他们不具有特别强大的交通权力，其权力范围仅限于具体事务的操作。正因为这一点，他们中的一些人的腐败行为呈现出一种数量小、次数多、不易察觉、社会震动不大的特点。

交通系统的各级领导干部是交通廉政文化建设的首要对象。在交通系统中，拥有权力或者说拥有更为强大权力的首先是交通系统的各级领导，因此，交通系统各级领导干部既要做到和普通工作人员一样秉公办事，也应该具有更高的价值要求，因为领导干部手中的权力远远大于普通工作人员，其决策权的行使能够对全局产生重大影响，其效力波及他所管辖范围内所有的交通事业的建设者、交通系统职工及行政相对人。因此，在关注普通工作人员的公务行为的同时，更要投入大力气约束领导干部的公务行为。我们甚至可以说，交通系统各级领导廉洁奉公的程度是交通系统廉政建设是否取得成效、取得多大成效的标尺。

第三，范围和内容上的要求。长期以来，我国许多政府部门或多或少存在着机关办事效率低下、以权谋私等不廉政、不勤政的问题。因此，交通廉政文化建设的基本目的就是要求交通领域工作人员做到德才兼备，既要有为人民服务的态度，又要有为人民服务的本领。只有勤勤恳恳为人民办事，使所有的服务对象都能感受到“廉”，才能真正做到廉洁奉公。

交通领域工作人员廉洁奉公的基本要求在范围和内容上具体体现在两个方面：

一是交通领域工作人员必须具备与其职位要求相一致的职业操守。交通领域工作人员在处理公共事务时，应当牢记自己的基本使命和职责，培养自己的服务意识，不将手中的权力用作牟取私利的工具，而是秉公办事，胸怀天下，以民为先；要公私分明，不能将个人的利益凌驾于公共利益之上；要平等对待所有当事人，不搞特殊化，不能有偏私，做到公平公正，不能厚此薄彼。这就要求他们在工作中树立正确的权力观，而权力观中的核心问题就是要搞清楚权力的来源，因为权力的来源决定着权力的性质，亦决定着权力的使用。谁给予权力，就对谁负责；谁给予权力，就为谁服务。宪法和法律规定，政府的权力是人民赋予的，来源于人民，那么，政府就应当始终秉持为人民服务的态度开展各项工作，每个人都应该在履行职务的过程中秉公执法，坚持原则，时时刻刻将人民的利益放在首位，依照法律和规章制度妥善处理各项事务，做到不以权谋私、不假公济私、不以私害公。

二是交通领域工作人员必须具备与其职位要求相一致的职业能力。交通领域工作人员在严格遵守国法党纪、坚守职业道德的同时，还应具备相应的能力，能积极履行公务，勤政为民。随着民主法治的发展和行政工作的科学化、现代化、规范化，对交通领域工作人员的业务能力也提出了越来越高的要求。如果缺乏这种业务能力，轻则延误时间，重则造成国家利益的损失。这就要求交通领域工作人员应自觉提高其履行职务的能力，快速高效地完成手中的公务；必须根据现实的需要不断学习，不断提高，熟练掌握各项服务技能。只有这样，才能提高工作效率，节约行政成本，才能方便行政相对人，为其提供廉洁、高效、优质、便捷的服务。欠缺履行职务的相应技能，就会在工作中“心有余而力不足”。

2. 廉洁自律的基本要求

第一，时间上的要求。

廉洁自律是一种人人、时时、处处都必须贯彻的价值理念，是交通领域工作人员一天24小时全时段都要做到的基本要求。

在现阶段，交通领域工作人员不仅要在工作结束后的私人生活时间（理论上共有16小时）保持自律，同样也要在8小时中属于生活状态的时间里严格克制自己。交通领域工作人员的8小时工作时间并非都处于工作状态，期间也会处理一些私人的生活事项，这也需要廉洁自律。

提出这一要求也许显得苛刻，但问题在于：首先，交通领域工作人员既有可能在8小时工作时间之内利用自己的职权谋取私利，也有可能在8小时工作时间之外利用自己职权的影响谋取私利，因为即使在8小时工作时间之外，官员手中的权力仍然有一种余威，使得少数官员能披着生活时间的外衣，挥霍着8小时以内的权力，做出各种违法乱纪的事情。因此，交通廉政文化建设切不可忽略了官员的私生活范畴，认为这是属于公民的隐私，而应将反腐败的视野扩大到24小时的时间范围。2007年6月23日，中纪委副书记刘锡荣在重庆作党风廉政建设形势报告时指出：“去年查处的贪污受贿等腐败案件中，70%的案件所涉及的贿赂是由官员家眷甚至情妇收受。”例如，原浙江省交通厅厅长赵詹奇的“红颜知己”汪沛英被浙江省湖州市人民检察院以受贿罪提起公诉，原因就在于赵通过汪受贿55万元，因而汪是赵的“特定关系人”。其次，提出这一要求有助于交通领域工作人员时刻保持警惕，在反腐问题上始终不能松懈、不敢松懈。廉洁自律是一个长期的任务，交通领域工作人员要深知“千里之堤，溃于蚁穴”这个道理，要认识到“廉”不是一时一刻的要求而是一辈子的道德操守，切不可因为一时的贪念而毁了一世的清誉。最后，在现有体制下，对于官员私生活的法律制度规定还比较稀缺，在这样的大环境下，更需要官员自律和“慎独”。

第二，对象上的要求。

既然廉洁自律是对交通领域工作人员全时段的要求，那么，廉洁自律的对象自然包括两个既有联系又有区别的部分：交通领域工作人员自身（自我廉洁）及其家庭成员（家庭廉洁）。

（1）自我廉洁。自我廉洁主要是指交通领域工作人员个人在24小时的生活中能够通过自我内在的道德修养，不断提升自己的道德素养，带来廉洁上的“善”。这种修养也可以说是“修身”，个人在社会上立足的核心就是修身，修身主要表现在物质观上的修养和精神观上的修养。

就物质观上的修养来说，首先，交通领域工作人员不能有奢侈消费观，而应保持艰苦朴素的良好生活作风。否则，一旦进入奢靡的状态就无法停止，某些交通领域工作人员就会利用职权贪污受贿，为自己奢侈消费买单，腐败便会应运而生。所以，交通领域工作人员要养成正确的消费观，要在自己合法收入能够支付的范围内选择消费，要能够压制自己奢侈消费的欲望。由俭入奢易，由奢入俭难。其次，交通领域工作人员在日常生活中不能有物质上的攀比心态，看到别人高消费时就进行攀比会刺激自己的贪腐欲望，很容易将自己带上一条不归之路。最后，交通领域工作人员不能有投机的物质观，以为高消费一次不会对自己的清廉产生什么影响。“不以善小而不为，不以恶小而为之”，任何事情都有一个从小到大的演变过程，这种投机心理最终会把自己带进腐败的深渊。

就精神观上的修养来说，交通领域工作人员在生活中要通过不断学习来充实自己，提高自己防腐拒变的能力，筑建抵御腐败侵蚀的精神堡垒。一方面，交通领域工作人员在生活当中通过不断的学习，能够清楚腐败行为的坏处和导致的不良后果，从而避免发生自己以为不是腐败的腐败行为，或者发生自己以为不会带来严重后果的腐败行为。另一方面，交通领域工作人员在生活中应加强精神修养，提高自己的精神境界，形成对腐败行为的道德约束，时刻警醒自己远离腐败。

（2）家庭廉洁。家庭廉洁主要针对的是交通领域工作人员的家庭成员，包括父母、妻子、儿女等。由于他们是与交通领域工作人员关系最亲近、利益联系最紧密的人，因此，他们的言行举止对交通领域工作人员有着潜移默化的巨大影响。

要想保持交通领域工作人员的廉洁，对其家人廉洁自律品性的培养是不容忽视的，它对应于中国传统文化里面的“齐家”观念，即实现自我的廉洁自律以后，还需要家人自律，所谓“修身、齐家”，只有这两个方面都达到了廉洁的要求，才可以做合格的交通领域工作人员。假如家庭及其成员是清廉的，交通领域工作人员就会生活在一个环境友好的氛围之中。否则，腐败的诱惑与压力就会转化为贪腐的动机。因此，交通廉政文化建设必然要求延伸到家庭文化建设之中，把交通廉政文化建设移植、镶嵌到廉洁的家庭文化中去①。

就交通领域工作人员家人的廉洁自律而言，可以分为两个方面：一方面，交通领域工作人员应该要求家庭成员廉洁自律。作为交通领域工作人员的家属，要认识到作为国家工作人员家属的责任，认清交通领域工作人员的工作性质，在日常生活中要更加严格地约束自己。切不可仗着家有靠山，便倚仗其权力嚣张跋扈。许多很有前途的交通领域工作人员就是因为家人在日常生活中的为所欲为、目无国法，进而对交通领域工作人员产生了负面影响，使其丧失了大好的发展前途。另一方面，家庭成员应该要求交通领域工作人员廉洁自律。家庭成员要主动向家中的交通领域工作人员灌输廉洁自律的思想，动之以情，晓之以理，督促交通领域工作人员形成廉洁自律的良好意识。要做到当好贤内助，守牢廉政关，吹好廉政风，管好身边人。据报道，北京市路政局门头沟分局副局长曹广辉去世后，人们发现，他父母居住了近20年的平房早已破败得开始漏雨。上任一年半，他从未安排任何家人在路政局就业，也从未安排使用任何亲属的材料。曹广辉逝世前居住的房子，是单位1996年福利分配的85平方米的两室一厅。这其中当然有曹广辉严于律己的因素，但与他父母妻子的支持是分不开的。他的父母妻子在亲戚朋友踏破门槛的请求面前，依然支持他坚持原则，没有要求他做出违背法律的事，没有走人情路，吃人情饭。更难得的是，身为局长的家人却甘守清贫，都住在简陋狭小的老房子里，没有以权谋私，父母没有责骂自己的儿子，妻子没有埋怨自己的丈夫，子女没有抱怨自己的父亲，这都是家人的支持。没有这种支持，廉洁的动力就会减少许多。

第三，范围和内容上的要求。

（1）适用范围上的全域性

廉洁自律的价值适用范围体现了全域性特征。不管身在哪个行业，也不管处在何种级别，交通领域工作人员都要保持廉洁自律的品性。

从横向来看，交通系统各个部门都要做到廉洁自律。

廉洁自律作为一种道德上的要求，就其核心来说对各行业都是相同的。例如，自我提高修养远离腐化风气、不和腐败分子同流合污等，这些都是相同的。从这种角度来看，各行业的廉洁自律内在地要求对所有普世价值的尊重。

就各行业自身的特征来说，各行业廉洁自律的方式具有差异性，因为每个行业都有其行业特色，所以一个行业内部廉洁自律的价值观念也有独特的一面，不同行业的廉洁自律应该在“大同”的原则下求“小异”。当然，“小异”也是起决定作用的关键环节，同样应该引起高度重视。

作为一种普世价值反映，廉洁自律在横向上就是要求交通领域中的各个行业都要在生活中时刻保持一种自律意识。因为生活中的廉洁自律和交通领域工作人员的腐败问题是高度相关的，所以廉洁自律无论在哪一个行业都非常需要。因此，一方面，各行业都要清楚认识到廉洁自律的重要意义。要从自身和社会的角度出发，认真思考廉洁的好处和腐败的坏处。只有这样，才能以廉洁自律规范自己的行为。要在全行业倡导一股廉洁自律之风，因为廉洁自律是一种放之四海而皆准的道德要求，是所有部门都必须严守的道德标准，而不仅仅是某些“高危部门”才需要的。另一方面，各行业要在实践中认真做到廉洁自律。所谓“知行合一”，“知”和“行”要放在同等重要的位置上。所以，不仅仅只是认识到廉洁自律的重要，而且在认识之后要使之转化为具体的行动。同时，在行动的过程中要能够持之以恒、善始善终，只有这样才能真正做到廉洁自律。

从纵向来看，交通系统各个层次都要做到廉洁自律。

廉洁自律在纵向上反映为交通系统内各个级别的官员都要廉洁自律。交通系统的普通工作人员和交通系统的各级领导干部都必须廉洁自律，但是两者之间也存在一定差别。

从交通系统普通工作人员的角度来说，由于其级别比较低，数量又比较大，在生活中与他人接触的机会比较多，其生活细节也更容易被外界所捕捉，他们的廉洁自律比较容易为群众感知。在这样的情况下，有时一个不谨慎的行为会导致群众对交通领域工作人员队伍整体评价的下降。因此，对于他们而言，廉洁自律更多的是不把自己的权力带到生活之中，在日常的生活中做到与民平等，不能要求享受特权，给予特殊待遇等；要在生活中特别注意自己的言行举止，提高自身的修养，做到处处谨小慎微，时时严于律己。

从交通系统各级领导干部的角度来说，由于其数量比较少，相对而言在生活中直接与他人接触的机会也要小一些，但他们的行为在整个交通领域工作人员队伍中有举足轻重的作用，在工作中处于一种指挥统筹的地位，他们是否廉洁自律会直接影响其下属。因此，领导干部应当以更高的标准来约束自己的行为，使其他工作人员能从他身上感受到“廉”，进而受其感化，自觉不自觉地向领导学习，形成系统内的良好互动。

（2）适用内容上的科学性

从内容上看，交通领域工作人员的廉洁自律主要在于确立科学的世界观、人生观、价值观、利益观、权力观、政绩观、地位观。

世界观是人们对于整个世界总的根本观点。世界观与方法论是统一的，方法论反映的是一定的立场、观点和方法的总和，它既是人们对于整个世界总的根本观点，又是指导人们观察、分析和处理问题的根本方法。一般来说，人们有什么样的世界观，就会用什么样的方法去认识世界和改造世界。在交通廉政文化建设中，世界观与人们的生产、生活和科学活动息息相关，对自我廉洁起着重要的指导作用。科学的世界观可以促进个人廉洁，防止腐败行为的发生。主要表现在：一是科学的世界观使个体在生活中明白何所为、何所不为。科学的世界观包括了个体对廉洁之利和腐败之弊的了解，个体如果知道廉洁能够带来什么收益，腐败会导致什么惩罚，那么肯定会鞭策个体远离腐败，廉洁自好。二是科学的世界观可以帮助个体在生活中不断提高自己的修养，注重个人生活的廉洁。任何事物都是发展变化的，个体对自己的修养也是一个不断变化和发展的培养过程，科学的世界观帮助个体在生活中有效的提高自我涵养，以加强个人防腐拒变的能力。

人生观是指主体对自己人生目的、意义的根本看法和态度。它主要解决的问题包括什么是人生、人生的意义、怎样实现人生的价值等问题。人生观是世界观在人生问题上的具体表现。它指导着人们的生活方向，影响着人们的道德品质和道德行为，决定着人们一生的价值目标和生活道路。人生观的具体内容包括幸福观、苦乐观、荣辱观、恋爱观、友谊观、生死观等。人生观是因人而异的，由于在社会实践中所处的地位不同，人们对于人生的价值、生活的目的和意义等问题有不同的观点和态度，形成不同的人生观。诸如享乐主义的人生观即强调人的生物本能，把追求生理需要作为人生的目标，认为应当最大限度满足人的物质生活方面的享受；厌世主义的人生观认为人生充满着各种烦恼和痛苦，只有脱俗灭欲才能解脱这种痛苦；乐观主义的人生观认为社会发展的前途是光明的，总是抱着积极乐观的态度去面对生活：

有两个台湾观光团到日本伊豆半岛旅游，路况很坏，到处都是坑洞。一位导游连声说路面简直像麻子一样，而另一个导游却诗意盎然地对游客说：“我们现在走的正是赫赫有名的伊豆迷人酒窝大道。”

确实如许多人点评的那样：虽是同样的情况，然而不同的意念，就会产生不同的态度。思想是何等奇妙的事，如何去想，决定权在你。推而广之，不同的人生观会深刻影响主体在自我廉洁这个问题上的不同选择。因此，在交通廉政文化建设中，形成正确的人生观有助于自我廉洁的实现。一方面，正确的人生观可以帮助人们树立正确的人生目标，将他人的幸福等崇高价值视为自己毕生的追求，而摒弃一些低级粗俗的价值追求，这样各级官员就自然而然对一些违背其价值的行为表示不认同和反感，也就不可能做出贪污受贿、公款奢侈消费等腐败行为，在个人生活中树立起一种廉政的形象。另一方面，正确的人生观会促使人们形成自我约束的道德理念，通过对个人日常生活中行为的自我控制就能主动远离腐败行为，保持自身的清正廉洁。

价值观是指社会成员通过对各类行为、事物以及各种可能目标的选择，挑选出自己合意目标的准则。价值观所反映的是人们对于事物的一种主观评价和态度，是驱使人们行为的内部动力。每个人的价值观都取决于人们所处的社会生活环境，毕竟价值观是后天形成的，是通过社会化培养起来的。价值观一旦形成之后就会保持一定的稳定性和持久性，长期支配着人的行为、态度、观察、信念和理解等，为人们选择自己所认为的正确行为模式提供充足理由。在交通廉政文化建设中，拥有正确的价值观是一个人能否判明是非，能够在大是大非的问题上做出正确抉择的关键，因而良好的价值观能够帮助主体形成自我廉洁的信念，抵制社会的腐化。主要表现在：一方面，拥有正确的廉洁价值观，可以使个体在面对金钱、美色等诱惑时，能够正确认识到个人的名节重于钱色，使其能够在两者之间做出正确抉择。正确的价值观使个体不会因为贪恋一时之快，而贻误自己的大好前途，做出对国家和社会不利的事情。另一方面，良好的价值观具有一定的感染力，能够通过辐射传递出廉洁的信息。尤其是生活在一起的家庭成员，很容易互相受到影响，也就是说，个人的正确价值观可以引导与其共同生活的成员形成相似的良好价值观念。这样，不但公务人员可以自己抗拒腐败，也可以形成良好的家庭氛围，一起抵御金钱美色的腐蚀。

利益观是指人们对待利益问题的基本认识和态度，主要涉及对于个人利益、国家利益和社会利益之间关系的认识和态度。因此，正确利益观的树立应当围绕它们之间的关系展开。简言之，树立正确的利益观主要是处理好个人利益、国家利益和社会利益之间的关系，坚持国家利益、社会利益高于一切，在发生冲突时，个人利益应当服从国家利益和社会利益。实践中，交通系统的腐败行为与错误利益观的影响密不可分。有的人与民争利，为了谋取个人、家庭的非法利益，不惜损害人民的利益；有的人名利心重，把个人的名利、得失放在第一位，在工作中几乎时时、事事都以此作为出发点，对上级逢迎拍马，在同事间拉帮结派，对群众却漠不关心；有的人盲目攀比，在工作中比收入、比福利、比条件，觉得自己受到“不公平待遇”，然后想方设法利用职务之便，收受钱物，获取非法利益。因此，在交通廉政文化建设中，树立正确的利益观，是解决干部队伍中突出问题的迫切需要。

权力观是指人们对待权力问题的基本认识和态度，具体包括对权力来源的看法、对权力性质的认识、对权力使用的基本态度等内容。权力就像一把双刃剑，既可以使人有更好施展才华的舞台和更好为人民服务的机会，也可以减少人们受侵蚀、犯错误的机会。在实践中，很多人因为没有正确运用好权力，受到一系列错误权力观的指引。例如，有的人将权力资源化，把权力当作一种可以进行市场交换的资源和工具，用来换取金钱、美色等，官场变市场，以权易钱，把权力当成了受贿敛财（房子、车子、票子）的工具。有的人将权力私有化，把权力当作一种私人财产和势力，认为权力是自己凭本事获得的，是个人奋斗的结果，或者是某个领导恩赐的结果，因而可以任凭自己的意志自由加以处分，把权力当作施恩惠的砝码，为亲属和朋友谋取非法利益。因此，树立正确的权力观对于反腐倡廉具有重要作用：在行使权力时应当强化全心全意为人民服务的意识，应当把权力看作是为人民谋福利的工具，而不是可以用来进行市场交换的资源，更不是任何个人的私有财产。同时，应增强自律意识，一方面要在工作中约束自己的言行，杜绝“权力资源化”和“权力私有化”倾向，培养起“自己对自己的权力设防”意识。另一方面，要管好亲属和身边的工作人员，防止他们打着自己的幌子，谋取非法利益。因此，在交通廉政文化建设中，树立正确的权力观，是保证权力廉洁、预防腐败的迫切需要。

政绩观是指人们对待政绩问题的基本认识和态度，包括对什么是政绩、如何评价政绩（评价方法）、应该由谁来评价政绩（评价主体）等的基本态度和认识。不正确的政绩观会使领导干部在工作中为了个人升迁等私利，采取不恰当甚至是非法的方式如短期行为、虚假政绩、形象工程等取得政绩。因此，在交通廉政文化建设中，必须树立正确的政绩观。正确的政绩观必须具有良好的施政宗旨以及准确的职能定位，高度重视廉洁自律在政绩评价中的意义，并将政府政绩的评价权交给人民。这就需要改进政绩评价和考核办法、建立健全科学的政绩评价和考核体系、建立严明的奖惩制度、完善和健全监督机制。

地位观是指人们对待职务和社会地位的基本认识和态度，包括对待个人名利地位的态度、对岗位和职责之间关系的认识等内容。实践中，一些干部急功近利，一心想着如何升官发财。在岗位上，不踏实履行工作职责，心浮气躁，想方设法"往上爬"。更有甚者，为了达到自己升迁的目的，费尽心机，走上买官卖官、跑官要官的道路。这些行为不仅严重影响到日常职务的正常履行，而且在部门内部形成一种不廉洁之风。因此，在交通廉政文化建设中，必须树立正确的地位观。要摆正和人民的关系，树立人民公仆的意识，正确对待个人的名利地位。同时，在对岗位和职责之间关系的认识上，要使岗位的性质和职责成正比。

诗人李·夏普讲述了这样一件他亲身经历的事：

那时候我还是一个小男孩。在一个阳光明媚的春日，父亲让我和他一起到拉赛尔的铁匠铺去，我们将需要修理的耙子和锄头留在那里后便到集市上逛去了。等我们返回时，耙子和锄头都已经修好。拉赛尔虽然已经年迈，但他的手艺仍然精湛无比，经他修复的农具几乎和新的一模一样。父亲十分满意，爽快地掏出一枚银币递给拉赛尔。

"不用了，"老人说，"这一类小活我从不收费的。"

但我父亲执意要付给老人维修费。

"即使我能活1000年，"夏普感慨道，"我也绝不会忘记老铁匠的那句回答，我敢说，那是世界上最触动人心的一句话。"

"年轻人，"老铁匠对我父亲说道，"难道你就不能让一位老人，时不时地舒展一下他的灵魂？！"[②]

是的，送人玫瑰，手有余香！送快乐给别人，自己也得到快乐；送幸福给别人，自己也得到幸福。只知道索取，甚至是非法索取，自己的灵魂就会失去自由，就会沉沦。正是在这种意义上，我们才强调世界观、人生观、价值观、利益观、权力观、政绩观、地位观对于交通廉政文化建设的重要性，因为没有正确的观念，行动就会迷失方向。

3. 清廉正直的基本要求

第一，以"清廉"拒绝腐败。

"清廉"的含义是指交通领域工作人员在与系统内外人员的交往过程中，要做到清正廉洁、洁身自好，其中，特别需要规范交通领域工作人员与系统外人员的交往行为。毕竟腐败的产生是双向的，贪污贿赂、权钱交易也不仅仅是交通领域工作人员的"独角戏"。[③]少数交通系统的公务人员在同系统外人员的接触过程中，往往会对他人所拥有的巨额财富心生向往，也希望能够通过手中所有的权力资源来牟取利益，于是其手中握有的权力化作了换取金钱等利益的工具，由此而产生了大量的权钱交易、权色交易等。因此，交通领域工作人员在面对他人金钱、美色等诱惑时不能迷失自我，丧失原则，而应坚守清廉不浊的形象，自觉抵御这些诱惑，拒绝腐败，坚决不与行贿受贿者同流合污。

第二，以“正直”遏制腐败。

反腐倡廉，不仅仅是公权力者的任务，也是每个人超越自己的任务，是建立人类发展健康秩序的历史要求。

“正直”是对交通领域工作人员同腐败斗争更高层次上的要求，指的是交通领域工作人员不但要自觉抵御各种各样的腐败侵蚀，而且还要勇于对他人腐败行为主动进行遏制，有效控制腐败事件的发生，帮助整个社会形成一股廉洁的风气。如果说“清廉”主要是指交通领域工作人员怎么让自己远离腐败的话，那么，“正直”就是指如何让他人远离腐败。

这也就是说，交通领域工作人员有对向其行贿的人员和其他腐败分子进行劝导、检举、揭发的义务和责任。在同系统内外人员发生公务行为时，交通领域工作人员手中掌握的权力往往成为他人行贿的理由。当这种贿赂行为发生时，交通领域工作人员要主动进行劝导，规劝其不要实施这种违法犯罪行为。对于屡劝不改、情节严重者可以采用行政、党纪甚至法律的方式来解决。如果这种行为得不到制止，将会导致整个社会风气的恶化，在社会上形成一种“办事需送礼”的观念。所以，交通领域工作人员一定要主动同社会上的腐败行为作斗争，防患于未然。反腐倡廉对于任何一个交通领域工作人员来说都是不可推卸的责任。“反腐倡廉，人人有责”，对贪腐行为的放任也是一种变相的腐败。

综上所述，“廉”不只是一个“独善其身”的要求，更应该是“兼济天下”的美德；不只是被动地拒绝腐败，更应当主动地遏制腐败，变消极为积极。只有这样，才能把“廉”的价值从系统内弘扬到系统外，扫清系统内外的不正之风，使整个社会更廉洁更和谐。

（三）“路畅人和”：“廉”的实现状态

如上所述，交通廉政文化建设的基本目标，就是通过“廉通你我”来达到以廉养廉、以廉促廉、以廉保廉的目的，从而最终形成交通领域的“路畅人和”。可见，交通廉政文化建设的顺利进行是实现“路畅人和”的有力保障。“路畅人和”的基本含义就是顺畅交通、人本交通、和谐交通，这三个目标既有联系又有区别，各有其不同的内在要求。

1. 以交通廉政文化建设促进顺畅交通

顺畅交通，从字面上简单的理解就是交通通顺、畅快，满足人们出行或是货物运输的方便快捷。但是，顺畅交通本身包含的内容更为广泛，涉及到交通领域的方方面面。具体来说，顺畅交通是指坚持科学发展观，在交通建设的总量适应经济社会发展需要的前提下，实现对交通建设的科学管理，提升交通建设的质量，保障交通安全，形成便捷、高效、安全、畅快的综合交通运输体系。因此，顺畅交通的实现必须符合以下标准：

第一，交通建设的总量要适应经济社会发展的需要。

交通是重要的基础产业，在经济社会发展中发挥着先导性的作用。而交通运输服务又是最大的基础设施服务部门，享有“经济大动脉”的美誉，它同时也是制约经济与社会发展的一个重要因素。通过交通廉政文化建设，实现顺畅交通，可以切实提高人民的生活水平，实现国民经济的快速发展。因此，交通建设的总量适应经济社会发展的需求是顺畅交通的总标准。

改革开放以来，随着我国经济的发展、城市现代化水平的提高，我国的交通事业也得到了长足发展，取得了很大的成就。“十五”时期，更是中国交通运输历史上发展最快、成就最显著、变化最深刻的时期[④]。例如，在2005年，也就是“十五”计划的最后一年，全年新增公路里程4.9万公里；沿海港口新扩建泊位129个，新增吞吐能力1.9亿吨；内河新增吞吐能力3188万吨，改善内河航道里程1289公里。特别是我国公路水路交通基础设施实现了跨越式发展，基本形成了四通八达的公路网络[⑤]。总的来说，经过“十五”期间的快速发展，我国综合交通系统在设施总量规模、运输能力供给、工程建设质量、新农村建设、区域交通协调发展等方面都取得了较大的成就，交通运输也向着一体化的运输体系发展。这些都为实现交通乃至全国经济又好又快的发展奠定了良好的基础。

但是，机遇与挑战并存。随着国民经济的发展、改革的深入与人民生活水平的提高，也给交通发展带来了多重压力，提出了新的发展难题。现阶段，我国交通主要存在以下问题：交通设施总量和运输能力有效供给不足，瓶颈制约的因素尚未得到有效缓解；运输网规模小、密度低，城乡发展不协调，农村和大城市交通问题突出；运输装备和管理水平仍有较大差距，系统整体效率和服务质量有待提高；交通发展总体上仍然是以各种运输方式自成体系为特征，综合交通管理的体制尚未建立；建立现代综合交通体系的任务还十分艰巨。今后，交通发展的主要矛盾，还是国民经济的快速发展与人民生活水平不断提高，同交通基础设施总量不足、质量不高的矛盾，交通建设能力的有限性同社会需求不断增长的矛盾。只有解决了这一主要矛盾，才能保证道路畅通，才能使交通成为经济社会发展的助推器[6]。

现阶段，我国综合交通体系发展的目标是：通过大力发展与深化改革，使综合交通网络规模大幅扩展，结构进一步调整，公平与效率充分兼顾；管理体制获得创新，运输服务水平明显提高，交通安全得到有效保障；初步形成布局更合理、结构更完善、能力更充分、质量更可靠的综合交通体系；有效缓解运输紧张状况，基本适应经济社会发展要求。从适应经济社会发展要求和提高人民生活水平的角度出发，交通建设仍然是一项重中之重的工作。

为此，交通领域必须认真落实“三个服务”的理念，即交通要服务国民经济和社会发展全局、服务社会主义新农村建设、服务人民群众安全便捷出行。其中交通要服务国民经济和社会发展全局，是交通工作的总任务；服务社会主义新农村建设，是交通工作的重中之重；服务人民群众安全便捷出行，是交通工作的根本要求。在科学发展观的指导下，坚持“三个服务”理念，就必须紧紧把握交通发展的重要战略机遇期，从人民的根本利益出发，把谋求发展作为交通事业的首要任务，集中精神搞建设。通过研究交通运输与经济发展的内在规律，进行科学规划，加快交通基础设施建设，进一步提高交通供给能力。大力进行科技创新、体制机制创新、管理创新，实现交通行业结构优化与增长方式的转变；坚持以人为本，实现交通的可持续发展。总之，我们要抓住机遇、迎接挑战，使交通建设的总量适应经济社会发展的需要，为经济社会持续协调高速发展创造条件。

第二，交通建设的质量要适应经济社会发展的需要。

长期以来，交通建设一直把提高工程质量放在首要位置，并以质量赢得了社会的肯定，树立了良好的形象。例如，润扬长江公路大桥、深圳湾跨海大桥、苏通长江公路大桥等，这些优质工程体现了当今世界一流的科技水平，成绩的取得都是交通建设重视工程质量的结果。但是在成绩面前，我们仍然要看到在工程质量管理工作中还存在着不少问题，还不适应经济社会发展的需要。如部分工程质量通病还未得到根治，有些施工技术难题还未彻底攻克；施工单位违法分包、劳务管理混乱的问题还比较突出；路网改造项目和县乡公路的工程质量与重点工程的质量相比，还存在着较大差距，质量管理的方法和手段需要进一步更新等等。随着经济的发展，交通基础设施建设面临的压力也更大。2007年8月13日，湖南凤凰沱江大桥坍塌就是一个惨痛的教训，它让我们明白保证工程的质量，就是对安全生产的高度重视，就是对人民群众生命财产安全的高度负责。

为此，要进一步提高认识，通过交通廉政文化建设，树立新型的工程质量发展观。一方面，交通建设要通过一系列措施严把工程质量关。如强化工程招投标制度提高施工队伍的准入资质、加大交通工程质量监督部门对工程各个施工环节的监督，增加监督检查力度和抽查频率、建立健全有效的质量保证体系，落实好质量责任制、全面落实安全生产监督保障机制等。在过程中处理好速度与质量的关系，从实际情况出发，在确保工程质量的前提下尽可能地加快建设速度。另一方面，交通行业要应用国内外先进的技术，设计出科学合理的建设方案，努力降低建设成本，节约自然资源与社会资源。总之，彻底消除劣质工程，打造优质工程、精品工程、民心工程，就是交通建设质量对经济社会的最好适应。

第三，交通的管理体制要适应经济社会发展的需要。

交通管理体制是保证交通行业适应经济社会发展的关键性因素。新中国成立后50多年来，交通管理体制的改革开始发生两个“转变”：一是政府的管理手段由直接的行政管理向间接的市场调节转变；二是由政府直接投资和经营向以企业为主体转变[7]。这两个转变要求交通系统牢固树立法治交通的理念，运用经济杠杆，发挥市场机制的调节作用，全面实现政企分开、政资分开、政事分开。

目前，交通管理体制已经成为制约交通发展的重要因素。从宏观方面讲，交通管理体制采用的是铁路、公路、水运等运输方式各自管理的方式，这不利于交通行业的统一规划和全国统一运输市场的形成。而且中央和地方政府在交通管理体制上分工不明确，各地区各自规划，造成了资源的严重浪费。此外，还缺乏完善有效的外部监督制度。从微观上讲，交通部门现有的管理创新意识，服务理念，管理水平等，都有待增强与提高。例如，在现有的行政体制下，一个项目上马，要通过层层审批，审批过程冗长繁杂。而一旦项目通过，后续管理就跟不上，甚至不闻不问，直到出现重大问题。

因此，为适应经济社会发展的要求，交通部门要进行管理机制的改革，要着力精简机构、转变职能、理顺关系、优化结构、提高效能，形成科学、高效的行政管理体制。更关键的是，交通部门的管理体制改革要与国家的行政体制改革相协调。“小政府、大社会”一直是各市场经济国家致力追求的施政模式，针对当前我国政府机构繁多臃肿，职能交叉重叠，部门协调困难、运作效率低下的现状，党的十七大报告首次提出实行职能有机统一的“大部委制”的理念，这是一项探索性与创造性并举的改革措施。所谓大部委制，就是指把业务相似、职能相近的部门进行合并，集中由一个大部门统一行使。这样一方面可以精简政府机构，明确部门之间的职能与权限，简化公务手续；另一方面可以降低各部门的协调困难，有利于建立统一、精简、高效的符合市场经济和民主法治要求的现代化政府体制。实行大部委体制，是社会主义市场经济体制深层次的需要，也是深化行政管理体制改革的重要环节。

交通领域实行大部委体制也是探索、创新行政管理体制改革的有效途径。美国、德国等许多国家实行的都是“大交通部制”。在我国，2008年3月15日，第十一届全国人民代表大会第一次会议通过了《关于国务院机构改革方案的决定》，交通运输成为首批实行大部委制的单位。在交通领域缩小机构，精简人员，整合公路、水运、民航、邮政等，建立大交通部是我国交通部门改革的重点工作。当然，我们也要清醒地看到，大部委制的改革存在一系列困难，交通部门也不例外，其中最大的困难：一是官员分流难。精简机构带来的直接问题就是，有为数不少的人要为此“牺牲”官位。二是功能整合难。公路、水运、民航等各部门市场化进程不一，并存在不同的管理体制，如何打破部门利益格局，统一管理，达到统筹协调，实现效能的最大化，难度不小。

因此，实行大交通部制要坚持正确的改革方向：一是要有合理的角色定位与长远规划。实行大交通部制必须以建设服务性政府为目标，制定好交通领域行政体制改革的总体规划，不急于求成，明确思路，理顺关系，以达到长远发展为目的。二是实现功能的优化整合。实行大交通部制必须以协调和效能为原则，努力达到功能的优化整合，实现十七大所提出的“职能有机统一的大部门体制”。三是建立有效的权力监督制衡机制。实行大交通部制必须使行政权实现分离分立，探索决策、执行、监督三权既相互独立、又相互制约的权力配置与运行机制。

实行大交通部制，精简结构、优化职能，提高交通部门的行政效率，强化对交通权力的监督与制约，并在此基础上加快推进政企分开、政资分开、政事分开、政府与市场中介组织分开，这些都可以有效抑制交通部门权力的滥用，大大减少腐败的发生，从而加快推动交通系统的廉政建设。

除大交通部制的改革外，交通部门还要多途径、多渠道、采取多种措施，对管理体制积极探索、不断创新，积累经验，努力提高管理水平。例如，江苏交通系统在农村公路的建设中通过管理体制的创新，创立了农村公路巡查制度，在实践中取得了良好的成效。农村公路巡查制在监督模式上推出了新的思路和举措，构成了全新的立体监督，这种立体监督既包括对所有工程项目的监督，又包括对每个项目全部过程的监督；既包括对项目本身所涉及的相关部门的监督，又包括项目作为社会公共产品所涉及的社会监督，真正实现了无盲点监督、无断层监督、无缝隙监督、无差别监督。并且，巡查制对农村公路建设的工程管理体制、资金管理体制、质量管理体制进行了创新，使得农村公路建设的监管体制更加完善并且符合实际，特别是通过对重点环节的监管，不断强化了农村公路建设纪检监察工作⑧。此外，交通部门还要及时建立通畅、透明的信息服务系统和处置突发事件的应急机制，进一步提高自身的公共服务能力，并大力推进政务公开，自觉接受社会公众的监督，使交通运输的管理能推动交通事业的发展，不断适应经济社会发展的需要。

第四，交通运输的体系要适应经济社会发展的需要。

为了适应经济社会发展的需要，交通运输业要先行，着力构建综合交通运输体系。综合交通运输体系是指适应于一个国家或地区的经济地理要求，各种运输方式分工协作、优势互补，采用现代先进技术在物理上和逻辑上实现一体化的交通运输系统的总称⑨。新中国成立以来，我国交通运输系统的建设在数量扩大、质量提高、结构改善、各种运输方式能力的提高等众多方面都取得了巨大的成就。但是，与经济社会发展的要求相比，还存在着不少差距。例如，交通综合运输体系的数量与质量还未能完全适应经济社会发展的需要，运输网络的布局、运输结构等还需进一步调整与优化；交通行业改革的力度和深度还不够，尚未形成统一管理、统一规划的运行模式；交通综合运输体系的发展与资源、环境和能源的可持续发展还有待于进一步深化等等。

因此，我们要加快交通运输系统的发展，在可承担得起的资源和成本消耗的情况下，尽快建立能满足人们出行和货物运输需要的综合交通运输体系。为此，要以发展为主题，通过增加运输总量的规模，提高运输质量，进一步提升交通的机动性与通达性；逐步优化各种运输方式之间的结构与布局，充分发挥各种运输方式的优势，提高整个系统的运作效率；通过各种运输方式的共存互补，组建运输大通道，带动各区域经济飞速发展；推广交通信息化和智能运输系统，实现客运快速化和货运物流化；注重农村交通建设，扩大农村公路网络规模，打通对外运输通道，缩小城乡差距。总之，坚持可持续发展观，建立健全综合运输体系，可以提升整个交通行业的竞争力，从而加快推动经济社会的发展。

第五，交通安全要适应经济社会发展的需要。

目前我国交通安全状况得到了很大的改善，积累了很多宝贵经验。为交通运输事业的持续发展奠定了良好的基础。但是，在交通安全领域还存在较多的安全隐患，突发事故的应急机制还不完善，全国重大交通事故还在接连发生。2007年“五一”期间，全国就发生了7起一次死亡5人以上的特大道路交通事故，共造成49人死亡、68人受伤。交通安全任务依然繁重而艰巨。交通安全直接关系到广大人民群众的生命财产安全，影响社会的稳定与国民经济的快速发展。保证交通安全具有非常重要的意义。

为此，必须树立安全至上理念，以提高服务质量，切实保障旅客与货物的安全，方便旅客的出行为目的。通过提升驾驶员的素质、严把运输企业的市场准入关、强化市场后续监管、合理配置路线资源等措施，保证交通安全的实现。此外，还要重视公路养护，特别要加快农村公路养护管理体制的改革，积极进行危路、危桥改造，保证公路安全运行。

2. 以交通廉政文化建设促进人本交通

人本交通是以人为本的理念在交通部门的自然衍生。以人为本作为一种价值理念自古就有。在西方，关于人的主体性问题的探讨，一直贯穿于现代哲学的发展之中，从笛卡儿的“我思”、康德的“人的理性为自然立法”到黑格尔的“绝对精神”、费尔巴哈的“人本主义”，再到马克思的科学人学思想，这是近代人本主义哲学思想发展的主线[10]。14世纪到16世纪欧洲文艺复兴时期人道主义的重要特征，就是从主体意义上强调以人为本的思想观念，并在17世纪开始的资产阶级革命过程中，逐步形成了人本主义的历史观。欧洲中世纪文艺复兴和近代启蒙运动所倡导的人文主义，也即人道主义或人本主义，使以人为本的价值理念升华为一种时代思潮和理论，并逐渐渗透到人类社会广泛的领域[11]。在中国古代，也有各种各样的人本思想，如儒家学说的代表人孔子一贯主张“仁爱”，提倡人与人相互亲爱，把以人为本作为最高的道德标准；管子等思想家则把以人为本作为一种治国方略，所谓“夫霸王之所始也，以人为本。本治则国固。”我们现在所提倡的以人为本思想正是在继承、吸收和发展前人优秀成果的基础上所形成的，肯定人、颂扬人、突出以人为本，已成为时代的主题。

用科学发展观来看待以人为本的内涵，“坚持以人为本，就是要实现以人的全面发展为目标，从人民群众的根本利益出发谋发展、促发展，不断满足人民群众日益增长的物质文化需要，切实保障人民群众的经济、政治、文化权益，让发展的成果惠及全体人民[12]。”“以人为本，就是要把人民的利益作为一切工作的出发点和落脚点，不断满足人们的多方面需求和促进人的全面发展。具体地说，就是在经济发展的基础上，不断提高人民群众物质文化生活水平和健康水平；就是要尊重和保障人权，包括公民的政治、经济、文化权利；就是要不断提高人们的思想道德素质、科学文化素质和健康素质；就是要创造人们平等发展、充分发挥聪明才智的社会环境[13]。”

因此，人本交通就是以人为本的价值理念在交通领域的充分实现。其基本含义是：就交通行业内部来讲，以人为本就是要实现对员工的人本化管理；就整个交通行业来讲，以人为本就是要实现对社会公众的人文化关怀。对社会公众的人文化关怀是人本交通的本质要求。由此可见，人本交通的核心是以人的权利和利益作为最高原则，倡导尊重人的生命权利和价值的交通理念，使交通部门、交通员工、交通规划、交通工具、交通规则等等都服务于人的生产和生活的需要。当今世界交通状况普遍存在交通拥挤、交通事故、交通污染、交通能源等四大难题，解决这些难题，正是交通领域确立人文主义观念的开始[14]。而新时期的交通服务、交通行政要体现以人为本的精神，就是要做到一切从人民群众的需要出发，促进人的全面发展，实现人民群众的根本利益。

第一，人本交通应体现对交通员工的人本管理。

体现交通领域以人为本的理念，首先体现为对交通员工的人本管理。所谓人本管理，就是深刻认识人在社会经济活动中的作用，突出人在管理中的地位，实现以人为中心的管理。

尊重员工是核心。人们常常把尊严看得比生命更为重要，在交通领域，无论是交通领导还是普通的员工，都是具有独立人格的个体，他们同样渴望受到尊重，得到平等地对待，最大限度地实现自身的价值。交通部门及领导干部只有关心员工、相信员工、尊重员工、与员工进行良好的沟通，才能增强员工对单位的忠诚度和认同感；才能使他们以提升交通部门形象、优化交通服务为己任，站在交通部门的立场与角度来考虑并解决问题；才能培养员工的主人翁意识，激发员工的主观能动性，使他们最大限度地为交通部门服务。

依靠员工是保证。交通部门在追求产值、追求效益、追求部门形象、追求优质服务的同时，不能忘了只有人才是最根本的决定因素。科技的竞争也就是人才的竞争，如果我们套用这句话，则可以说交通的发展也就是人才的发展。交通员工作为交通部门内的主体，是一切资源中最重要的资源，没有交通员工的努力，就没有交通的发展、交通的进步，更没有现在交通建设的日新月异。因此，必须树立依靠人的管理理念，通过共同的努力，实现交通行业又好又快的发展。

塑造员工是关键。交通部门生命力增强的关键是交通员工素质的提升。人的潜能是无限的，交通部门应通过各种渠道、各种途径挖掘和激发人的潜能，给员工的发展提供和创造广阔的空间，以此来全面提升员工的素质，塑造出一支高质量的人才队伍。交通员工只有在这样的氛围和环境中才能斗志昂扬、取长补短，将自己的长处发挥到极致，才能更好地为交通部门服务。

凝聚员工是基础。依靠团队的力量是交通部门发展的基础，因此，交通部门不仅要关注每一个员工的积极性、创造力和素质，同时更要研究他们作为一个整体所体现出来的凝聚力、向心力和战斗力。当交通系统出现问题时，相对于个人，团队具有更大的抗干扰、抗风险的自我调节、自我恢复能力，这对于交通系统的稳定、顺畅、和谐发展具有重要的作用。交通部门通过培养、凝聚一个坚实的、强大的团队，发挥团队的合作精神，来齐心协力共发展，以强大的竞争力维持、促进交通的可持续发展。

总之，人本交通应体现在对内部员工的人本管理、人文关怀上，这是交通发展的前提与保证，不然交通这座大厦就没有牢固的根基，交通的可持续发展更无从谈起。

第二，人本交通应体现对社会公众的人文关怀。

交通领域以人为本的理念，还体现为对社会公众的人文关怀，这是人本交通最本质的要求。对交通弱势群体的人文关怀，则是对社会公众人文关怀的集中体现。因为，对弱势群体的交通权益的重视程度能直接反映交通部门，甚至整个国家和社会对社会公众交通权益的重视程度。如果弱势群体的交通权益得到充分保障，那么，社会其他主体的交通权益也大致能够普遍实现。交通弱势群体有狭义与广义之分，狭义上的交通弱势群体一般是指在交通领域中那些应当享受的权利更容易受到侵害和剥夺的社会群体，广义上的交通弱势群体由于参照对象的不同而不同，如相对机动车而言，行人与自行车是交通弱势群体等。具体而言，针对目前交通系统凸显的问题，人本交通对交通弱势群体的人文关怀主要体现在以下几个方面：

一是在人与人的关系上，与正常享受交通权利的群体相比，应以交通弱势群体为本。

这里的交通弱势群体是从狭义上理解的。狭义上的交通弱势群体可分为两类，一类是由于年龄、疾病等生理原因的限制不便或很难享受到交通服务的群体，如儿童、老年人、残疾人、精神异常者等。另一类是由于种种社会因素制约，而无法正常或顺利享受交通服务的群体，如低收入群体，很少进入城市的农村人，很少进入我国的外国人等。现实生活中，我们对这类群体的关注度不够，说明我们以人为本的意识还有待于加强。比如，在交通规划的设计上，我们常常会设计很多的立交桥、高架桥等来改善城市交通，却没有考虑到这给老年人、儿童及残疾人增加了负担。又比如，我国在交通建设工程中有时会忽视为残障人设立专门通道，在交通指示牌的设计上，没有充分考虑到各个不同文化层次、不同文化背景下人们的理解能力。有些发达国家在这方面做得比我们好，如德国慕尼黑的地铁站、火车站、机场、码头、加油站等处均设有专供残疾人使用的厕所，在地铁站除设有扶手式电梯外，还设有残疾人轮椅和儿童车方便上下的垂直式电梯，一些地铁站还设有供婴儿换尿布的婴儿床[15]。制度设计的不同，其背后体现的是核心价值理念的差异，因此，通过树立以人为本的理念，在人与人的关系上，要着重体现对交通弱势群体的关注，这同时也是解决人与路问题的根本。

二是在人与车的关系上，应以人为本而非以车为本。

相对于机动车辆而言，行人与自行车是弱势群体。在三者共存的环境里，机动车辆比行人与自行车更大、更硬、更快、更危险。机动车辆可借助机械的动力，能获得极大的通行权。一旦发生交通事故，行人与自行车更容易受到伤害，有时这种伤害甚至是致命的。因此，在设计交通规划、制定交通规则时，行人和自行车是需要特别加以保护的弱势群体。在现实生活中，在车辆与人的关系上，很多做法都与以人为本背道而驰。例如，一说到要提高交通能力，改善交通环境，似乎就意味着加快机动车的通行速度，而基本不会考虑到给行人增加的通行困难。又如，上海市出台一项规定，在部分主要道路上禁行自行车。这些措施无疑把城市道路变成交通能力比较高的强势群体的专属物，使广大弱势群体的利益受到了挤压和排斥[16]。这些都是以 车为本的体现。相反，美国等西方国家的交通规则规定，行人只要一走上人行横道，一切大小车辆必须停下来让路。一旦发生交通事故，这些国家的法律也总是对行人更为有利。在世界银行提出的《可持续交通》的政策报告中，一个重要内容是：

"过去强调城市道路要满足车辆无限制增长需要的观念如今已被淘汰，未来所面临的挑战是如何改善人的交通环境，而非车辆的交通问题[17]"。因此，在人与车的关系上，应该树立以人为本的理念。

三是在车与车的关系上，应以公共交通为本。

相对于私人交通，为多数人提供服务的公共交通体系承载了大部分交通能力相对低下的社会群体。以公共交通为本，也是关注交通弱势群体的体现。随着社会经济的发展，人民生活水平的提高，越来越多的家庭拥有了私家车，但车辆剧增给交通带来的压力也是前所未有的。修路也许是缓解交通压力最直接的手段，但是修更多的路会激增更多的车，激增更多的车又导致修更多的路，如此恶性循环并不能解决根本问题。由此可见，在路与车的矛盾上，还是要致力于理顺车与车的关系。相对于私人交通，公共交通是道路和资源利用率最高的交通方式。除了北美、澳洲一些城市，世界上绝大多数城市都把公共交通作为满足居民出行需求、提高城市机动性和可达性、提高城市交通供给水平和交通运输系统效率的基本手段[18]。因此，在车与车的关系上，我们应树立以公共交通为本的理念。

3. 以交通廉政文化建设促进和谐交通

和谐交通中的和谐是一种平衡的、至善的状态，是一种最高的道德哲学境界，也是人类孜孜以求的价值理想。无论是东方还是西方，无论是古代、近代还是现代，人们都没有停止过对和谐与和谐社会的追求。和谐，是中华文化的精髓，其思想源远流长。我国历来就有"礼之用，和为贵；先王之道，斯为美"、"内睦者家道昌，外睦者人事济"、"政通人和"、"亲人善邻，国之宝也"之说。西方对和谐社会同样是心向往之，如古希腊哲学家毕达哥拉斯的"整个天是一个和谐"、柏拉图的"理想国"、莫尔的"乌托邦"、欧文的"新和谐社会"等等，无不反映了人们对和谐的诉求和对不和谐的批判。

随着时代的发展，在现代的语境中，和谐又被赋予了更为丰富的内涵。十七大报告提出，中国特色社会主义道路，就是在中国共产党领导下，"建设富强民主文明和谐的社会主义现代化国家"，"要按照民主法治、公平正义、诚信友爱、充满活力、安定有序、人与自然和谐相处的总要求和共同建设、共同享有的原则，着力解决人民最关心、最直接、最现实的利益问题，努力形成全体人民各尽其能、各得其所而又和谐相处的局面，为发展提供良好社会环境[19]。"

交通行业具有线多面广、交叉千行、四通八达的特点，这使其与人民群众的工作、生活息息相关，又使其成为社会热点问题、难点问题高发的领域。因此，作为社会的一个重要窗口，构建和谐交通自然也是建设和谐社会的必然要求。建设和谐交通不仅是为了交通行业自身的健康、协调、可持续发展的需要，更是从全社会的角度来谋求人类的自由、科学的进步、国家的繁荣。和谐交通能适应构建社会主义和谐社会的要求，能满足人民群众对交通的需求，能实现人们对良好运输服务的愿望，能协调与环境友好相处的难题。构建安全、高效、便捷、舒适、公平、节约、低污染、可持续的和谐交通，是建设和谐社会的内在要求，也是现代化交通发展的必由之路。

由此可见，和谐社会是和谐交通的前提与条件，和谐交通又是和谐社会的有机组成，两者相互依存、相互保障。为此，交通部及时提出了构建和谐交通的要求。交通部部长李盛霖在谈到如何构建和谐交通时正确提出：构建和谐的交通行业必须处理好四个关系，即构建交通行业与社会公众的和谐关系、构建交通行业与外部行业的和谐关系、构建交通行业内部的和谐关系、构建交通运输与自然的和谐关系。

因此，和谐交通就是指交通行业内部和谐、交通行业与外部和谐两者的有机统一，具体是指交通行业内部门、领导与员工之间、员工与员工之间、单位与单位之间、部门与部门之间、员工自身之间以及交通行业与社会公众之间、交通行业与外部行业之间、交通行业与自然环境之间的和谐相处、协调相生的一种良性互动的状态。它要求在构建和谐社会这个大系统下，交通行业内外的各个部分、各种要素、各个环节都处于相互融合、协调发展、功能优化、良性互动的状态中。

第一，交通行业内部的和谐。

交通行业的内部和谐是交通行业与外部和谐乃至整个和谐交通的基础，只有交通行业内部实现了和谐，和谐交通才有实现的可能。因此，交通行业内部和谐尤为重要，交通行业内部和谐主要体现在以下四个方面：

一是部门、领导与员工之间的和谐。

这是交通行业内部平衡与稳定的前提。部门与领导应该站在公平与正义的高度，解决好交通系统内部的热点问题与难点问题，排解纠纷，及时疏导员工的不良情绪，并营造一个关心员工、依靠员工、尊重员工、沟通员工、塑造员工的氛围，使员工感到集体的温暖。这样，一来可以使员工安心、踏实地为交通行业服务，留住优秀的人才，交通的持续、更快地发展才有可能。二来可以培育、巩固员工的主人翁意识，激发员工的主动性、积极性与创新性，有利于员工最大限度地发挥自身的潜能，尽可能地为交通行业创造最大的效益。与之伴随的是整个交通行业的凝聚力、向心力与战斗力的增强，这又反过来强化了部门、领导与员工的内部团结与协作，进一步促进交通行业向前发展。

二是员工与员工之间的和谐。

这是交通行业内部和谐的保证。员工与员工的和谐主要体现在员工之间能团结互助、真诚合作、和谐共事，不断形成平等友爱、和睦融洽的人际关系。通过这两者的和谐，可以营造出舒适、愉悦、团结奋进的工作环境。在这样的环境中，员工才会精神饱满地投入到工作中去，并以一个坚实的团队力量来完成个人无法完成的任务。而所有这些都需要员工努力提升个人素质、养成良好的行为习惯与生活习性，培养出与人为善、平和谦虚的工作与生活态度，从而形成大家所称道的为人处世的方式。员工之间良好的人际关系能由内而外影响改变着个人，而良好的个人修为也能影响整个集体。

三是员工自身的和谐。

这是交通行业内部和谐的基础。员工自身的和谐包括：员工自身各项素质的提升，能满足工作岗位的要求；员工陶冶思想情操，保持身心愉悦，自觉并坚决抵制不良风气；员工形成并保持正确的世界观、人生观、价值观与利益观，树立全心全意为人民服务的理念；员工积极影响身边的人，带动大家共同进步。员工外在的行为是其内在自我塑造的体现，而良好的自我塑造能使员工显现特有的人格魅力，从而得到大家的尊重与敬仰，促使人际关系和谐，这是员工自身和谐的体现之一。员工自身和谐的另一个体现就是家庭的和谐。家庭不是交通系统的一个组成部分，却是影响和谐交通的一个重要因素。没有家庭和谐，交通领域工作人员就不可能安心工作，不可能创造更大层面上的和谐。因此，员工不仅要成为交通行业的好员工、好同事，同时也要成为家庭中的好成员。

四是单位之间、部门之间的和谐。

这也是交通内部和谐的保证。交通各单位之间、部门之间相互协作、协调运转的良性互动，是整个交通系统顺利发展的保障。单位之间、部门之间的和谐是交通行业内部员工自身的和谐、员工之间的和谐、部门与员工和谐的集中反映，并且单位之间、部门之间的和谐是整个交通行业内部的和谐最直接的体现。单位之间、部门之间的和谐要求各单位内部、部门内部要采用先进的管理理念与科学的管理方式，要及时、有效地发现并解决问题，通过建立通畅的多渠道的沟通机制、利益协调机制、纠纷解决机制等，整合好单位之间、部门之间的利益，使交通行业内部各单位、各部门协调、有序、顺畅、高效地运作。

第二，交通行业与外部的和谐。

交通行业与外部的和谐，是指将交通行业作为一个整体与外部的社会公众、其他行业的和谐。交通行业与外部的和谐体现了交通行业对社会各界的亲和力和影响力，是和谐交通的外在体现。交通行业与外部的和谐具体包括交通行业与社会公众的和谐、交通行业与外部其他行业的和谐两个方面，它们都属于社会和谐。

一是交通行业与社会公众的和谐。

主要体现在交通行业通过树立“为民、富民、安民”意识，解决好交通有效供给能力不足与日益增长的多样化交通需求之间的矛盾，把交通发展的目标与人民群众的切身利益相结合，提供让社会公众满意的服务。满意的服务，既是对服务水平高低的要求，更是对服务质量优劣的要求。具体说来，交通行业给社会公众提供的应是安全的、高效的、便利的、廉洁的、经济的、可靠的、公平的服务，能使社会公众在接受服务的同时，感到舒心、放心与安心。例如，要解决好征地拆迁、工程质量、执法不规范、工程腐败等问题，这也是交通行业为社会公众提供良好服务的形式。此外，与社会公众和谐也要求交通行业能充分利用各类媒体，进行信息公开与政务公开，使交通行业阳光化、透明化，增加社会公众对交通事业的理解、支持与监督。通过一系列新的举措，才能在社会公众心目中树立良好的交通行业形象。当然，交通行业与社会公众的和谐是互动的，这同时也要求社会公众树立良好的公民意识，如尊重交通领域公务人员、爱护公共交通基础设施等。

二是交通行业与外部其他行业的和谐。

这是指交通行业要加强与其他相关部门的沟通与协作，给交通行业的发展创造良好的外部环境。交通行业是关联度很高的行业，它与外部的很多行业有着千丝万缕的联系，交通行业又好又快的发展离不开这些行业的支持。因此，建立有效的沟通制度、协作机制，加强与外部行业的合作，有利于两者和谐关系的形成，最终有利于和谐交通的形成。

第三，交通行业与自然的和谐。

和谐交通应是绿色交通、环保交通与可持续发展的交通。与自然和谐相处的交通行业，应是低能源消耗、低资源占用、低环境污染、低财政负担、低使用成本，是以最小的资源环境代价实现最大的交通发展效益，实现交通文明与生态文明的协调发展[20]。

为了实现交通与自然的和谐，美国等国家正在倡导建立“公路生态学”：

在美国共有390万英里公路，如果把全部公路相加，其面积约占陆地面积的1%。与此同时，越来越多的研究显示，公路产生的生态效应与其所占面积不成比例。公路使河流改道、地下水位发生变化，还产生二氧化碳、臭氧和烟雾。它们使植物中有了越来越多的重金属，苔藓类在烟尘中大量死亡。每条公路两边都有路边地带，那是一片荒芜丑陋的人间地狱，最利于杂草的生长和蔓延。总而言之，美国有1/5国土的生态环境直接受到了公路的影响。

为各种车辆铺砌的公路，几乎每个科学家都能从它身上找到这样或那样的毛病。于是，最近有一些植物学家、土壤化学家、人口生物学家等科学家联合在一起，建立了一个新的跨学科领域：公路生态学[21]。

在我国，交通系统也应该树立生态环境保护理念，如交通部门提出了“不破坏就是最好的保护，在设计上最大限度地保护生态环境，在施工中最小程度地破坏和最大限度地恢复生态环境”的交通建设新理念。对自然资源进行合理的开发与利用，在交通建设中通过各种途径、采取多种措施努力做到资源的节约、生态的保护与环境的美化。交通行业要在科学发展观的指导下，努力实现与自然的协调发展。只有这样，交通行业才能在社会上树立良好的行业形象，才会赢得人们的支持与拥护，才有持续发展的现实可能。

总之，只有在交通行业内部和谐、交通行业与外部和谐两者合力的作用下，和谐交通才会顺利实现。

① 参见《廉政文化建设新论》课题组编著：《廉政文化建设新论》，中国方正出版社2007年版，第3页。

② 尹玉生译：《舒展灵魂》，载《讽刺与幽默》2007年7月27日，转引自《读者》2007年第19期。

③ 参见《廉政文化建设新论》课题组编著：《廉政文化建设新论》，中国方正出版社2007年版，第21页。

④ 参见王庆云主编：《交通发展观》，中国科学技术出版社2004年版，第52页。

⑤ 参见《我国交通“十五”成就》，载《中国水运》2006年第1期。

⑥ 参见吴晓：《我国“十一五”交通发展规划中若干问题的探讨》，载《交通运输系统工程与信息》2006年第6期。

⑦ 参见赵金涛等：《我国综合交通运输管理体制改革探讨》，载《经济问题探索》2005第1期。

⑧ 参见唐建中等：《农村公路建设纪检监察巡查制》课题（未刊稿），2007年7月。

⑨ 李冰：《浅谈我国综合交通运输体系》，载《交通标准化》2005年第1期。

⑩ 参见卢旺林：《“以人为本”思想的理论来源》，载《河北学刊》2006年第5期。

⑪ 参见何玉宏等：《城市交通领域的人本主义》，载《现代城市研究》2004年第9期。

⑫ 胡锦涛：《在中央人口资源环境座谈会上的讲话》，载《人民日报》2004年3月10日。

⑬ 温家宝：《提高认识统一思想牢固树立和认真落实科学发展观》，载《人民日报》2004年3月1日。

⑭ 参见何玉宏等：《城市交通领域的人本主义》，载《现代城市研究》2004年第9期。

⑮ 参见顾尚华：《德国慕尼黑市对人本交通观点的实施概况》，载《江苏交通》2001年第10期。

⑯ 何玉宏等：《城市交通中的人本化设计》，

载《综合运输》2004年第9期。

⑰ 转引自汤潇：《中国城市交通问题三思》，载《城乡建设》2004年第7期。

⑱ 参见何玉宏等：《城市交通中的人本化设计》，载《综合运输》2004年第9期。

⑲ 胡锦涛：《高举中国特色社会主义伟大旗帜 为夺取全面建设小康社会新胜利而奋斗》，载《人民日报》2007年10月16日。

⑳ 参见王正等：《构建以人为本的和谐交通》，载《上海城市管理职业技术学院学报》2006年第6期。

㉑ Alan Burdick：《公路与生态》，王振平译，载《读者》2004年第24期。

第六章　交通廉政文化建设的价值追求：共同愿景

共同愿景在核心价值理念体系中具有重要的地位，它是我们为之奋斗的目标，是我们对交通廉政文化建设美好前途的展望。共同愿景激励着我们不断加快交通廉政文化建设的步伐，引导着交通实现又好又快的发展。交通事业涉及国家经济命脉，是关乎民生的基础性产业和服务性行业。一旦交通领域腐败多发，将直接影响社会大众所享受的交通服务质量。因此，交通廉政文化以其“润物细无声”的建设效果使廉洁内化为人们自觉自愿的行为，并通过系统内各个主体的相互作用，构建交通内部的廉政生态；同时，交通行业又是一个公共资源高度集中，极易产生垄断和诱发腐败的行业。因此，交通廉政文化建设不仅需要构建内部廉政生态，还需要通过外部廉政生态的构建，弥补内部廉政建设的不足，进而通过内外廉政生态的共同作用，在交通领域形成循环有序、良性互动、自我平衡的交通廉政生态。

一、生态主义的理论主张及启示

20世纪70年代以来，自然生态系统解决复杂问题的能力开始受到人们的高度重视。由此带来的启示是：用生态学的观点与方法指导交通廉政文化建设是否可行？能否为交通系统的廉政建设找到出路、指明方向呢？答案是肯定的。运用生态学的基础理论与分析方法，能突破交通廉政文化建设的瓶颈，加快交通廉政建设的步伐，并最终实现交通廉政文化建设的共同愿景。

（一）自然生态系统的理论主张

英国植物生态学家坦斯利(A.G.Tansley，1871~1955)于1935年首先提出了生态系统的概念，认为生态系统是达到一定稳定性的功能单位，由具有一定结构的群落、种群等生物物种成分和非生物成分通过物质循环和能量流动的相互作用、相互依存而构成的一个整体。并认为在自然界中，只要在一定空间内存在的生物和非生物成分通过相互作用达到某种稳定的功能状态，即使存在的时间是短暂的，都可以视为一个生态系统①。

生态系统是生态学上的一个主要结构和功能单位，属于生态学研究的最高层次。自然生态系统是一个多成分的复杂的大系统，它由生态系统的成分和食物链、食物网构成。生态系统的结构如图6-1所示。

生态系统的成分由生产者、消费者、分解者和非生物环境四部分组成。具体如下：（1）生产者，主要指绿色植物，也包括蓝绿藻和一些光合细菌，是能利用简单的无机物制造食物的自养生物。（2）消费者，属于异养生物，主要指以其他生物为食的各种动物，包括植食动物与肉食动物。（3）分解者，也是异养生物，主要指细菌和真菌，也包括某些原生动物等。（4）非生物环境，指非生物的物质和能量，包括了生态系统中各种无生命的无机物和各种自然因素。

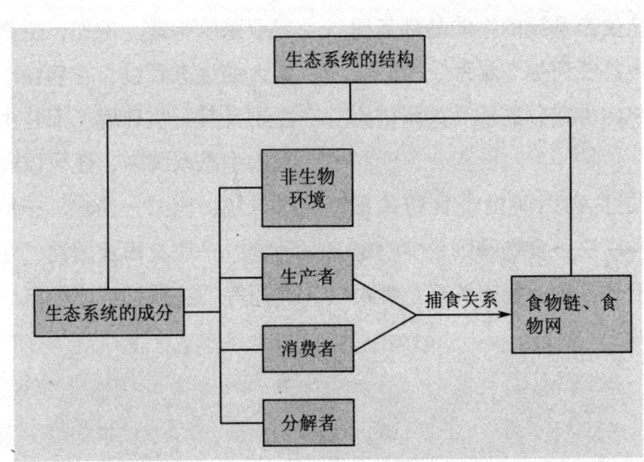

图6-1 生态系统结构图

所有的这些组成成分之间是相互联系、相互制约、相互依赖的，是系统的有机整体。生产者是生态系统中最基本的、最关键的生物成分，在生态系统中起主导作用，它通过光合作用不仅为自身的生存、发育与繁殖提供营养物质和能量，其所制造的有机物质也为消费者和分解者提供了它们唯一的能量来源，可以说没有生产者也就不存在消费者与分解者。消费者只能直接或者间接利用植物制造出的有机物来摄取营养物质和能量，维持生存。消费者并不是每个生态系统所必需的。分解者是生态系统的重要成分，它们分解动植物的残体和各种复杂的有机化合物，吸收某些分解产物，最终能将有机物分解为简单的无机物，而这些无机物参与物质循环后可被生产者重新吸收和利用。分解者的作用在生态系统中的地位是极其重要的，其分解过程对于物质循环与能量流动具有非常重要的意义，它是任何生态系统中都不可缺少的。如果没有分解者，动植物残体将会堆积成灾，生态系统的物质循环功能将终止，生态系统将会崩溃。非生物环境则是整个生态系统的物质基础与能量来源，它也是任何生态学系统所必需的。生态系统四种成分的相互关系结构图见图6-2。

食物链是生物之间由于食物关系而形成的一种联系，食物网则是食物链彼此交错连接的复杂的营养关系。食物链和食物网共同组成了生态系统的营养结构。

生态系统的各个组成部分在维护生态平衡的过程中，通过合力作用来发挥整体功能，维持生态系统的正常运行。生态系统的整体性越强，其内在结构就越紧密，生态系统也就更稳定。自然生态系统有大有小，它是有边界、有范围、有层次的系统，任何一个被研究的系统都可以和周围环境组成一个更大的系统，成为较高一级系统的组成部分。而且，它本身又可以由许多子系统或亚系统构成。例如，生物圈是地球上最大的生态系统，它包含地球上全部的生物及其无机环境。而在生物圈这个最大的生态系统中，还可以分出很多个生态系统，比如一滴水、一片草地、一个池塘、一块农田及湖泊、海洋、森林、草原等，这些都可以各自成为一个生态

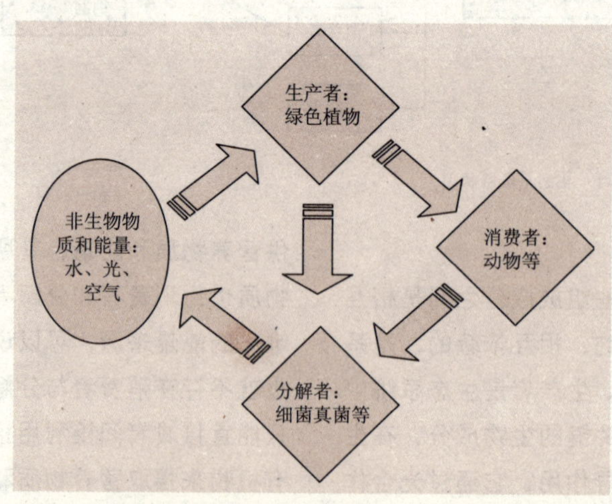

图6-2　生态系统的四种成分相互关系结构图

系统。

一般认为，自然生态系统有以下主要特征：

1. 生态系统具有开放性

生态系统的开放性，是指它能够与外界环境进行物质与能量的交换。体现在生态系统必须依赖外界环境，保持与外界通畅的输入与输出。生态系统各要素间的关系始终处于动态之中，各要素间不断进行着交换，从而促进了要素间的交流，维持整个生态系统的发展。能量流动、物质循环、信息传递作为生态系统的三大功能，其功能运作的有序性与正常发挥，与系统的开放性是分不开的。例如，在生态系统中，能量的流动从绿色植物接收太阳光能开始，传递给生产者、消费者、分解者，最后分解者以各种形式的热能消耗，直至能量全部散失不能再被利用为止。而维持生命活动所需的各种物质，如碳、氧、氮、磷等元素，则以矿物形式先进入植物体内，然后以有机物的形式从一个营养级传递到另一个营养级，最后有机物经微生物分解成为矿物元素，重新释放到环境中，并被生物的再次循环所利用。

可见，生态系统的开放性，保证了能量可以通过外界环境在生态系统内进行单方向的流动，对于生态系统的稳定与发展具有举足轻重的作用。

2. 生态系统具有自我调节性

任何生态系统总是处于不断的变化发展中，生态系统的自我调节性与其动态性是紧密相连的，表现为在动态中调节，在调节中发展，在发展中平衡。可以说生态系统动态发展的过程，也是其自我调节能力发挥作用的过程。生态系统调节能力的大小与生态系统中的组成成分和营养结构的复杂程度呈正相关。生态系统要经历一个从简单到复杂、从不成熟到成熟的发育过程。在生态系统发展的早期，系统内的物种种类少、结构单一、食物链短，这时系统的自我调节能力较低，系统的稳定性不高。而当生态系统发展到成熟期后，系统内生物的种类丰富、结构复杂、食物链较长，系统的调节能力也大为增强，对外界具有了较强的抗干扰能力，系统的稳定性就大大提高了。在一定条件下可达到稳定状态，即生态平衡。因此，生态系统可称之为“自持系统”，它能在与外界进行物质与能量交换的过程中，通过自身运动不断调整内在的组成与结构，增强对外界条件变化的适应性，来维持自身的平衡。生态系统就在这动态发展的过程中，利用自身的调节性来达到生态的平衡。在一定条件下，它还会打破这种平衡，由平衡到不平衡，再由不平衡达到新的更高层次平衡的状态。所以，生态系统的平衡是相对的，而不平衡则是绝对的。

但是，系统的自我调节能力也是有限度的，一旦外界的影响过大或者系统内部的结构发生严重破损，生态系统的自我调节能力就会下降甚至丧失，这样系统功能会受阻，造成生态的失衡。生态系统的失衡反过来又削弱了生态系统的调节能力，如此的恶性循环对于生态系统的破坏是长远性的。而要使生态系统达到新的平衡，常常需要相当长的时间。当然，如果这种改变是毁灭性的，那么生态系统的不平衡状态将得不到逆转，即生态系统的平衡被永久地破坏了。

3. 生态系统具有区域性

生态系统也是一个包含地区和范围的空间概念，任何生态系统都与特定的空间相联系。生命系统与环境系统的相互作用以及生物对环境的长期适应结果，使生态系统的结构和功能反映了一定的地区特性。例如，森林生态系统分布在湿润或较湿润的地区，其主要特点是动植物种类繁多，其中植物以乔木为主，动物以善攀援生活的为主，如长臂猿、树蛙等。群落的结构复杂，种群的密度和群落的结构能长期处于较稳定的状态。而草原生态系统分布在干旱地区，与之相比，草原生态系统的动植物种类要少得多，其中植物以草本植物为主，由于降雨稀少，乔木非常少见。动物以善挖洞或善快速奔跑的为主，如蚂蚁、野兔、狼等，群落结构也相对简单。这些都是生态系统区域性的体现。

（二）文化生态系统的理论主张

如果说自然生态系统的理论是一种狭义生态论的话，那么，文化生态系统的理论则是一种广义生态论。广义生态论将“生态”作为一种具有哲学普遍性的方法论和价值观。因此，从整体的系统观与和谐的价值观角度看，“生态”就是“和谐”。这种意义上的生态学，本质上是一种生态主义的理论和方法。将这种生态主义的理论和方法运用于文化研究中，则产生了“文化生态学”这门新兴的学科。

“文化生态”是20世纪中期从西方兴起并影响到我国的文化生态学的核心概念，它指的是文化类型的生存状态，具体来说主要是指各种文化类型和文化因素相互影响、相互冲突、相互融合而有序的文化生存发展环境。从这个定义可以看出，构成文化生态主要有两个规定性：一是内部存在多样的文化类型和因素；二是多样性的文化类型和因素之间存在有序的有机联系②。

人类所创造的每一种文化都是一个动态的有机体,各种文化吐故纳新、交流互动而形成不同的文化群落、文化圈、文化链，具有自身价值的每一文化群落作为人类文化整体的有机组成部分，为维护整个人类文化的完整性发挥着自己独特的作用。这一动态的文化有机整体就是文化生态系统[③]。文化生态系统是在文化与自然环境相互作用的过程中形成的，其中人类是最重要的要素子系统，各个子系统之间也相互联系、相互影响。同自然生态系统类似，文化生态系统同样经历了由简单到复杂、由低级到高级的发展过程。文化生态系统的多因素、多层次、多结构、相互联系与开放的特点，确保了它不断新陈代谢，向前发展。

（三）生态主义的启示

“腐败的成因，有腐败心态学和腐败生态学两种理论，一个强调内心动因，一个强调客观环境，但归结起来就是文化。文化可能看不见、摸不着，但却是最基础的、潜移默化的。”[④]确实，在许多地方，客观上存在着超稳定的腐败生态，这种腐败生态中纠缠着许多复杂的利益链和权力链。要克服腐败生态与腐败生态学，就必须有廉政生态与廉政生态学。

作为一种科学的思维方法和科学的世界观、方法论，自然生态学与文化生态学对于交通廉政文化建设具有重要的启示，因为交通廉政文化建设与生态系统的生态属性与特征具有高度的契合性，这是在交通廉政文化建设上借鉴生态主义理论主张的基础。

1. 交通廉政文化建设必须满足系统内各要素的多样性要求

从自然生态学角度看，多样性是生态系统的一个主要特征，这种多样性既包括生物圈内生态系统的多样性，也包括了生物群落、生存环境等的多样性。而物种的多样性，即物种的数目和种类关系到生态系统的稳定和发展，是构成生态系统多样性的基础。考察交通廉政文化建设，一方面，良好的交通廉政文化由价值文化、制度文化、物质文化等组成。同时，交通廉政系统中还不可避免地存在着一些不良文化。所有这些共同构成交通文化的多样性，也说明交通廉政文化建设具有长期性和艰巨性。另一方面，交通廉政生态系统中的各组成要素也均具有多样性的特点，如在交通廉政内生态系统中，生产者即具有多样性的特点：从纵向分，生产者包括中央交通决策机关和地方交通决策机关；从横向分，生产者包括交通决策机关、交通执行机关等。

多样性也是交通廉政文化建设的基础，因此在交通廉政文化的建设中，我们要进行增量改革，培育更多先进性的系统要素，努力达到先进要素增量的要求：一是交通廉政文化本身要尽可能多地增加先进文化要素，即增加并丰富交通廉政价值文化、制度文化与物质文化的种类与内涵；二是不断扩充交通廉政生态系统内各组成要素，特别实现廉政主体的要素增量，即增加认同和实践廉政建设的群体规模⑤。具体来说，在增量改革下，交通廉政生态系统中应包含数目更多的、种类更丰富的生产者、消费者、分解者。这里说的生产者，是针对内生态系统而言的，因为在外生态系统中，交通系统作为整体是唯一的生产者。在内生态系统中，处于生产者地位的交通系统决策者，如果其行使的权力的数目、种类单一，则交通系统的决策权很容易过于集中，而过于集中的权力极易滋生腐败现象。因此，我们要适当保持生产者及其权力种类的多样性。消费者是整个交通廉政生态系统中人数最多、来源最广的群体。特别是在外生态系统中，社会公众就是作为消费者而存在的，他们是培育交通廉政生态系统的中坚力量，越来越多的、各行各业的群体热情地投入到交通廉政文化的建设中，可以加速营造全社会良好的廉政氛围，加快交通系统乃至全国的廉政建设。因此，我们同样要保持消费者的多样性。分解者在生态系统中的作用举足轻重，监督的全面性、权威性、有效性、及时性的发挥就取决于分解者的数目与种类。保持分解者的多样性，可以使监督无处不在、无时不在，从而从外在的方面限制、减少甚至杜绝腐败现象。此外，交通廉政生态环境也应具有多样性。一方面，良好的交通廉政环境在宏观方面应包含政治环境、经济环境、社会环境等；在微观方面应包含价值环境、制度环境、物质环境等。另一方面，在某一具体的环境中，应增加其内在的构成要素。例如，在交通廉政价值环境中，应包含更为先进的价值理念、思想认知、文化品位等价值因素；在交通廉政制度环境中，应包含更为完备的制度性要素，不断创设出新型的制度；在交通廉政物质环境中，应包含更多更丰富的物化载体，使廉政文化建设能形象地耳听眼见，更加深入人心。

2. 交通廉政文化建设必须满足生态系统的结构特征

交通廉政生态系统内的各组成要素必须按照一定的结构结合在一起，具备组织结构的生态机能。因此，在交通廉政文化建设中，要总结把握好各要素间相互作用的客观规律，使它们能相互依存、互为影响、协调运作，达到互补、共生、一体化的结构状态。交通廉政文化建设也具有生态系统的结构特征：

一是分布地域的连续性。

这是生态系统存在和长久维持的重要条件。廉政文化建设涉及的领域也具有分布广泛且连续的特点，从交通系统的个人到群体到单位到整个行业，从水路到公路到铁路到航空等等，涵盖了交通领域建设的方方面面。因此，交通廉政文化建设同样是一个复杂的、多子系统、多层次的系统工程。

二是生物组成的协调性。

在交通廉政文化建设中，必须遵循系统的协调性原则，内部各要素的协同运动，才能保障交通廉政文化建设的顺利进行。通过整合各种资源和力量，使其协调有序地运转。而协调性的实现，也即交通廉政生态系统和谐的实现，在和谐的交通廉政生态系统中，存在着交通廉政文化生态景观、生态组织以及由两者所构成的生态机制等，而所有的这些都是生态系统内部各要素的协调、生态系统与环境的协调、生态系统与社会协调的表现形式。

三是环境条件的匹配性。

交通廉政生态系统是一个奠定于相应物质基础和法治基础之上的开放系统，它既取决于自身的顺利运行，又根源于外部整体环境的优化。同自然生态系统具有地域性一样，交通廉政文化建设在不同的行政区域、不同交通系统部门（公路、港口、水运、规划等），都具有不同的地区特色与部门特色。因此交通廉政文化建设要从各地区、各部门的具体情况出发，增加与内部环境条件和外部环境条件的匹配性，使交通廉政文化建设经济效益、社会效益与生态效益齐发展。

① 参见韩福荣编著：《质量生态学》，科学出版社2005年版，第41页。

② 参见佘清臣等：《论学校文化生态系统》，载《教育发展研究》2005年第20期。

③ 参见黎德扬等：《论文化生态系统的演化》，载《武汉理工大学学报(社会科学版)》2003年第2期。

④ 清风：《构建廉政文化》，载《清风苑》2005年第3期。

⑤ 参见徐学福：《着力营造先进文化系统》，载《理论视野》2004年第5期。

二、交通廉政生态系统的基本功能

交通廉政文化建设尚处于起步阶段，暂未形成循环有序的廉政生态系统，但是应该看到，作为文化机体中的新生因素，交通廉政文化具有活跃的生长属性，使交通廉政文化建设在交通廉政建设中具有举足轻重的作用，能够全面推动整个交通系统的廉政建设。因此，配置好廉政文化因素，构建交通廉政生态系统是我们必然的选择。在生态主义理论的指导及启示下，交通廉政生态系统应具有调整、创新、清理及资源整合等多种功能，这也是在交通廉政文化建设中借鉴生态主义理论主张的根本。

（一）交通廉政生态系统的调整功能

交通廉政生态系统同样具有动态性，在动态发展的过程中来发挥系统的调整功能。系统的调整功能表现为，为达到系统的综合平衡，而努力实现自身结构合理、功能优化、运行健康，以及在此基础上最终形成的与社会环境的良好适应。交通廉政生态系统在发展中不断进行着新陈代谢，其中系统内在的纠错、修复、自净与自适应等控制机能保证了系统的顺畅运行。系统的纠错与修复机能可以及时纠正、修复系统中出现的问题，使系统具有较为完备的抵御机制和较强的抗风险能力；系统的自净机能可以主动净化系统的内外部环境，给交通廉政文化建设营造良好的氛围；系统的自适应机能可以增加系统的应对能力，轻松面对系统出现的各种复杂的问题。交通廉政生态系统调整功能的发挥，也有赖于多种调整手段的综合运用，通过由内而外规范人们的行为，来实现系统平衡的目的。例如，系统运用导向手段，树立廉政典型，可以营造良好的社会氛围，使人们不愿贪；运用教育手段，可以提升人们的素质，树立正确的价值观，使人们不想贪；运用监督手段，可以防止权力腐败，使人们不能贪；运用惩恶手段，可以打击违法犯罪，使人们不敢贪。

当然，交通廉政生态系统的调整功能也是有限的，因为生态主义告诉我们：当外界干扰超过了自身的调节能力时，整个生态系统就会面临失衡的危险。因此，交通廉政文化建设不仅仅要注重内生态系统的功能建构，更要注重外生态系统的功能建构，即不仅要放眼于廉政文化在交通系统内的建设情况，更要放眼于在整个社会的大环境中来考察交通廉政文化的建设。

（二）交通廉政生态系统的创新功能

创新是系统发展的推动力，任何

生态系统都应体现自我更新的创新精神，交通廉政生态系统也不例外。交通廉政生态系统创新的主要形式有：理论创新、制度创新与技术创新。理论创新是指在交通廉政文化建设中，提出有关廉政的新的思想、新的意识、新的理念等，找出、分析并解决实践中存在的问题，满足廉政建设的理论要求；制度创新是指消除或改革在交通廉政文化建设中不合理、不科学的制度，引入新的制度加以代替，满足廉政建设的制度要求；技术创新是指采用新知识、新技术、新的管理方式等来加速廉政建设的步伐，满足廉政建设的技术要求。可以看出，理论创新是前提、是关键，可以为制度创新、技术创新提供指导思想与方法论。制度创新与技术创新是保障，是理论创新的实践表达。交通廉政生态系统创新功能的充分发挥，在于把握好交通廉政建设的运行机制和发展规律，使理论创新、制度创新与技术创新能相辅相成，共同发展。最终要达到的目标是，通过引导廉政主体树立创新理念，提高廉政主体追求创新的积极性，并不断创设出新型的制度与技术，营造创新的氛围，从而保证交通廉政生态系统发展的可持续性。此外，通过系统的创新，还可打破自身的平衡，使生态系统朝着更高、更好、更科学的方向前进。

（三）交通廉政生态系统的资源整合功能

资源的稀缺性、廉政文化建设的复杂性和艰巨性，说明了交通廉政文化建设需要交通系统内各地区、各级各部门之间以及与社会其他行业之间的通力合作。而交通廉政生态系统开放性的特点，可以尽可能地吸纳廉政参与主体、廉政理论、廉政意识、廉政制度等等，为这种合作提供了可能性。这里的资源包括了人文资源、物质资源、信息资源、技术资源等，交通廉政生态系统的资源整合功能，就在于利用原有的资源优势，整合闲置的资源，可以把不良资源变为优质资源，提高资源的利用率，并使这些资源有机组合、相互配合、互动发展、优势互补，从而改善系统的结构。系统整合功能的良好发挥，关键在于建立各部门、各地区协调配合、信息反馈等制度，形成整体的合力来推动廉政建设的进行。例如，广州开发区分层次构建了交通网络，一次性打通各个区块之间的主干道。在排污、供热等基础设施建设上，实行统一规划、统一建设、全面覆盖，节省投资成本，实现集约化管理。这是资源整合功能在道路规划建设中的重要体现。同样，资源整合功能在交通廉政文化建设中也会卓有成效，取得瞩目的成绩。

（四）交通廉政生态系统的清理功能

交通系统内外的监督力量，特别是纪委、监察、审计、财务、预防腐败局等对交通系统行使专门监督职能的部门，通过其监督作用的发挥，可以对系统进行清理和整顿，及时过滤掉系统内落后的组成要素，适时继承、吸收、创新先进的各要素，保持系统要素的先进性与结构的合理性，使系统能尽快回复到平衡的状态。

其中，交通廉政生态系统的清理功能尤其依赖于作为交通系统内设机构的纪委的监督作用。在我们进行的问卷调查中，关于“现阶段交通部门内部哪个机构监督效果相对最好”，纪委和审计是被认为监督效果较好的两个交通部门内部的机构，其中，纪委是最被认可的机构，占被调查对象的52%（图6-3）。

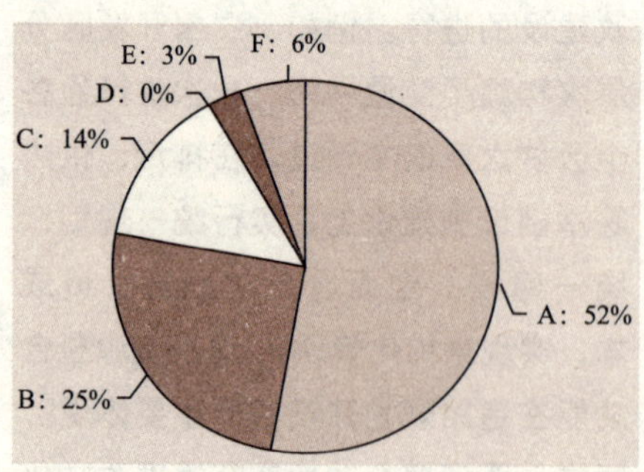

图6-3　问卷调查统计图
问：现阶段交通部门内部哪个机构监督效果相对最好
A. 纪委；B.审计；C.行政监察；D.其他部门；E.不清楚；F.无效。

纪委是党委开展党风廉政建设的专门机关，是反腐败领导体制和工作机制的中心环节，在反腐倡廉中具有举足轻重的作用。在强调纪委监督作用的同时，还必须强调法律监督机关的基础作用，并辅之以审计、行政监察等监督形式，从而构建起有力的监督防线，这是加强交通廉政建设的保障。

三、交通廉政生态系统的构成要素

交通行业与人们的生活息息相关，是关乎民生的基础性行业，因此要注重交通廉政内生态系统的构建，实现交通廉政内生态的平衡，努力提高交通服务的水平与质量，服务好社会大众。交通行业又是一个相对封闭、透明度不高、腐败易发的行业，因此还要注重外生态系统的构建，在整个社会的大环境中，实现交通廉政外生态的平衡，使内、外生态系统互为条件、相互依存，又互为补充、相互纠错，达到内、外生态系统的良性互动，实现并保持交通系统的廉洁。

（一）交通廉政内生态系统的基本构成

同自然生态系统一样，交通廉政内生态系统的基本构成要素为（图6-4）：

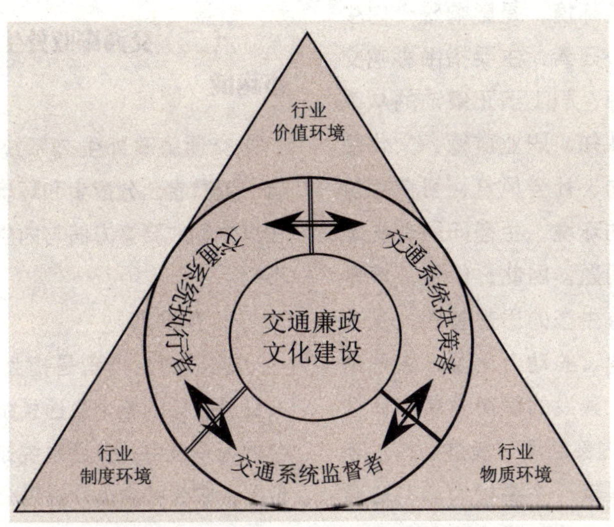

图6-4 交通廉政内生态系统结构

1. 生产者

这里的生产者主要是指交通系统内部具有决策权的部门和领导干部。他们通过做出相关决策，在生态系统中为人们提供公共服务的同时，还指引着交通系统建设的方向。在自然生态系统中，生产者是生态系统中能量流动和物质转换过程的基础。同样，交通系统内的决策者也维持着交通廉政内生态系统物质和能量的需求，他们是交通廉政内生态系统所要研究的首要对象。

2. 消费者

这里的消费者是指交通系统的执行者，具体从事交通建设、管理、经营、服务的相关人员。他们接受并按照决策者的指示进行活动，是交通廉政内生态系统的基本单位，也是交通廉政建设的基础力量。交通系统广大职工作用的发挥会从根本上影响交通廉政文化建设的成效。

3. 分解者

这里的分解者是指交通系统的监督者，主要指以生产者为重点监督对象的纪委、司法、监察、审计、财务、预防腐败局等对交通系统具有专门监督职能的部门。他们分解掉交通系统内人们的腐败思想、腐败倾向、腐败行为等污染物，通过调整、整合和反馈作用来净化系统的内环境。

4. 环境

这里的环境主要是指对交通系统影响较大的交通行业内部环境，具体包括内部价值环境、内部制度环境和内部物质环境。（1）内部价值环境又称内部规范环境，是影响整个内生态系统的核心因素，主要指由影响交通系统内干部、职工清正廉洁的从政理念、思想认知、职业道德、文化品位、价值取向、社会风气、习惯等价值因素构成的环境。生态问题首先是个价值观念问题，因此，价值环境是培育交通廉政生态的思想基础，是人们进行廉政建设的动力之源，关系到交通廉政文化建设的健康发展与良性循环。（2）内部制度环境是维持生态系统平衡的保障，主要指人们在交通工作实践中形成的、能反映交通廉政核心价值理念的、交通系统的规章制度、行为习惯、职业道德规范等所构成的环境。（3）内部物质环境是整个内生态系统的基础，由交通廉政文化建设的物质载体所构成，是交通廉政文化建设的物化形态。交通廉政文化建设教育场所、交通廉政文化生态景观、交通廉政建设网站等组成了交通廉政文化建设的物质环境。

当然，在内生态系统中，同样不能忽视诸如政治环境、经济环境、社会环境等外部环境对该系统的影响。但是，就内生态系统而言，其内部的行业环境对整个系统的影响更为突出。而且，外部环境主要还是通过作用于内部环境对该系统来产生影响。因此，这里的环境主要指交通系统的内部环境。

（二）交通廉政外生态系统的基本构成

交通廉政外生态系统也是由生产者、消费者、分解者和环境所构成，但在具体构成要素方面与内生态系统有所不同。

1. 生产者

这里的生产者是指为社会提供公共交通服务的整个交通系统。在整个社会的大系统中，交通系统处于生产者的位置，它为社会公众提供公共服务，同时又接受来自多方的监督。它是整个外生态系统的物质转换、能量流动的基础，同时也是交通廉政文化建设的主要对象。

2. 消费者

这里的消费者是指接受交通系统提供的公共服务的社会公众。社会公众人数众多，来自各行各业，他们是交通廉政文化建设的参与者，更是维持这个外生态系统平衡的坚实力量。

3. 分解者

这里的分解者是指整个社会的监督力量，具体包括人大、政府、司法、新闻媒体、社会舆论、人民群众等。运用全社会的监督力量来分解、清除交通系统的诸如腐败等不良文化因素，调整、规范交通系统广大干部职工的思想与行为，可以提升整个交通行业的良好形象。需要强调指出的是，由于许多贪腐的官员授予自己没有任何法律依据的特权，因而不能将反贪腐变成一种特权，似乎只有特定的集团或组织才有权进行。根据中国宪法和法律的规定，权力的授予者是人民，贪腐官员对特权的自我设定侵犯了人民的权利，因此，每一个公民都有权利也有义务进行反贪腐斗争。

4. 环境

在把交通廉政外生态系统作为研究对象时，不能仅限于交通系统特有的环境，也要研究系统之外的大环境。也就是说，必须将外生态系统置于整个的社会大系统中，即整个廉政文化的环境中加以考察。交通廉政外生态系统环境是整个交通廉政文化建设赖以存在环境的主体部分，这里的环境主要包括两个方面（图6-5）。

交通廉政外生态系统的宏观环境是整个外生态系统必不可少的组成因素，具体包括政治环境、经济环境、社会环境等（图6-6）。

（1）政治环境是指国家的整个政治形势及其所制定的路线、方针、政策、法律法规等，这里主要指交通廉政文化建设的整体形势及有关交通廉政建设的法律法规等。换句话说，交通廉政文化建设与政治的关系，就是交通廉政文化与其生长的社会基础间的关系，也是交通廉政文化与政治法律的关系。

（2）经济环境是指整个国家的经济政策和形势，即国家经济发展的基本情况，这里的经济环境当然也包括了交通系统经济发展的基本情况。因此，交通廉政文化建设与经济的关系，就是交通廉政文化与其生长的物质基础间的关系，经济基础培育了交通廉政文化生长、发育的土壤。

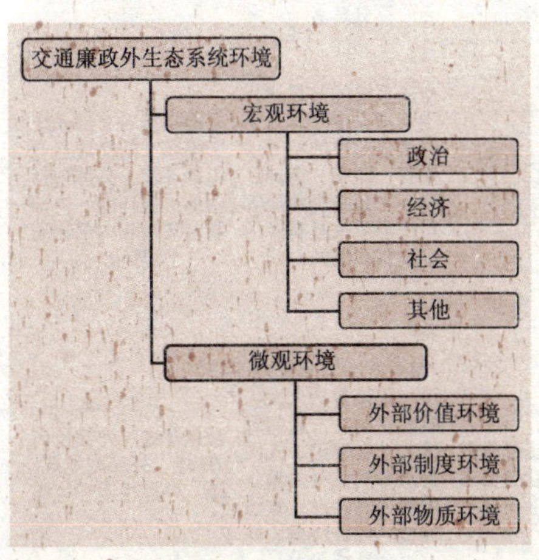

图6-5 交通廉政外生态系统环境

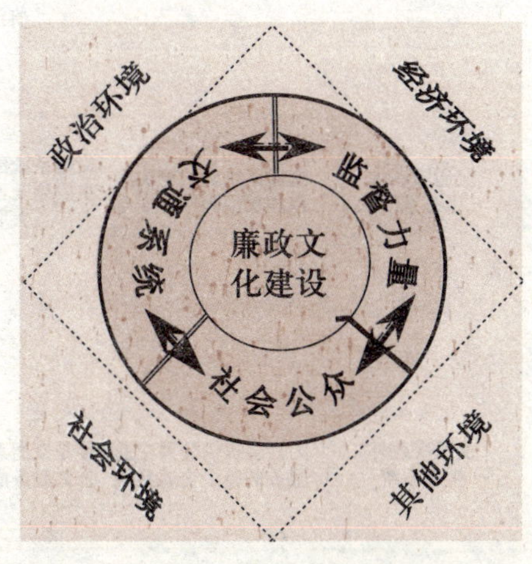

图6-6 交通廉政建设外生态系统结构图

（3）社会环境是指社会结构、宗教信仰、风俗习惯、民族特点，以及支持人们思想行为的一切观念和道德伦理的标准和规范等等。因此，交通廉政文化与社会的关系，就是交通廉政文化建设与所处的时代、社会、生活环境的关系。

交通廉政外生态系统的微观环境主要包括外部价值环境、外部制度环境、外部物质环境等。外部价值环境是在人与人之间的相互联系中逐步形成的，它是公众在社会生活的过程中形成的各种态度、风俗传统、心理意识、行为习惯和价值观念等。外部制度环境是指人们在社会生活中形成的，围绕整个社会廉洁、廉政的价值理念所产生的一系列规章制度、行为习惯等所构成的环境，也可以说外部制度环境由正式制度和非正式制度构成。其中，正式制度主要包含配置权力、制衡权力等相关制度，非正式制度只涉及诚信、公开、恪守职业道德、完善运行机制、行业自律监管等制度。外部物质环境由整个廉政文化建设的物质载体构成，所有与廉政文化有关的物化表现形态都是这个环境的组成部分。

综上所述，交通廉政生态就是一个由内外生态组成的廉政系统，但其中的构成要素具有差异（表6-1）。

必须注意的是，与自然生态系统一样，交通廉政生态系统的生产者、消费者、分解者的地位也并非是绝对的、一成不变的，在一定情况下，系统中的角色也进行着转换。例如，交

交通廉政内、外生态系统要素差异　　表6-1

	生产者	消费者	分解者	环境
交通廉政内生态系统	交通系统内具有决策权的部门和领导干部	交通系统的执行者，主要指交通行业的广大职工	交通系统的监督者，主要指以生产者为重点监督对象的纪委、检察、监察、审计、财务、预防腐败局等对交通系统具有专门监督职能的部门	主要是指对交通系统影响较大的交通行业内部环境，具体包括内部价值环境、内部制度环境和内部物质环境
交通廉政外生态系统	为社会提供公共交通服务的整个交通系统	接受交通系统提供的公共服务的社会公众	整个社会的监督力量，具体包括人大、政府、司法、新闻媒体、社会舆论、人民群众等的监督力量。宏观环境包括：政治环境、经济环境、社会环境等等	微观环境：外部价值环境、外部制度环境、外部物质环境等

通部门的职工在内生态系统中处于消费者的地位，他们在交通系统决策者的领导之下开展活动，并对其进行监督。而在外生态系统中，他们处于整个交通系统这一生产者的序列中，为社会大众提供服务的同时，还要接受整个社会力量的监督。正是这种角色的不同转换，才使交通廉政生态具有丰富多彩的形式，并实现交通廉政生态的能动转换。

四、交通廉政生态系统内各要素的运作机理

交通廉政生态系统包含了生产者、消费者、分解者、环境等诸多要素，各要素之间通过一定的结构与方式，有机结合、协调运作，致力于实现功能的最优化配置，有力地保障了交通廉政生态系统的良性循环与动态平衡。

（一）交通廉政生态中生产者、消费者、分解者的运作机理

在自然生态系统中，保持物种的丰富性和多样性是整个系统维持稳定、健康发展的基础。同样，在交通廉政生态系统中，各个子系统以及组成子系统的各个要素在生态系统中都不可或缺，均具有重要的价值。从生态学角度看，生态系统的生产者、消费者、分解者相互之间体现的是物种之间的关系，三者相互依存。

1. 生产者与消费者的关系

生产者在交通廉政文化建设的过程中，为消费者与分解者提供公共服务。此外，它还从整个国家和社会利益、地方利益、部门利益的高度出发，提出、制定或贯彻实施有关交通廉政文化的方针政策和制度措施等等。生产者作出的有关政策举措和制度建设，是交通廉政文化建设的先导，引导交通廉政文化建设的方向，生产者的积极作为是交通廉政文化建设取得成功的有力保证。而消费者一方面接受生产者所提供的一系列服务，另一方面也必须全身心地投入到交通廉政文化的建设中，将号召落实于实践，努力建设具有部门特色、地方特色的交通廉政文化。此外，消费者还是生产者的监督主体，他们是交通廉政文化建设最扎实的主力阵容，是交通廉政文化建设取得成功的基础保证。

2. 生产者与分解者的关系

在交通廉政生态系统中，生产者与分解者的关系主要体现为监督与被监督。生产者是分解者主要的监督对象，消费者、分解者都有权监督生产者，比如消费者、分解者针对生产者制定的方针政策、制度的行为或是交通执法等部门行为进行监督，检查其是否具有合理、合法性。分解者运用其监督职能，充分发挥监督力量，对生产者的行为进行调整、纠偏、修复，使人们异化

的思想和错位的行为回复到正常的状态中。但与消费者的监督相比，分解者的监督是部门监督、专门监督。在监督过程中，分解者还将相关情况反馈给生产者，其中纪检监察的监督是内反馈，社会监督是外反馈。通过反馈，生产者能及时了解掌握消费者的动态信息，从而使生产者制定有关交通廉政文化的方针政策、制度时更加准确、及时且具有针对性，增强交通廉政文化建设的成效。

3. 消费者与分解者的关系

分解者以其专门的监督职能，对消费者也发挥监督作用，尽管这种监督在交通廉政生态系统内并非是主要的。通过监督交通系统内广大的干部职工及其社会公众，规范他们的行为，使其可以更好地投入到廉政建设的大潮中。而消费者是联系生产者与分解者的桥梁，分解者对生产者的监督，更多的是通过消费者来启动的。特别是在交通廉政内生态系统中，系统内广大的干部职工与生产者接触最多，联系最紧密，容易掌握生产者的动态，获得第一手资料。一旦发现生产者出现违法乱纪等行为时，可以反馈给分解者，运用其专门的职权加以惩处。有了消费者的配合，分解者对生产者的监督就更方便、及时与有效。

总之，在交通廉政文化建设中，要不断调整并完善交通廉政的主体结构成分，努力提高各方参与廉政文化建设的热情，众志成城，万众一心，形成由下而上的、自发的廉政文化建设浪潮，并使生产者、消费者、分解者三者协调发展，达到良性的互动。

（二）交通廉政生态中环境的运作机理

交通廉政环境系统的建设是交通廉政文化建设的必要条件。在自然生态系统中，环境的恶化会导致生态系统的严重危机。这一原理同样作用于交通廉政生态中，在一个良好的交通廉政环境氛围中，交通廉政文化建设才会拥有深厚的群众基础，才会取得事半功倍的效果。因此，交通廉政生态环境的建设是交通廉政文化建设的基础工程。

考察交通廉政生态系统中生产者、消费者、分解者与环境间的关系，可以看到交通廉政环境是生产者、消费者、分解者的存在基础，生产者、消费者、分解者之间所有的活动都取决于价值环境、制度环境、物质环境及其政治、经济环境等的有力保障。生产者、消费者、分解者也能动地作用于内外部环境，维护着它们之间的相互关系，并对整个生态系统进行修复和优化。这就提醒我们：要着力找准廉政主体在整个生态系统中的生态位，重视廉政主体作用的发挥。通过完善主体系统的建设，引导、规范廉政主体的廉政活动来对交通廉政生态系统进行优化，使各个系统能够有机、系统、整体地互动存在，从而促进交通廉政生态系统良性发展。

1. 交通廉政生态与宏观环境建设

在宏观环境中，政治、经济、社会等环境要素对交通廉政生态系统影响重大。政治法律为生态系统提供良好的社会基础，经济基础为生态系统提供坚实的物质基础，社会环境为生态系统提供强大的精神动力和智力支持。

近年来，我国交通廉政建设的宏观环境大有改善。例如，人们的廉政理念开始确立、权力配置日趋合理、制度安排日益健全。但不可否认，交通廉政文化建设的宏观环境在某些方面还存在缺陷，较为常见的是“应付”现象，很多单位、部门为了建设而建设，交通廉政文化建设表面化、形式化，存在光打雷不下雨、雷声大雨点小等情况。此外，我国相关部门监督权力的配置不尽合理，容易造成单位领导者的权力缺乏制约，尤其是对一把手的监督缺位。究其原因，一是交通廉政文化建设忽视了生态彼此之间的有机联系，因而存在头痛医头、脚痛医脚的现象。二是忽视了系统的自净功能，忽视了生态系统的双向作用和横向作用。

因此，在宏观环境的建设中，要处理好交通廉政文化建设与政治、经济、社会结构以及历史传统间的相互关系。特别是要处理好与经济、政治的关系，使社会有机体中的政治、经济结构向合理化方向发展，使生态系统内的其他要素与外部环境达到互补互摄、相辅相成的作用效果。只有依托良好的环境系统，交通廉政文化建设的目标才有实现的可能。

2. 交通廉政生态与微观环境建设

交通廉政价值环境是核心。在对交通廉政生态系统产生影响的环境因素中，价值因素处于核心地位，它在很大程度上决定了人们对廉洁与廉政的态度，引导人们选择正确的价值取向，为人们提供巨大的精神动力和舆论支持。良好的交通廉政价值环境的构建关系到整个交通廉政生态系统的和谐发展。

交通廉政制度环境是保障。交通廉政生态系统的形成、维护和改变都依赖于交通系统的活动。交通廉政文化建设的目的是规范交通领域工作人员，特别是领导干部的行为，让他们用好自己手中的权力，促使整个交通系统养成廉洁、廉政的行业风尚。中共交通部党组制定的《关于贯彻落实〈建立健全教育、制度、监督并重的惩治和预防腐败体系实施纲要〉的具体意见》，要求建构严密的体系抵制腐败的侵害。所有的这些都必须依靠建立良好的制度系统来加以保障。以制度来建构体系，以体系来规范行为，以行为来体现廉政，这就是制度环境在交通廉政文化建设中的重要体现。因此，交通廉政文化建设要进行合理的制度设计，使正式制度与非正式制度完美地结合在一起，分工明确，配合默契。同时，还要从多途径、多角度、多层面进行制度创新，为建立健全惩治和预防交通腐败体系提供较为完善的制度环境。

交通廉政物质环境是基础。交通廉政物质环境是廉政文化建设的物质载体，是价值环境、制度环境的物化形态。只有借助于具体形象的物质表达，廉政的知识、理念、思想才能得以传播，廉政廉洁的意识才能得以形成。同时，随着人们廉政意识的提高，交通廉政的物质载体才能不断丰富，物质条件才能不断改善。

总之，价值环境与制度环境是交通廉政文化建设的静态表现，而物质环境是交通廉政文化建设的动态表达。价值环境是核心，是最重要的环境要素。制度环境是保障，物质环境是基础，三者构成交通廉政生态系统的微观环境。在对主体成分发挥作用的同时，它们之间也相互依存、互为影响。

五、交通廉政内生态与外生态之间的能动关系

交通廉政内生态系统与外生态系统既有区别又有联系。交通廉政外生态系统是将交通系统不断缩小，使其成为外生态系统的组成要素后，与社会大众、整个监督力量及外环境等等按照一定结构共同组成较为完整的系统。交通廉政内生态系统则是将交通系统内的诸要素不断扩大，并视之为相对独立的生态系统要素的结果。但是，仅仅由于组成要素的不同还不足以使我们重视交通廉政内、外生态系统的存在，关键的问题在于两者在解决不同问题上的能力差异与和谐运动。

（一）交通廉政内生态与外生态互为条件，相互依存

任何一个生态都以对方的存在为条件，交通廉政内、外生态系统也是相互联系的。内生态系统是外生态系统的组成要素，其自身的良性循环是整个外生态系统平衡的基础，而外生态系统的动态平衡可以优化其内部各要素，反过来促进、加快了内生态系统的良性运行。

通常情况下，交通廉政内生态系统作为一个独立的子系统，其内在的自我调节功能，使决策者、执行者、监督者相互协调，在内环境的作用下可维持自身的平衡。当内生态系统组成要素改变不大、出现一般异常情况时，其内在的自我控制机能，可以解决系统局部失衡的问题。相对于外生态系统，内生态系统在解决交通行业廉政建设问题时具有迅速、及时、效果好、成本低及有利于维护整个交通部门良好形象等诸多优点。因此，

培育交通廉政生态首先应着眼于交通廉政内生态系统的建构，将问题尽可能纳入到内生态系统中加以解决。交通系统内所创造的许多行之有效的廉政建设经验如重点工程派驻制、农村公路巡查制都可以归纳为交通廉政内生态系统的建构。例如，江苏省在交通重点工程实行纪检监察巡查制（图6-7），使得派驻巡查机构与工程领导机构、各参建单位、监理单位紧密配合，形成新的工作机制，建立起完善的监督体系、责任体系、运作体系，对重点工程建设的招投标、征地拆迁、资金运作、工程质量安全和物资财政等关键环节，实行全过程介入、无缝隙监管，构成良性的交通建设廉政内生态系统。

此外，在内生态系统中，要将监

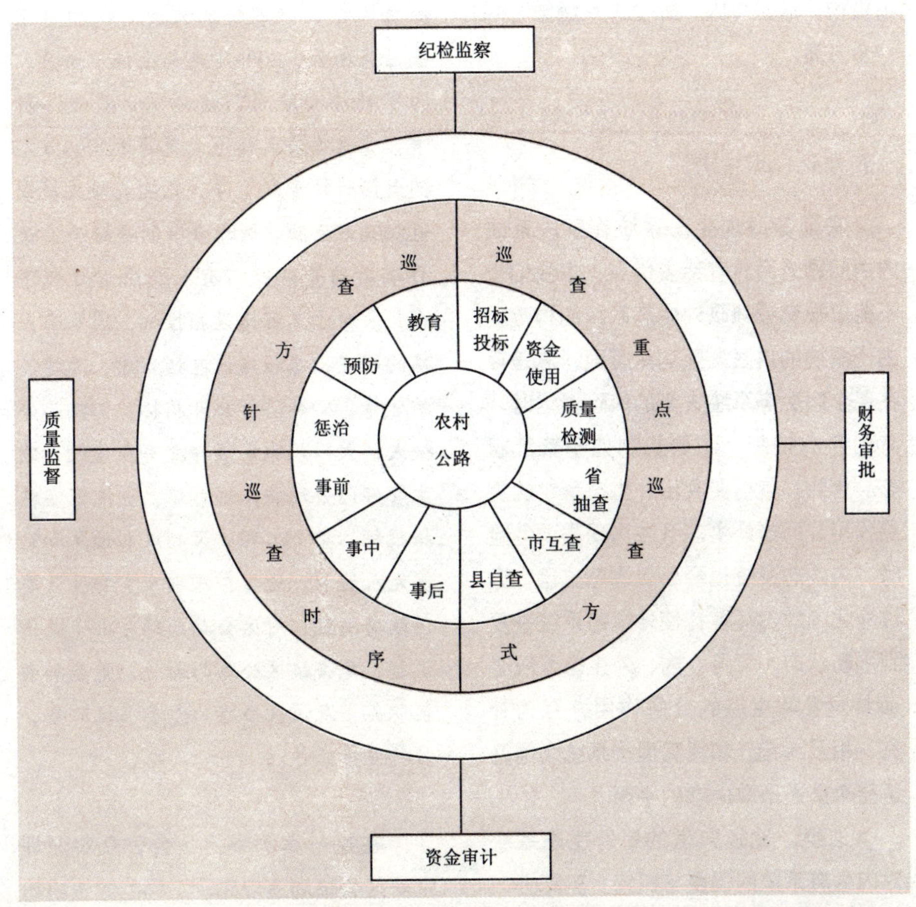

图6-7 巡查制的框架图

督前移、下移，注重基层监督、事前监督（例如，可以借鉴珠江航务局的经验，在每个党支部设一名纪检委员），抓腐败的源头，将腐败等不良现象扼杀于萌芽中。要依托好内、外生态系统间的关系，从理论上找依据，从制度上寻创新，从技术上求突破，形成两者的良性互动。例如，在具体制度的设计上，可以考虑在交通系统设立独立的审计派出机构，这是将内、外生态系统结合的一个方面。

（二）交通廉政内生态与外生态互为补充，相互纠错

交通廉政内生态系统在解决系统内的问题方面具有诸多优点，但我们也不能忽视交通廉政外生态系统的构建。由于系统的自我调整功能有限，总是存在整个内生态系统失衡的风险。这时，其内在的控制、制衡机制处于紊乱状态。为此，就需要突出外生态系统的重要作用。而当外生态系统出现失调危险时，内生态系统也会尽量调整自己，通过净化内外部环境，使外生态系统恢复到平衡状态。可见，内、外生态系统必须共同发挥生态的分解作用，互为补充、相互纠错，才能实现子系统之间乃至整个交通廉政生态的平衡。

这里，比较典型的是外生态系统对内生态系统的调整与纠错。实际上，由于我们的监督机制和责任机制要么缺失，要么形同虚设，因而现有的内生态系统对于那些处于系统高端的生产者来说无法发挥有效的制衡作用。这时，一个健全的、优质的外生态系统是不可或缺的。“深圳某公路局被爆耗千万修大门案”就是一个通过外生态系统来解决内生态系统失衡的经典案例：

深圳宝安区公路局斥巨资重修办公楼大门，掀起轩然大波。深圳市宝安区某局长，2006年走马上任几个月，为了让办公楼大门达到“六星级”标准，竟把办公大楼原来花费近2000万元的大门毁掉重新装修，此次装修又耗资近3000万巨款。对于众多的质疑声，该公路局局长说：“有人想陷害让我下台”。对于工程建设招投标，国家有严格的规定，工程建设包括新建、改建、扩建等，必须实行公开招标。但该局办公大楼大门此次装修却没有在建设行政主管部门办理施工许可证，也没有实施招投标，整个工程建设的成本预算和结算无人监管。近日，深圳市宝安区区委区政府决定，对区公路局领导班子做出调整，免去该区公路局局长、党委副书记职务，及该区公路局党委书记职务，另行安排工作。

在这一案例中，社会公众对深圳宝安区公路局违规建设工程的做法纷纷表示不满，认为这是一个腐败工程，并

把矛头直指该公路局局长。在这里，依靠公路局本身的监督力量来应对这样的系统失衡问题显然是力不从心的。如果没有外部监督力量的介入，这些在社会上造成恶劣影响的违法违纪行为将在系统内依然持续。久而久之，系统面对的不仅仅是巨额财产的浪费与流失，更是系统作风的腐化、人员思想的错位。在这种情况下，就需要纪检、监察、舆论等等外在的监督力量，通过采取一系列的制衡措施，来保障公路局等部门自身系统的良性运行。

总之，自然生态是一种系统的和谐结构，自然生态的理论化、抽象化和系统化产生了自然生态主义理论（自然生态学），文化生态学的产生是运用自然生态主义理论与方法的结果，交通廉政生态则是在交通廉政文化建设中，借鉴、吸收、运用自然生态学、文化生态学的理论与分析方法，在此基础上通过价值导向、制度建设、物质表达所形成的动态平衡的系统。

与自然生态一样，交通廉政生态系统的构建过程也是一个不断发展和完善的动态过程。我们相信，在交通廉政文化建设的推动下，通过内生态系统与外生态系统之间良性的平衡互动，交通廉政生态系统内在的价值含量、制度含量和技术含量会不断提高，从而形成有序、互动、平衡的交通廉政生态系统。

第七章　交通廉政文化建设的制度安排

在国家廉政制度建设的宏观指引下，交通廉政文化制度建设必须做到全面性、系统性。我们以“车轮”为类比，交通部门的权力和资金是“制度车轮”运转的轮轴；制度安排：领导制度、机构制度和程序制度建设是“制度车轮”的内胎；以国家廉政制度建设外环境为外胎，其内涵有二：一是选举民主、党内民主、协商民主、社会民主（舆论媒体的监督）等国家民主制度。二是分权制衡的权力制约机制，即分权、制约与平衡三大理念与制度。轮轴、内胎、外胎三者缺一不可，否则，“制度车轮”就会运转不灵，无法前进。同时，制度意识、制度合力、内外联动、齐抓共管又是“制度车轮”的润滑剂，能有效推动车轮的顺畅运转。交通廉政“制度车轮”文化解构图见图7-1。

制度建设基本目标是“紧盯权力，紧扎钱袋”；制度建设基本方法是“制度意识、制度合力、内外联动、齐抓共管”；制度建设的内部支撑是“领导制度，机构制度，程序制度”；制度建设的外部支撑是“民主与制衡”。

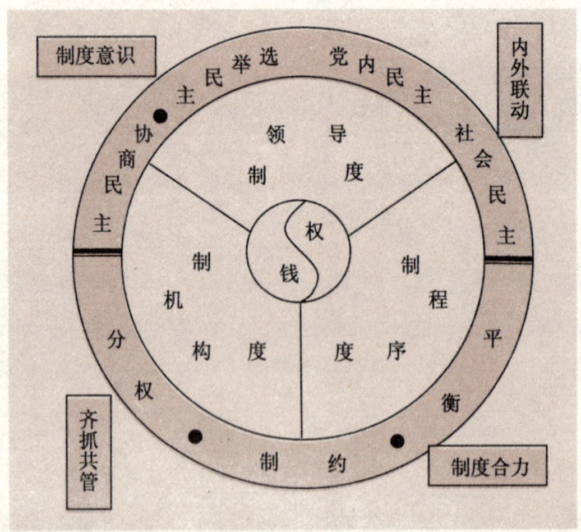

图7-1　“制度车轮”文化解构图

一、廉政文化与廉政制度的逻辑关联

腐败自古即有，而且势头不减，一个重要的方面就是腐败文化根深蒂固。摧垮腐败文化，构建廉政文化，必须寻找切入点和原动力。文化与制度的一致性、统一性决定了廉政文化建设需要制度的建构。无论从哪个角度来看，依靠制度以影响文化构建具有可行性和必要性。

（一）廉政文化与廉政制度的一致性与统一性

廉政文化与廉政制度，总体而言，两者相互依存，表现为两者之间的一致性与统一性：各种廉政制度是廉政文化的题中之义，廉政文化是确保廉政制度得以顺利贯彻执行的支持力量。一般来说，制度是用以调整个人之间以及特定组织内部成员之间关系的权威性行为规则（体系），通常具备强制性。作为一种文化现象，制度构成了任何个人的存在前提。文化的公共性在一定程度上决定和表征制度的社会性：公共的文化背景是制度在其中运行和展开的基本条件，制度借助于文化公共性而获得天然的合法性和社会性。更为重要的是，制度是文化的凝聚，制度本身就是文化中最能体现出公共性的一部分，而文化也界定着特定社会制度的内在意义、作用方式和作用机制。廉政文化与廉政制度的一致性与统一性具体体现在以下三个层面：

1. 文化理论的阐释层面

在廉政文化的分析中，几乎不可能完全脱离廉政制度问题。也就是说，制度是廉政文化分析的另外一个重要方面、层面。从廉政文化分析的角度讲，广义的廉政文化涵括精神的、制度的、物质的等等几个层面，并且，制度与精神、物质层面因素无法绝对分离。由于人们的行为通常会受权力观、金钱观等精神和物质因素支配，同时行为又表现为群体性、社会性，因此文化的精神层面必然会反映、萌发和形成习惯、规则或（法律）制度等制度层面的因素。一旦能够形成廉政制度，就能够使人的精神价值观（精神因素）通过廉政制度转化成物质成果，形成廉政文明现象。由此，廉政制度同时具备了文化的工具职能和目的职能：一方面廉政制度构成了人们行为的习惯和规范，另一方面也制约了或主导了廉政文化的发展或变迁。因此，廉政制度与廉政文化如此相互关系决定了进行廉政文化建设必须依托于廉政制度的建立、发展和创新，审视廉政文化的发展必须考虑其与制度层面的结合。

2. 制度理论的研究领域

首先，大多数学者在给制度下

定义时，都把文化作为制度的主要特征之一。制度作为一种人际交往的准则，源自于人类的各种历史的、社会的、经济的、政治的、文化的活动。制度是被人类活动创造的，而人类活动都要受到人们的价值观念、道德伦理、思想意识、风俗习惯的影响，没有文化的人类活动是不存在的，因而没有文化内涵的制度也是不可能有的。任何一种制度的产生和形成，无论是自生自发的，还是有意设计的，都可以认为是反映了某些文化的轨迹或文化的需求。从这些对制度的界定可以看出，制度是将过去的，或者是现在的、个别的，或者是分散的各种文化因素予以规范化、规则化、秩序化和社会化，以满足人们的政治、经济、社会活动以及其他各种活动的需要。所以，文化作为制度的一个方面、一个特征或者说一个要素，说明了制度的构成和结构。当我们关注廉政制度建设时，也就是体现着对廉政文化的追求。同理，当我们试图构建廉政文化之际，也必须看到、做到对制度的重视。

3. 廉政制度文化的重要概念

廉政制度文化的提法可以为廉政文化研究、制度研究，进而为廉政建设提供一个新的方法和思路。廉政制度文化假定廉政制度属于大廉政文化系统中的一个子系统，作为文化系统中的制度，不但其非正式制度，内在制度或由文化沉淀形成的规则与廉政文化有关，而且其正式制度、外在制度或设计的制度亦与廉政文化有关。在历史的或者现实的世界里，不存在没有文化背景或文化内涵的制度，因此廉政制度自然也是作为廉政文化而存在的。在反映文化演进的同时，制度同时在不断构建文化。英国著名的文化人类学家拉德克利夫·布朗在文化共时性的研究中，就把文化的统一体、社会结构、制度三者放在了一起。布朗认为，应该把文化看成一个整合系统，在这个整合系统中，文化的每一个因素扮演一个特定的角色，因此研究文化就是研究文化的整体结构。只有明确社会结构，才能真正找到构成这一结构的各个部分及其功能。布朗认为，社会结构是一个文化统一体中，人与人之间的关系。而人与人之间的关系是由制度支配的。人类社会结构的内容就是社会个体，其形式就是制度①。由此，布朗将文化与制度通过社会结构的中介内在地统一了起来。如果把文化看成一个无形的网络，制度文化就是网络的连接系统，而制度就是连接系统的联结点。人类所有的经济、政治、社会、生活的活动，正是通过无数的制度，形成制度文化的秩序系统，并将文化与制度联系起来。人们重视文化的目的，都必然隐含着对文化中制度的重视。

（二）交通廉政制度文化建设的基本要义

廉政文化与廉政制度的一致性与统一性不但是一个理论问题，更是一个涉及人类历史发展的问题。纵观历史，每一特定的地区、国家或民族的发展，都不可能脱离其文化与制度的基础。不仅如此，这种文化与制度在每一特定的地区、民族和国家中，都反映出高度的一致性和统一性。简单来看，在人类的历史上，每一特定地区的民族文化与国家制度，在一般情况下是基本一致和统一的。这就意味着廉政制度建设必须注重地区差异，制度建设应当充分契合文化环境，将廉政文化与廉政制度的一致性与统一性转化为具体的廉政建设事业，就是要用文化的思路开展廉政建设时，必须以制度为切入点，以制度为要点，进行系统、科学、全面可持续的制度建设，通过此廉政制度文化建设，最终形成廉政制度文化的局面。

廉政制度文化建设关键点、基本要义也就是处理好廉政制度与文化的基本关系：第一，廉政制度是廉政文化的重要组成部分，或者说，廉政制度本身就是一种制度文明、制度文化。广义的廉政文化涵括价值的、制度的、物质的等层面。第二，廉政制度需要廉政文化作为支撑。制度总是一定社会政治、经济、文化现实的反映，离开文化的土壤和滋润，制度就会变成“空中楼阁”。一方面，优秀的廉政文化成果可以通过执行者的认可或立法程序转化为制度。另一方面，当廉政文化与廉政制度在价值取向上趋于一致时，就能够促进该制度的完善，并保证廉政制度自觉遵守和执行；反之，就有可能阻碍制度的正常执行。第三，先进的制度有保护和促进先进文化发展的功能。廉政制度必须具备积极、合法、合理与科学的普世价值，并以此为基点、节点，构筑廉政制度文化，形成有效的廉政网络，进而促进最终意义上的廉政文化的整体实现[②]。

由此出发，我们认为，交通廉政制度文化建设的基本要义就是要把握以上廉政制度文化建设的一般原理，保证交通廉政制度文化既要符合和顺应交通领域的习惯和规范，又能够总结、吸纳过去的、现在的，个别的、分散的各种廉政因素，并予以规范化、规则化、秩序化和社会化，更需要系统看待交通廉政制度建设工程，体现大局观，注重交通领域中的管理机构、人和工程的互动改革和运行等。

① 参见夏建中：《文化人类学的理论》，中国人民大学出版社1997年版，第119页。

② 参见曾小华：《文化·制度与社会变革》，中国经济出版社2004年版，第235~236页。

二、交通廉政制度文化建设的案例分析

近年来，交通廉政制度文化建设在取得巨大成绩的同时，也存在不少问题。一个突出的表现就是交通行业厅级干部落马成了一个引人关注的现象，从1997年河南交通厅长的落马开始，已有新疆、贵州、四川、广东、广西、湖南、安徽、北京、江苏等十几个省市区的交通厅(局)长因贪污受贿等原因而被判刑。因此，在经济社会转型过程中，如果不能及时、有效、合理和积极地应对种种个案，不从中汲取经验，问题同样得不到解决，个案现象也将成为普遍现象，腐败即有可能成为社会反文化——腐败文化。

因此，进行交通廉政制度文化建设，就必须对交通行业持续不断的不正之风以及个别地方存在的腐败现象进行全面、清晰、理性和深入地剖析、解读，并借助逻辑推理和实证分析方法获得直观的经验，从中攫取重点和挖掘精髓，配合内部制度与外部制度的安排来达到标本兼治的目的，进而净化交通行风，树立社会主文化——廉政文化。

（一）案例分析方式之一：逻辑推理

应当注意的是，下面展开的逻辑推理局限于“当下的腐败”这一特定范畴：通过对近10年来交通行业已有案例的细节观察和分析，细致评阅许多交通领导干部落入法网后的“忏悔录”，在此基础上发现和归纳这些案件暴露出来的类似问题，比如，腐败分子的心理、平时表现等相同点。由此，逻辑推理得出的推测、结论具有较强的针对性和特殊性。

逻辑推理的具体步骤是：首先，对类似问题展开“可能性推测”；其次，分别对各种可能性进行筛选、分析，并给予“肯定”或“否定”的价值判断；最后，综合“肯定”性判断，将解决方式落脚于交通廉政的制度安排，提出防治腐败现象的相应办法。

1. 程序Ⅰ与程序Ⅱ：归纳案例同类问题，提出可能性推测

第一，几乎每个落马干部在任期间都强调过“必须加强党风廉政建设”、“必须惩治腐败”等廉政宣言。如河南省原交通厅厅长在任期间教育各级干部要廉洁自律，修筑防腐拒贪的铜墙铁壁，还提出了一个令人振奋的口号：“一个‘廉’字值千金。”安徽原交通厅长落马前甚至在《中国交通报》上发表署名文章，声称“要让腐败分子在交通系统无立足之地[①]”。

推测一：许多单位在开展廉政教育时，流于形式。

推测二：廉政教育切实充分，但

实际效果有限。

推测三：个别领导企图用假象蒙蔽民众，获取积极有利的舆论，逃避侦查。

第二，许多交通领导干部事后反省：内心在权衡贪念和党与国家教育的廉政观时，贪腐念头总是占上风。

同上述推测一和推测二。

第三，许多交通领导干部在忏悔时几乎都会反省“人情关”问题。原任湖南省交通厅副厅长，兼任省高速公路建设开发总公司副总经理马其伟，在其忏悔录中提到：“我的亲情观念太浓，为自己、家庭和家族的利益考虑得太多，发现亲属中有利用我的职权和职务影响捞取钱财的苗头时，没有用正确的亲情观和幸福观去教育他们，有的只是儿女情长，往往用感情代替原则。到头来，既害了自己，也害了亲属和家人[②]。”

推测四：领导权力被其亲属利用从事相关行业经营。

推测五：领导干部代表的“官”与市场主体代表的“商”之间相互勾结，建立“交情”。

第四，诸多案例表明，一旦领导干部思想腐化，产生贪欲，其腐败行为成为必然。

推测六：没有外部障碍（监督、制约制度等）。

推测七：有外部压力，但对该领导权力不能形成有效制约。

推测八：有外部压力，但是该压力因被同化，造成集体腐败。

推测九：有外部压力，但该压力因人情等原因不愿施加。

第五，纵观这些落马的交通领导干部，有大部分都是在任期内为当地交通建设事业作出了很大贡献。

推测十：个别领导视己为功臣，贪一点情理之中。

推测十一：企图在荣誉的光环下躲开反腐视野。

第六，现阶段交通行业出现的高官腐败案件，问题基本归于交通重大项目建设的违法乱纪，就交通职权范围而言，案由单一。

推测十二：与交通执法、交通规费征收等交通部门的其他职权相比，项目建设管理权涉及资金巨大，风险收益更大，值得一搏。

推测十三：其他职权涉及腐败标的额少，影响较小。

第七，多位落马的交通领导干部在事后“喊冤”，声称自己相对于行业内他人而言，其所作所为远不足以定罪量刑，至少不需要剥夺生命。

推测十四：“喊冤”是正常的情绪宣泄，不值一提。

推测十五：确实存在“冤情”——执法不公，确实存在偏私等司法腐败现象，是主观放纵。

推测十六：确实存在“冤情”——现有制度不完备，使得腐败行为的查处并不能疏而不漏，是客观不能。

2. 程序Ⅲ与程序Ⅳ：可能性分析及判断，并做小结

推测一：许多单位在开展廉政教育时，流于形式。

现阶段，主动学习和接受教育已经成为政府工作能力提升和品质培养的第一需要。但是，包括交通机关在内的许多政府部门存在干部职工学风不够端正，学习内容僵化等问题，表现为：被动学习的多，主动学习的少；蜻蜓点水的多，全面学习的少；机械学习的多，应用实践的少；形式教育报告会多，自发学习先进交流会少。民间更戏称少数干部“没事上上网，偶尔翻翻报，剩点时间作报告③”。最关键的问题在于：讲的和做的永远不一样。例如，新疆维吾尔自治区原副主席、原交通厅长阿曼·哈吉任高等级公路管理局局长时下工地检查工作，从来都是自己掏钱吃饭，还经常告诫下属：“不能和承包商吃吃喝喝，因为你吃的是工程质量！”阿曼同时也在各种场合强调：各级干部要提高廉政意识，绝不能让公路修上去、干部倒下来的问题发生，坚决杜绝工程建设上的腐败行为，确保工程质量。这些华丽的政治表态为阿曼·哈吉赢得了中国“最后几个还干净的交通厅长”的美名。然而，就在他当选新疆维吾尔自治区政府副主席仅仅9个月之后，却因涉嫌重大经济案件而落马。

在我们对交通系统领导层干部进行的问卷调查中，问到“您认为当前廉政文化建设方面存在的主要问题”时，28%的被调查对象认为廉政建设“只是形式上讲讲，没有实质性措施”。问到“当前交通廉政文化建设方面存在问题的主要原因”时，被调查对象认为是“形式主义的东西太多，缺乏实质性的，硬性的措施”，“形式重于内容，忙死具体工作人员，实际效果欠佳。”可见，现阶段廉政教育常常是应付性的面子工程，很少有为教育报告会进行前期调研和有针对性准备，不具备因人而异、因事而宜的积极教育态度。所以，推测一的可能性完全成立。

小结一：廉政教育、学习等活动必须经常举行，但前提是坚持理论联系实际，着眼于解决实际问题，避免学习教育的应急化、表面形式化，转变学习态度，主动参加学习廉政精神报告会。

推测二：廉政教育切实充分，但实际效果有限。

对此可能性推测进行推理分析的同时，一并解读上述归纳的第二个同类问题：“许多交通领导干部事后反省：内心在权衡贪念和党与国家教育的廉政观时，贪腐念头总是占上风。”假设各单位在开展廉政教育工作时是切实充分的，但如果这些廉政教育宣扬的价值观在当事人看来根本够不上道德评判的门槛时，也就是说，当事人不认为当他选择违法违纪是一种违背全社会公认的道德时，即使党和国家的教育再怎么花力气，其效果仍然不会明显。因为在社会整体道德缺失的情况下，当事人选择腐败就不会有道德上的束缚和压力。

推测三：个别领导企图用假象蒙蔽民众，获取积极有利的舆论，逃避侦查。

推测三完全基于以下的理论设想：由于现阶段政府信息公开制度仍然不是很完善，民众的知情权一定程度上受到限制。作为政府公务人员，其公职信息理应为公众所知晓。然而，《政府信息公开条例》刚由国务院颁布不久，政务公开制度建设才刚刚起步。我们有理由假设，在民众的知情权没有很好实现之前，官方媒体报道的政府机关开展廉政教育等活动，其实质意义容易受到置疑。毕竟，民众更直观地感受到的是公务人员的前“腐”后继，特别是交通行业近年来的表现更易导致民众的偏激。由此，我们认为，如果政务公开没有达到一定的预期状态，本条推测三假设依然成立。

小结二：国家必须重视政（事）务公开制度建设，否则花在廉政教育建设上的人力、财力和物力将不被民众承认，这显然是事倍功半的负效率努力。

推测四：领导权力被其亲属利用从事相关行业经营。

本条的推测基本上有现实的案例可循。例如，贵州省交通厅原厅长通过权力运作，成立一家实际上由他本人和他的儿子控制的公司。此后，父子二人或以公司的名义直接投标，或以其他公司名义投标，或者利用厅长的直接权力影响强行分包工程。由此，父子二人从该公司提走“好处费”、“中介费”等等达百万之多。此类情形在其他地方也发生过，个别落马的交通厅长在事后的忏悔录中对此有所反思：“发现亲属中有利用我的职权和职务影响捞取钱财的苗头时，没有用正确的亲情观和幸福观去教育他们，有的只是儿女情长，往往用感情代替原则。”因此，推测四成立。

小结三：必须端正权力主体自我约束观念，确立回避制度。一方面，在日常的廉政教育中应当对交通系统的领导干部灌输公平竞争这一市场基本伦理和道德规范，同时学习和领会国家反不正当竞争的相关法律法规精神。另一方面，着重对这类不正当竞争的情形进行立法规范，在适当时机制定或修改法律法规和相关规定，确立回避制度，如：交通部门领导（负责人）的亲属，或者与其有直接利害关系的他人，从事与该领导（负责人）职权相关联的营利性行为的，该领导（负责人）应当向相应监督机构汇报，并由该监督机构备案。

推测五：领导干部代表的“官”

与市场主体代表的“商”之间相互勾结，建立“交情”。

某些交通系统负责人落马后在庭审过程中多次强调，自己收钱是因为“太重感情”、“抹不开面子”。简单地将这种忏悔归结为这些当事人、负责人的托辞，认定为一种做秀，不利于最终解决腐败问题。中国是一个长期以来受儒家思想统治的国家，孔孟的“义利观”主张重义轻利，所谓“君子喻于义，小人喻于利”，提倡“舍生取义”、“以义制利”，反对“见利忘义”，这种义利观是通过对人所应该遵循的道德理念的理性思考而得出的理性的、普遍的、抽象的道德观念。而这种本质上属于积极的、值得提倡的社会道德，却更容易发展成一种负面的、应当否定的观念：形成以情感和利益关系为基础的“伪义利观”，习惯于将“自己”以外的、情感上认同的、利己的他人，通过情感纽带或以利益关系为基础结成相对独立的“小团体”，在这种“小团体”内部，往往“义”大于“利”，彼此亲如兄弟，具有“协作精神”。具体表现为：在日常交往中，尤其是在酒桌上往往好拉关系、认兄弟，最习惯的称呼是“兄弟”、“大哥”、“哥们儿”、“姐们儿”，常说的一句话是“咱哥们儿，有啥说的”；对内重“哥们义气”，“为朋友两肋插刀”，推崇“大碗喝酒，大块分金”的豪气，强调“受人滴水之恩，当以涌泉相报”的义气。因此，受这种“伪义利观”支配、因重“情义”而落马，这种现象也就不足为奇。因此，推测五也成立。

小结四：交通廉政制度文化建设还必须在价值观上，在非正式制度中进行有针对性的教育和防范，树立干部队伍正确的世界观、人生观、价值观、权利观、地位观、政绩观与利益观，避免歪曲和实践不当的人生价值。

推测六：没有外部障碍（监督、制约制度等）。

推测七：有外部压力，但对该领导权力不能形成有效制约。

推测八：有外部压力，但是该压力因被同化，造成集体腐败。

推测九：有外部压力，但该压力因人情等原因不愿施加。

以上四点推测主要涉及现阶段，国家对于交通部门领导人的权力是否有实际的制度制约？如果有，为何不起作用？

首先，暂且不论监督和制约的制度是否完善，至少这种对领导权力的制约是肯定存在的。交通部为此制定了大量部门规章，如《公路工程施工招标投标管理办法》、《公路建设监督管理办法》、《公路工程施工监理招标投标管理办法》、《交通建设项目审计实施办法》、《交通行业内部控制制度评审办法》等，对项目建设各个环节都有一定程度的规范，具体到各地区又有相对具体的各项禁令等等。因此，推测六的假设显然是不成立的。

那么，现有制度提供的约束力是否有效地制约权力就显得极为关键。我们以为，制度的落实和执行的关键在制度责任环节，制度责任关键靠监督来实现，而现有法律、法规、规章等正式制度对于监督制度的设计较为务虚，对相关单位和部门落实相应监督制度不具有强制力，自由选择的余地较大。例如，交通部《公路建设监督管理办法》第二十四条规定："县级以上人民政府交通主管部门可聘请社会监督员对公路建设活动和工程质量进行监督。"在实践中，往往是纪检监察机关，特别是纪委的监督作用更有效。然而，在个别地方，纪检监察机构成员要么本来即属于本系统、本部门，要么受到交通部门利益的牵制而与相关领导形成默契，致使纪委工作的着力点过于偏向特定的人，而非具体的权和钱，这就容易造成监督的非制度性与主观性，同样导致监督权行使的选择性。

另外，在问卷调查中问及"现阶段交通部门的纪检监察、审计等部门对领导人的监督是否有效"时，58%的被调查对象认为现阶段交通部门的纪检监察、审计等部门对领导人的监督基本有效，也有31%的被调查对象认为基本无效（图7-2）。这从一个侧面证实推测六的假设不当。而推测七应当是不确切的，原因是形成的压力往往能成为权钱交易的筹码，如监督主体与贪腐主体之间形成权力滥用的默契。反之，推测八、推测九的假设成立。

小结五：一方面，权力监督的有效机构过于单一，主要借助于纪检机构，这在我们的问卷调查统计中得以证实，见图7-2、图7-3。同时，权力的监

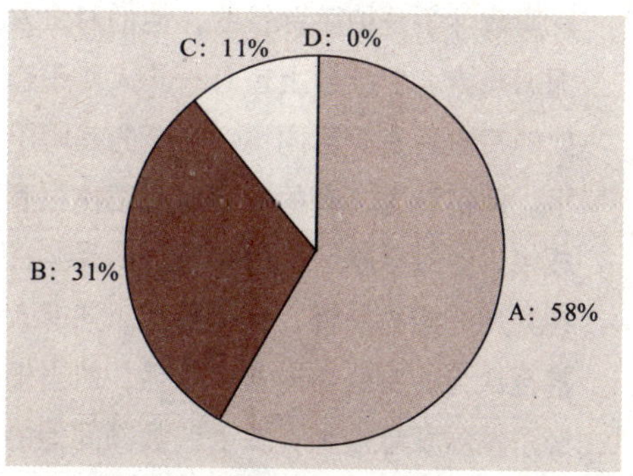

图7-2　监督效果问卷调查统计图
问题："现阶段交通部门的纪检监察、审计等部门对领导人的监督是否有效？"
A.基本有效；B.基本无效；C.必须通过外部监督或上级监督；D.不清楚。

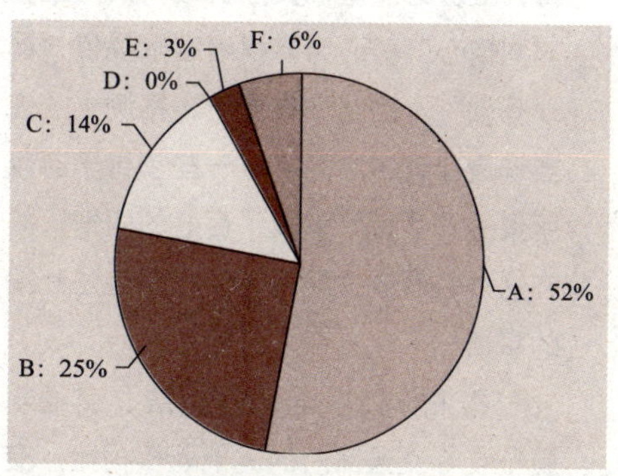

图7-3　监督部门比较问卷调查统计图
问题："现阶段交通部门内部哪个机构监督效果相对最好？"
A.纪委；B.审计；C.行政监察；D.其他部门；E.不清楚；F.无效。

督形式不够公开和透明，监督对象在于人而非在于钱与权，导致监督权的行使过于主观。

推测十：个别领导视己为功臣，贪一点情理之中。

推测十一：企图在荣誉的光环下躲开反腐视野。

老百姓对国家查处贪官，对开展反腐败斗争是拍手称快的，他们对贪官深恶痛绝。但社会上也有一些人对于查处的某些贪官表示同情，甚至为其鸣不平。他们认为，有的贪官过去工作很有成绩，做过贡献，有的多次立功受奖，在判刑时应当从轻、减轻处罚。还有人甚至认为，有的贪官能力很强，对当地经济发展贡献很大，其受贿数额同他的贡献相比算不了什么，至少应当功过相抵。长期以来，无规则意识和非法治传统孕育出如此的“同情心”显然不足为奇，但也必须重视其危害性，因为这种“同情心”势必为掌权者腐败提供“群众基础”。由此，推测十、推测十一应当说是合理的。确实有一些领导干部以所谓的“功劳”骗取了百姓的同情，并在这种心理的支配下干了一些违法乱纪的事情。

推测十二：与交通执法、交通规费征收等交通部门的其他职权相比，交通项目建设管理职权涉及资金巨大，风险收益更大，值得一搏。

推测十三：其他职权涉及腐败标的额少，影响较小。

现阶段，交通行业暴露出的案件基本发生在交通重大工程项目的建设上，这是由我们国家现实决定的。国家正在飞速发展，城市化进程如火如荼，基础设施建设耗费资金每年占财政很大的比例，巨额资金的诱惑必然导致腐败的可能。然而，长远来看，国家的发展曲线必然是由陡峭转而平缓，城市化任务逐渐完成之后对城市的维护、管理是未来国家发展的重点，也是资金的主要流向。就交通道路而言，按照国际惯例，建成后道路年度养护成本的标准为公路资产价值的2.5%。因此，必须看到，现阶段交通行业贪腐案件集中在交通重大工程项目的建设领域只是阶段性体现。随着经济社会的发展，交通行业工作重点转移到管理阶段时，同样孕育着腐败的危机。所以，推测十二相对合理，推测十三的说法是不合理的。

小结六：一方面，交通行业建设领域内还存在腐败空间，必须予以重视，需要从制度建设到宣传教育予以根治。另一方面，必须清醒地意识到，交通项目建设阶段集中性的腐败应当是暂时性的，不能将廉政建设视野仅仅局限这一环节。从制度到教育的廉政措施同样要深入到项目后期的维护、运行、管理等阶段，防患于未然。

推测十四：“喊冤”是正常的情绪宣泄，不值一提。

推测十五：确实存在“冤情”——执法不公，确实存在偏私等司法腐败现象，是主观放纵。

推测十六：确实存在“冤情”——现有制度不完备，使得腐败行为的查处并不能疏而不漏，是客观不能。

对于落马交通官员的“喊冤”现象，我们的态度应当与对待上文提及的领导干部的“人情关”相一致。因此，推测十四的假设不应提倡，必须否定。

那么，推测十五与推测十六两个推论哪个更合理，是主观放纵还是客观不能？对于推测十五，似乎并不能找到直接的正面或反面例子，但可以有间接的事实证明：检察干部的腐败。作为检察部门的领导干部，权力监督的重要力量和主要力量，其腐败从侧面说明现阶段在执法环节或多或少还是存在损公肥私等执法不公、执法不力情形的，这当然与我们国家法治建设起步晚有一定关系，权力制约、法治意识尚在逐步提高过程中。推测十六的假设也应当是合理的，上文对同类问题第四点（诸多案例表明，一旦领导干部思想腐化，产生贪欲，其腐败行为即达目的）的可能性分析一定程度上反映了我们国家在廉政制度建设方面尚存缺憾。在问卷调查中，我们设计了这样一个问题：“您认为现阶段交通廉政建设欠缺的是：A.制度建设；B.道德建设；C.制度建设，辅之道德建设；D.道德建设，辅之制度建设”。调查结果显示：75%的被调查对象都认为现阶段交通廉政建设需要“制度建设，辅之道德建设”，而19%的被调查对象认为欠缺“制度建设”（图7-4）。由此，我们认为推测十六的假设还是能够成立的。

小结七：应该看到，现阶段交通系统暴露出来的贪腐案件只能说是典型案例，还有一部分腐败行为逃脱了廉政建设视野。对此，一方面，应当努力确保纪检监察和执法、司法机关做到依法办案、不徇私枉法、严格依法办事，不仅要不违法，而且要做到积极维护国家制度权威，主动监督和阻止腐败行为。另一方面，应当努力实现制度的完善，最大限度地限制和制约权力的滥用。

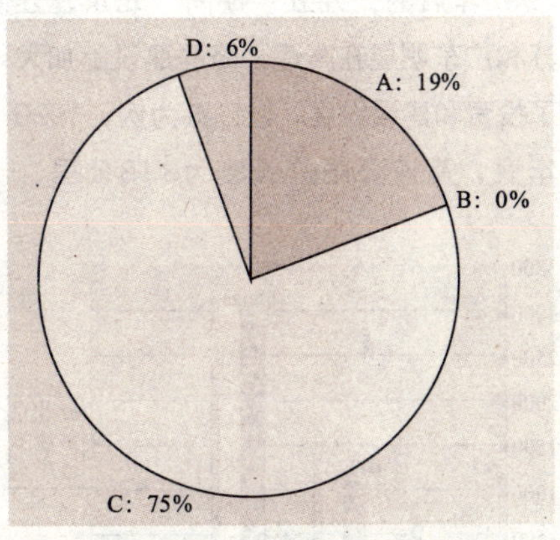

图7-4　制度建设问卷调查统计图
问题：“您认为现阶段交通廉政建设欠缺的是：”
A.制度建设；B.道德建设；C.制度建设，辅之道德建设；D.道德建设，辅之制度建设。

（二）案例分析方式之二：数据分析

上文对案例的逻辑推理分析方式可以说是一种立足于交通系统内部对腐败的分析和审视，为追求案例分析的科学性和全面性，还应当拓宽视野，放眼交通行业发展的整体概况和国家背景，通过实证数据来审视交通腐败是否存有外部客观因素。如果存在，是什么。

以下选取了三组图表：第一组是北京、江苏、广东高速公路建设发展图，对应的是三地区厅级干部落马的时间表；第二组是贵州省高速、一级、二级公路建设发展情况图；第三组三张图分别是新疆维吾尔自治区等级路、一级公路和等外路建设发展情况图。

首先，从图7-5中可以看出，在1996年后的“九五”期间，北京、江苏和广东明显在高速公路的建设上加大了投资和建设力度。以江苏为例，1996年底，高速公路总长度为318公里，到2000年末增长为1090公里，增长了242.77%。“十五”最后一年的2005年，这个数字变为2886公里，同比增长了164.77%。而另据2001年和2006年的《中国国家统计年鉴》数据显示，2005年，江苏等级路总长为74958公里，这个数字在2000年底时为26564公里，“十五”期间增长了182.18%。同样，从图7-5中可以看出，北京、广东“十五”期间高速公路长度增幅很大，这从另一个方面说明，“十五”期间，北京、江苏、广东在高速公路的投资建设上花费了大量的资金。

与上述公路发展相对应的是，我国“十五”发展期间，在耗费巨资建设高速公路的同时，交通行业许多要员被卷入腐败的案件中。因此，从现有情况来看，个别地方的交通腐败程度与当地的公路建设发展规模、资金投入成正相关。

同样，从图7-6中可以看出，贵州省在“十五”期间公路建设发展迅猛，尤其是二级公路建设，“十五”期间增

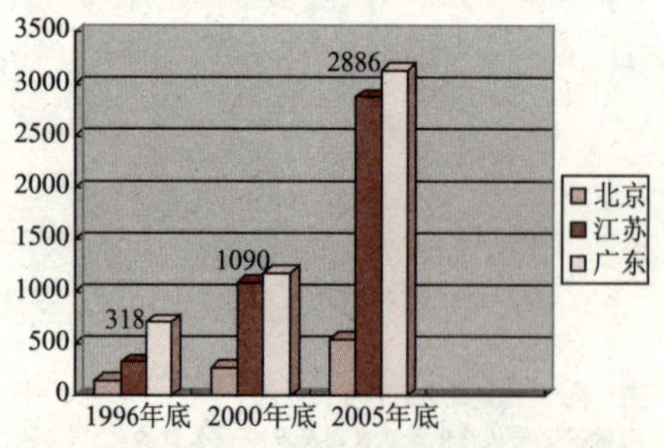

图7-5 北京、江苏、广东高速公路建设发展[4]（单位：公里）

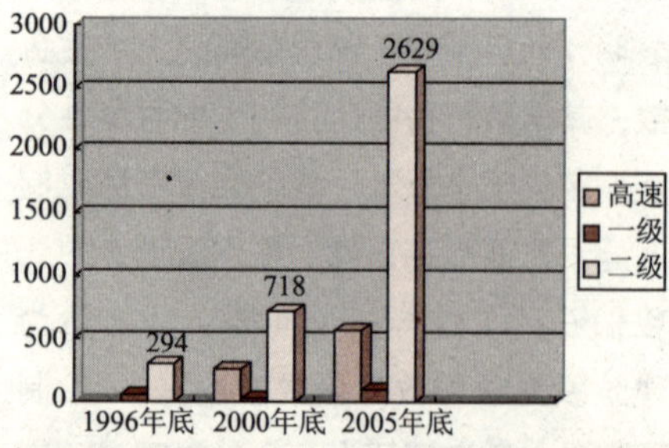

图7-6 贵州省高速、一级、二级公路建设发展[5]（单位：公里）

幅达到了惊人的266.16%，而贵州省交通厅长也在“十五”期间的2004年5月被查处判刑。

同样的情况也发生在新疆。2000年后，新疆公路建设高速发展，与此同时，2003年，曾任新疆交通厅高等级公路管理局局长、交通厅厅长的自治区政府副主席阿曼·哈吉，因涉嫌重大经济案件被“双规”，2004年10月，阿曼·哈吉因严重违纪被开除党籍。鉴于其行为已涉嫌犯罪，阿曼·哈吉已被移送司法机关依法处理。

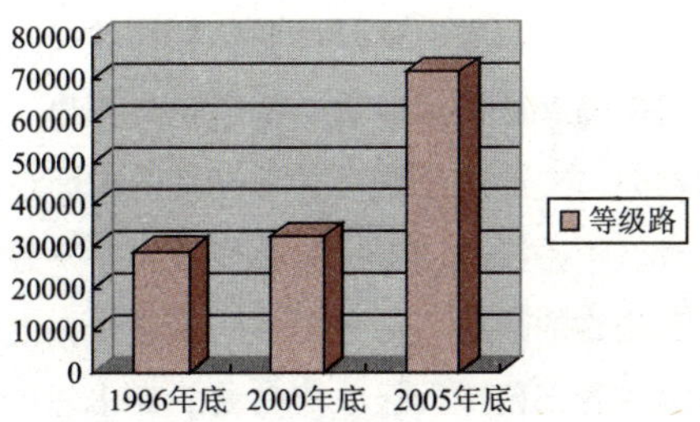

图7-7　新疆维吾尔自治区等级路建设发展（单位：公里）

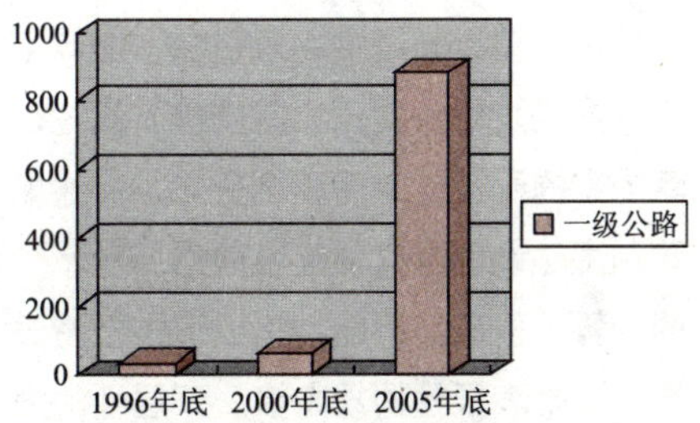

图7-8　新疆维吾尔自治区一级公路建设发展（单位：公里）

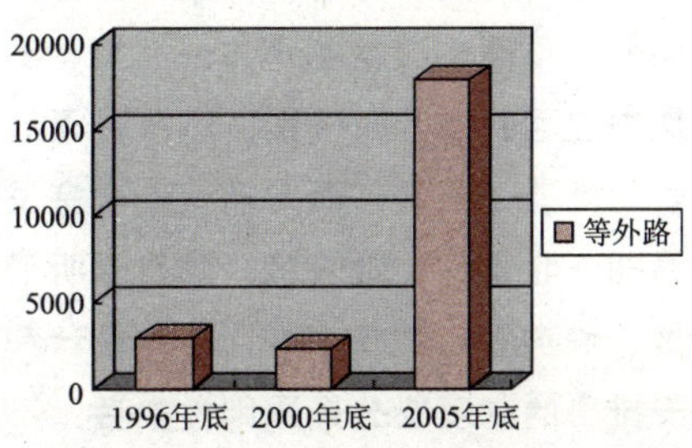

图7-9　新疆维吾尔自治区等外路建设发展（单位：公里）

从图7-7、图7-8、图7-9提供的数据及其反映的问题直接说明在现阶段，交通行业发展客观上处在投资比重大的国家宏观战略背景中，财政支出比重高，资金流量大。巨额的资金投入使全国各省、自治区、直辖市好办事，大搞交通基础设施建设，为民众办好事。但同时，由于制度缺失或制度疲软，加上缺乏道德约束，这也更容易导致个别握有实权的领导办坏事，交通部门的努力也因此毁于一旦或功效大减。人类贪婪的劣根性势必在巨大的金钱诱惑下爆发，现实的物质利益诱惑靠纯粹的道德品质实在难以抵挡。对此，以往的廉政建设主要表现为两种思路，一方面，大力呼吁和加强对领导干部的素质建设；另一方面，针对领导专门设置具体的制度规范。客观事实证明，仅在表面盯住领导干部的廉政建设思路已经失效和落后。一切恶的源头在于钱，资金的运转是不会停滞的，特别是交通项目建设的专项资金，交通系统廉政文化制度建设只有将重点落到对钱袋子的看管上，辅以相关思想道德建设，才能符合现阶段交通行业发展的客观现实要求。

通过上述逻辑推理和实证分析，

我们以为，有必要从中归纳和提炼现阶段交通廉政制度建设上的缺陷与不足。

首先，交通廉政制度建设在某些方面还存在不系统的状况。总体表现为：一是突击性的规定多，全面性的规定少，上级主管部门或同级政府布置的突击任务较多（如抓招投标等），但对于整个工程的源头治腐工作安排较少。二是临时性的规定多，长期性的规定少，廉政工作往往成阶段性任务，其持续时间往往随国家的政策倾向而发生变化，交通廉政制度建设也就只能是临时性、应急性的短暂工程，而不能持之以恒地坚持进行。三是表层性的规定多，深层性的规定少，廉政制度建设缺乏科学的实证基础，不肯或不愿前往交通具体部门调研：不想去欠发达地方——穷，不愿去边远的地方——累，不敢去矛盾多的地方——烦，而习惯在办公室发通知、收邮件、做决策，满足于听汇报、看典型、批文件[6]。这样设计和安排出的制度要么是原则性空话、不具有可操作性，要么容易产生制度断裂，与交通系统的实际部门权力运行相冲突。其次，交通廉政制度建设不协调。交通行业的特点就是点多、线长、面广，摊子大，而现阶段：一是制度约束偏向于建设领域，很少关注交通管理、运行等后期维护。二是路桥工程抓得多，港站等工程抓得少。三是城市重点工程关注多，农村等小项目工程抓得少。城镇交通大项目工程资金、人员等要素集中，管理相对简单。尽管农村中小项目受到老百姓关注最多、影响更大，但由于监督成本远远大于查处腐败后可能挽回的利益，因此，对这些项目的监管往往无人问津。最后，交通廉政制度建设缺乏整体性。制度的整体性是制度取得成效的前提和基础，但长期以来，交通廉政制度建设在某些方面缺乏整体性，突出表现在：一是监督方式缺乏整体性。对交通部门权力的监督应当是多元并行的，党政各部门的监督应当与群众监督、社会舆论等监督有机结合。但事实上，对交通部门公权力监督形式往往比较单一，过分依赖纪委与监察机关等党政监督机构的内部监督，群众和媒体的外部监督不到位，民主意见采纳与否不够透明。二是交通廉政制度建设应更多地利用整个国家的廉政制度资源。近年来，交通系统的廉政制度建设成效可观，交通部门各级领导干部，特别是领导班子“一把手”权力越来越受到制度的约束。同时，从选拔到考核，领导干部和职工队伍素质建设得到强化。然而，整个国家的廉政文化建设应当是一盘棋，交通系统在建立和完善其内部廉政制度的同时，应当更多地利用国家廉政制度资源，尤其注意做好内部惩处和外部公开裁判处罚制度的衔接，依靠公开透明的司法惩戒机制等威慑力实现不敢腐败、不愿腐败、不能腐败。

① 王兴尧：《贯彻"七一"讲话，推进交通事业发展》，载《中国交通报》2001年8月20日。

② 经纬整理：《亲情把我绊倒在高速公路上》，载《检察日报》2003年10月28日。

③ 此一归纳出自江苏省人事厅政策法规处李志宇副处长于2007年4月在中共江苏省委党校"学员论坛"上的发言：《关注民生与转变机关作风》。

④《中国国家统计年鉴（1996）》记载的"各地区运输线路长度（1995年底）"中对公路的分类与之后（1997年起）不一致，因此，这里采用公路分类前后一致的《中国国家统计年鉴（1997）》的数据作为起始数据。1996年统计年鉴中，将公路分为：有路面公路（paved）和无路面公路（non-paved）两类。有路面的公路又分为：高级、次高级公路，中级公路和低级公路。自1997年始，国家统计年鉴出现的对公路的分法一致变更为：等级路（express-way and class I to highway）与等外路（highway below class Ⅳ）。等级路包括高速、一级和二级等。

⑤《中国国家统计年鉴（1997）》中没有贵州省高速公路的统计数据。

⑥ 此归纳出自江苏省人事厅政策法规处李志宇副处长于2007年4月在中共江苏省委党校"学员论坛"上的发言：《关注民生与转变机关作风》。

三、交通廉政制度文化建设的基本原则

通过对交通现实案例的推理和实证分析，我们认为，进行交通廉政制度文化建设首先应当保证与整个国家的廉政制度建设同步进行。同时，应当点亮"钱"与"权"的警灯，围绕"钱"与"权"进行制度安排。需要注意的是，我们这里提倡的"盯权、盯钱"并非指制度安排的对象不是交通部门的领导和职工，而是强调制度建设的立足点在于钱和权，以突出我们进行制度文化建设是因权建制、因钱定规。交通部门的领导和职工等是制度的规范对象，也是贯彻和落实交通廉政制度的起点和归宿，这一基本特性是无法变更和无法动摇的，同时也是交通廉政制度文化建设过程中一以贯之的原则。

（一）交通廉政制度文化建设必须与国家廉政制度建设同步推进

交通廉政制度文化建设必须首先关注和熟悉国家在廉政制度建设方面的整体制度，因为"行政系统的整体活动作为建立在分散的基层活动之上的行动，实际上是基于行政组织对外制度进行内部分解、细化，并在内部分解、细化基础上开展具体的行政行

为的总和[①]。”

因此，我们必须认清交通廉政制度文化建设与国家廉政制度建设的内在联系：一方面，交通廉政制度文化建设是国家廉政文化建设中的一环，在具体的交通内部制度建设上体现为对国家廉政制度的具体化，是对一个国家整体性廉政制度进行的细化和分解。国家廉政制度的建设和进步是交通廉政制度文化建设的大环境、大背景、大方向，抓交通廉政制度文化建设就必须系统贯彻和落实国家的整体廉政制度，将国家廉政制度分解和细化为交通系统的领导制度、机构设置制度、程序制度等具体可行的制度。另一方面，卓有成效的交通廉政制度文化建设能为国家的廉政建设积累积极经验，进而反过来推动国家在全局意义上的廉政制度构建，为整个中国廉洁、清明的大国形象打下制度基础，也为实现和谐社会提供稳定的政治因素。总之，交通廉政制度文化建设既不能离开国家廉政制度建设另搞一套，又必须发挥积极性、主动性和创造性，以丰富国家廉政制度建设的形式和内容。

古往今来，世界上一切政治国家，无论其民主法制如何完善，都会深受腐败的困扰，原因在于国家公权力是滋生腐败的温床，权力的永久存在使得腐败与其相伴相随。而一国政府的廉洁程度直接关系到政府在人民群众中的形象，关系到公共权力的合法性，关系到政府的行政能力。因此，世界各国均通过不同形式、不同策略进行廉政建设，打击腐败。总体来看，规制国家公权力、防止权力肆意滥用已经成为各国遏制腐败的共识模式，这一途径的选择又与我们国家提出“标本兼治”、“从源头上防止腐败”形成共鸣。

综合现代政治文明国家对公权力制约、制衡的经验和有效途径来看，反腐败体制中的“本”就是民主，反腐败体制中的“标”就是制衡[②]。

1. 民主：反腐败体制中的“本”

应该看到，腐败已经成为中国的政治性瘟疫，腐败分子占有相当大的比例。从20世纪80年代以来，虽然先后掀起了几次反腐败斗争的高潮，其力度一次比一次大，揪出的大老虎也越来越多，但反腐败斗争的形势日益严峻，人民群众对反腐败斗争的效果仍然很不满意，从制度分析的角度来看，有许多教训值得汲取。其中，最基本的教训是不能简单地将腐败归结为旧时代的残留或缺乏道德教育的深厚基础，而应该在民主的基础上，依法惩治腐败。新中国成立后，中国共产党对反腐败的认识经历了一个漫长的过程，这集中表现在中国共产党的历次政治报告中。据统计，从八大到十二大的历次政治报告都没有提到“腐败”一词。自十三大第一次实事求是地承认“腐败”后，情况发生了变化。主要表现在：第一，对腐败后果的描述一次比一次严重。十三大政治报告7次提到“腐败”，指出“对不少环节上不同程度存在着的官僚主义和腐败现象，全党同志和广大群众是很不满意的。”但十三大政治报告对腐败后果的描述还比较轻微：“在改革开放的过程中，党内反对腐败的斗争是不可避免的。如果容忍腐败分子留在党内，就会使整个党衰败。”十四大政治报告5次提到“腐败”，指出“腐败分子危害党和人民”。十五大政治报告9次提到“腐败”，对腐败后果的描述已相当严厉：“反对腐败是关系党和国家生死存亡的严重政治斗争”，“如果腐败得不到有效惩治，党就会丧失人民群众的信任和支持。”十六大政治报告15次提到“腐败”，对腐败的认识也提高到了前所未有的程度：“不坚决惩治腐败，党同人民群众的血肉联系就会受到严重损害，党的执政地位就有丧失的危险，党就有可能走向自我毁灭。”十七大报告11次提到“腐败”，但提及“腐”的次数为18次，与十六大的19次基本持平（表7-1）。同时，首次斩钉截铁地提出“党同各种消极腐败现象是水火不相容的”。这说明，我国的反腐倡廉建设取得了一定成效，但反腐倡廉的态度更为坚定。

当然，这并不是说腐败是改革开放后才出现的“新生事物”，而只是强调腐败现在开始表面化了，同时随着政治公开性的发展，人民对腐败的关注程度提高了，党也开始意识到再不反腐败就有可能跳不出“历史周期率”。第二，逐步形成了反腐败体制的整体框架。十四大政治报告指出：“廉政建设要靠教育，更要靠法制。”这是党建立反腐败体制的雏形。十五大政治报告第一次提出“标本兼治”，明确提出“教育是基础，法制是保证，监督是

关键词“腐败”与“腐”在七大至十七大报告中的出现次数统计（单位：次）

表7-1

关键词＼党代会	八大	九大	十大	十一大	十二大	十三大	十四大	十五大	十六大	十七大
腐败	0	0	0	0	0	7	5	9	15	11
腐	0	0	0	0	7	11	6	14	19	18

关键”，这标志着党的反腐败体制初步形成。十六大、十七大报告均明确阐述了“标本兼治、综合治理”的方针，强调逐步加大治本的力度，“加强教育，发展民主，健全法制，强化监督，创新体制”，从源头上预防和解决腐败问题。其中，十七大报告更是提出“在坚决惩治腐败的同时，更加注重治本，更加注重预防，更加注重制度建设[③]”。与十五大政治报告相比，十六大、十七大报告增加了“发展民主”、“创新体制”等内容，这标志着党的反腐败体制最终形成。

腐败就是权力失控。当权力的产生、运作和消灭不是奠定于民主和法制的基础之上时，腐败就产生了。反腐败不能治标不治本。如果反腐败只是满足于作出各种禁止性规定并对“触电者”加以惩办，就有可能出现腐败分子前“腐”后继、老虎越打越多的局面。正是在这种意义上，十六大、十七大报告在强调“标本兼治”的同时正确地在反腐败体制中增加了“发展民主”的内容：民主是反腐败体制中的“本”。对此，毛泽东有非常精辟的论述。

1945年7月4日下午，毛泽东专门邀请黄炎培等人到他家里做客。整整长谈了一个下午。毛泽东问黄炎培，来延安考察了几天有什么感想？黄炎培坦率地说：“我生60多年，耳闻的不说，所亲眼看到的，真所谓‘其兴也勃焉，其亡也忽焉’。一人、一家、一团体、一地方乃至一国，不少单位都没能跳出这周期率的支配力。大凡初时聚精会神，没有一事不用心，没有一人不卖力，也许那时艰难困苦，只有从万死中觅取一生。继而环境渐渐好转了，精神也渐渐放下了。有的因为历时长久，自然地惰性发作，由少数演为多数，到风气养成，虽有大力，无法扭转，并且无法补救。也有因为区域一步步扩大了，它的扩大，有的出于自然发展；有的为功业欲所驱使，强求发展，到干部人才渐渐竭蹶，艰于应付的时候，又环境倒越加复杂起来了，控制力不免薄弱了。一部历史，‘政怠宦成’的也有，‘人亡政息’的也有，‘求荣取辱’的也有。总之，没有能跳出这个周期率。中共诸君从过去到现在，我略略了解的，就是希望找出一条新路，来跳出这个周期率的支配。”黄炎培这一席耿耿诤言，掷地有声。毛泽东高兴地答道：“我们已经找到了新路，我们能跳出这周期率。这条新路，就是民主。只有让人民来监督政府，政府才不敢松懈；只有人人起来负责，才不会人亡政息。”

毛泽东的这番话，至今仍是至理名言。在我国，一切国家机关及其工作人员都必须受到人民的监督，依法行使权力，不得失职或越权，更不能滥用权力。虽然国家权力的所有者和使用者实际上处于“分离”状态，但是权力使用者不应忘记其权力最终来自人民的委托。

在现阶段的中国，民主的形式主要有5种：以人大为主要表现形式的选举民主，以政协为主要表现形式的协商民主，以党内民主集中制为主要表现形式的党内民主，以媒体监督为主要表现形式的社会民主，以村民自治、居民自治为主要表现形式的自治民主（对于交通廉政制度文化建设而言，更为重要的是前4种民主）。将这5种民主落实好，才能从根本上解决中国的腐败问题，也才能真正为交通廉政文化建设提供良好的环境。

2. 制衡：反腐败体制中的“标”

权力是一种恶，要防止腐败、控制权力的无限膨胀就必须分权制衡，即以权力制约权力。我们总是将分权制衡视为资产阶级的统治方法。实际上，它们只是资产阶级用来保护其利益的手段而已。长期以来，我们把目的和手段搞混淆了。我们总以为市场经济是资本主义的目的，计划经济是社会主义的目的，后来才发现，这些都只是解放生产力、发展生产力的手段而已。分权制衡的真正意义在于：一个国家机关行使一项国家权力，但必须同时受到其他两个国家机关的监督与制约。可见，分权制衡有利于通过日常职能的分工和相互牵制，防止专横和腐败。它并不是资产阶级的专利，而是全人类共同的法律文化成果。例如，我们都认为中国国有企业的改革方向是现代公司制，因为现代公司制是民主企业。之所以说它是民主企业，是因为根据《公司法》的规定，现代公司制的法人治理结构是“新三会”：股东（大）会是公司的决策机构，董事会是公司的执行机构，监事会是公司的监督机构。可见，《公司法》所规定的法人治理结构体现了以权力制约权力这一最基本的监督原理④。

因此，分权制衡是解决权力腐败的最有效的制度办法。分权制衡原则包括三层含义：首先是分权。主要包括人民和政府的分权、国家机关之间的分权（包括横向的分权和纵向的分权）。其次是制约。通过国家权力内部的相互制约以防止权力的滥用和腐败。简单地说，就是权力不能集中在任何一个人或一个部门之手，控制的主要办法是使每个部门都在别的部门中发挥一定作用，有能力延缓甚至阻止其他部门的不良行为，并使人民保留最终的裁决权，从而使权利制约权力、权力制约权力。最后是平衡。制约本身不是全部，分权制衡的精神在于平衡。使权力为公众福利和正义的目的有效行使其管理职能，同时又保持对权力的优良控制，实现公共权力与公民权利的平衡，管理与控权的动态平衡，这是分权和制约的归宿。

具体而言，一方面，从权力的性质上来看，应当将国家的各种权力相互分离、分立。“同一主体，既是立法者，又是执法者、司法者，其结果就是如孟德斯鸠所警告的：同一个机关，既是法律的执行者，又享有立法者的全部权力，它可以用它的一般意志去蹂躏全国；因为它还有司法权，它又可以用它的个别意志去毁灭每一个公民。⑤”因此，我国的廉政制度建设必须重视人大权力和司法权力对政府行政权力的约束和控制。我国宪法明确规定：“全国人民代表大会和地方各级人民代表大会都由民主选举产生，对人民负责，受人民监督。”“国家行政机关、审判机关、检察机关都由人民代表大会产生，对它负责，受它监督。”全国人大和地方各级人大作为我国的最高权力机关，一切国家机关及其工作人员都必须受到人大的监督，依法行使权力，不得失职或越权，更不能滥用权力。随着中国民主政治的发展，人大的监督形式将会越来越真、越来越多、越来越重要⑥。同时，《中华人民共和国各级人民代表大会常务委员会监督法》明确规定，人大常委会监督的重点，要紧紧抓住关系改革发展稳定大局和群众切身利益、社会普遍关注的问题。人大常委会监督的主要形式是每年有计划地选择若干重大问题，听取和审议“一府两院”的专项工作报告。《监督法》明确了专项工作报告议题确定的六个途径，比如人大代表反映集中的问题、常委委员反映集中的问题、人民来信来访反映集中的问题等。贯彻和完善这些监督制约方式，就能有效形成人大及其常委会对政府行政权的制约。另外，司法权控制行政权也是一种权力控制权力的思路，在现今行政权日益扩张的情况下，较立法权控制行政权而言，司法权凸显其优势地位。通过司法权的事后控制，防止出现行政权越权、违法等权力滥用现象，更重要的是，为“利益受损人”提供了权利救济的最后途径。通过改革司法体制，用公正、平等、独立的司法理念监督和制约行政权力的行使，必将有效遏制政府滥用权力，让贪腐者心有余悸。

另一方面，从权力主体角度看，不同性质的权力内部也必须注重权力分立。权力既不能集中于一个人、一个群体，也不得集中于单个国家机构，廉政制度建设尤其要重视行政内部权力的制衡。例如，出纳与会计分开，罚款的决定与执行分开，人事权、财权等重大权力分开。

十七大报告指出，“要坚持用制度管权、管事、管人，建立健全决策权、执行权、监督权既相互制约又相互协调的权力结构和运行机制。健全组织法制和程序规则，保证国家机关按照法定权限和程序行使权力、履行职责。⑦”这为我国的交通廉政制度文化建设指明了方向：应当注重权力制衡这一腐败治理的治标之策。

（二）树立“盯权、盯钱”的理念

1. 盯“钱”，逐渐生成对“钱”的敏感度和警惕性

随着交通事业的飞速发展，政府每年都要投入巨大的资金进行道路建设。以江苏为例，据国家统计局资料统计，2005年4月至11月，《交通固定资产投资完成情况》中，江苏仅公路建设投资就完成2041.1351亿元。同时，经济高速发展，城乡建设步伐加快，百姓生活相对富足，致使物流、旅游行业发展等对交通服务提出了新的高要求，具体表现在公路、桥面道路等不断需要维修。由于公路维修经费少则百万元，多则数十亿元，某些地方交通部门便借修路发横财，修挖道路过于频繁。而道路维修、资金使用的权力都在交通部门。修哪条路、修多少、怎样修，投入多少资金、让谁来修建、怎样付款，往往由交通部门确定，由少数人进行决策。由此可见，在日常工作和制度建设过程中，交通廉政制度文化建设必须将主要精力和人力投入到对“钱”的看管和掌控上来。交通系统内部必须训练和逐渐生成对“钱”的敏感度和警惕性，所有项目建设、管理、维护等领域，一旦涉及资金运作的，必须加大盯钱力度。

2. 盯“权”，逐步养成对“权”的多重制约和监督

近年来，交通系统腐败案件处于较为集中的高发状态，引起社会各界的广泛关注。其原因，从制度上说，乃是交通制度本身存在某些漏洞和不足，是权力私有化、权力集中化、权力商品化、权力庸俗化、权力本位化等等现象反映到交通系统的结果；在观念上，存在个人主义、享乐主义、拜金主义等落后腐朽思想。在这些原因的综合作用下，少数腐败分子违法乱纪败坏了社会风气，损害了人民群众的根本利益。

对此，应当意识到反腐败体制中的“本”就是民主，反腐败体制中的“标”就是制衡，认清国家廉政制度建设的大环境，积极落实选举民主、协商民主，党内民主、社会民主、自治民主。同时，由于长期以来的帝王统治使得人治思想意识根深蒂固，即便在交通行业内部已经落实和完善了诸多“法制”，但似乎仍然滞留在法律的工具价值层面，并非出于“法治”的意识。这就需要领导干部，特别是一把手领导要树立权力制约的法治意识：以人民权利制约国家权力、以社会权力制约国家权力、以国家权力制约国家权力。通过国家权力在不同国家部门之间的分立，使每个部门都在别的部门中发挥一定作用，有

能力延缓甚至阻止其他部门的行动，并使人民保留最终的裁决权。并注重促进权力为公众福利和正义的目的有效行使，同时又保持对权力的良好控制，实现公共权力与公民权利的平衡，管理与控权的动态平衡。

① 翟校义：《行政组织的内部制度及其效力外部化问题》，载《中国行政管理》2002年第4期。

② 参见刘小兵：《民主：反腐败体制中的“本”》，载《倡廉》2003年第5期。

③ 胡锦涛：《高举中国特色社会主义伟大旗帜 为夺取全面建设小康社会新胜利而奋斗》，载《人民日报》2007年10月16日。

④ 参见刘小兵：《完善监督制度应遵循的基本原则》，载《唯实》2001年第8~9期。

⑤ 郭道晖：《法理学精义》，湖南人民出版社2005年版，第175~176页。

⑥ 例如，在公众质疑风暴持续一段时间后，广东省交通厅就九江大桥收费一事予以回应，表示该桥收费“完全符合当时的政策规定，也不违反现行的规定。”有人大代表对此表示不满，认为省人大应该介入进行调查，省人大代表也可以行使质询或询问的权力，将这一公共事件的真相大白于天下。

⑦ 胡锦涛：《高举中国特色社会主义伟大旗帜 为夺取全面建设小康社会新胜利而奋斗》，载《人民日报》2007年10月16日。

四、交通廉政制度文化建设的具体路径

对于所有组织而言，进行内部管理的主要工具就是组织制度。行政组织作为一个规模较大且结构相对复杂的组织，内部管理所依靠的组织制度往往更为复杂，其具体内容安排必须借助组织文化的相关理论。首先，组织文化强调领导制度在组织中的重要作用。美国著名学者埃德加·沙因在论及组织文化时指出：“文化和领导者是同一硬币的两面，当一个领导者创造了一个组织或群体的同时就创造了组织文化。①”其次，组织文化是组织的一个重要组成部分，旨在通过组织制度的建构，使复杂的组织系统能够更加合理运行，而其前提是组织内部存在合理有效的机构设置。因此，机构制度是组织制度的重要内容。最后，组织文化认为，领导制度内部、机构制度内部的运转以及它们相互之间的运转都依赖于程序规范。因此，交通廉政制度文化建设还应考虑程序制度。

领导、机构、程序三方面的制度安排囊括了任何一种组织必须涵盖的三大要素：主体成员、机构设置以及规定程序的工作制度。因此，交通廉政制度文化建设也必须从领导制度、机构制度和程序制度展开。

（一）领导制度安排

交通部门各级领导和机关的权力主要体现在项目审批、招标投标、工程管理、工程监理、财务管理、设备采购、行政执法、规费征收上，这些都是交通廉政制度文化关注的重点，主要领导又是重点的重点。其基本的目的就是要做到领导干部的权力行使到哪里，领导活动延伸到哪里，制度性监督就实行到哪里，使权力的授予和行使的过程、运行的结果都置于完善配套的组织监督、法规监督、群众监督范围之内。这就需要定期对交通领导干部的廉政情况进行监督检查，搞好自查和自纠，将监督结果在一定范围内公示，并归入干部廉政档案。对存在的苗头性、倾向性问题，采取廉政谈话、批评教育或在民主生活会上说明情况、反思检讨的方式予以警示，做到提醒在先、防范在早、警示在前。领导干部在自觉接受监督的同时，还要认真履行监督职责，管好下属，抓好分管部门的党风廉政工作。

实践反复证明，领导在组织中具有至关重要的影响，因为领导风格往往塑造了组织的气氛。那些卓有成效的领导者往往为组织的发展提供方向，推行有效的多功能团队的协作和融合。“研究表明，管理者个人的领导风格大约在70%的程度上能够影响其所领导的组织气氛，而组织气氛在大约30%的程度上能够影响组织绩效的提升。[②]”

因此，交通廉政制度文化建设也必须以领导干部为主体重心，按照决策、执行、监督三个方面的权力逻辑顺序，展开对领导权力的制度安排（图7-10）。

1. 在决策方面，转变家长式的一元领导机制

领导权主要是一种决策权，要实现对领导权的有效监督，防止其权力滥用和权力腐败，就必须建立健全各级党委（党组）、部门的决策制度，规范党政领导班子尤其是“一把手”的决策行为。以落马的交通系统主要领导干部为例，之所以容易中箭，在于其手握的实权和自由裁量权过大。一项交通建设工程从立项论证、招标设计、施工监理、预算拨款到竣工验收，几乎都由交通系统独家负责或牵头，而交通系统主要领导干部大权在握，肯定会成为大小包工头的“进贡”对象。如果意志不坚强，就特别容易沦落为腐败分子。

第一，通过适度的授权和合理的分权，解决“一把手”权力过分集中的问题。

任何组织特别是各级党政领导班子内部成员之间，必须有合理的权力配置。党政“一把手”不应该也不可能对每项工作都负总责，都担任“第一责任人”。上级党委要改变对“一把手”授权过重的状况，授权要适度，对“一

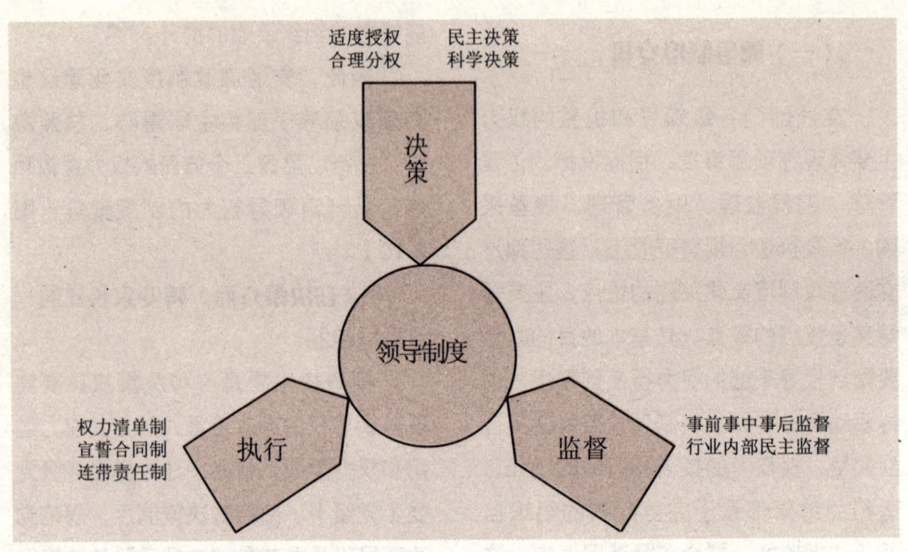

图7-10　交通廉政制度文化建设之领导制度

把手”的职责和权力范围做出明确的界定，明确个人决断与组织决策的权限、事项和范围。班子内部要合理分工，对班长和班子成员在人、财、物管理方面的权限和责任要严格界定，在保证第一责任人应有权限的前提下，把决策、执行、监督等权能分离开来，避免“一把手”个人揽权、专权和越权。

第二，要抓住决策这个主要环节，建立健全民主决策和科学决策制度，规范“一把手”的用权行为。

要进一步健全民主集中制的各项具体制度，规范“一把手”权力行为。决策的民主化、科学化是实行民主集中制的重要环节，是民主政治建设的重要任务，也是保证“一把手”正确行使权力的制度保障。

（1）要健全决策机制，制定、完善并严格执行领导班子议事规则。凡是应当由集体讨论决定的事项，必须列入会议议程。涉及政策性的大事，全局性的问题，如重要干部的推荐、任免和奖惩等，都要按照集体领导、民主集中、个别酝酿、会议决定的原则，由领导班子集体讨论做出决定。领导班子集体讨论决定事项，必须充分发扬民主，“一把手”与班子其他组成人员一样，只有“一票权”，而不是“一票决定权”。

（2）完善决策程序。坚决摒弃两个“凡事”的观念：凡事只要“一把手”知道就可以，程序定不定无所谓，程序走不走无所谓；凡事只要“一把手”点头，不按程序操作也可以。努力做到决策要贯彻和体现群众路线，所有重大决策，都要在深入调查研究、广泛听取群众意见，特别是基层群众的意见，进行反复比较、鉴别和论证的基础上，由集体讨论决定。

（3）充分发扬民主。决策过程也是一个发扬民主的过程。民主化的程度，决定着监督的力度。将民主渗透到程序中，通过公开促公正，以减少“一把手”权力运行中的暗箱操作行为，让权力在阳光下运行。

2. 在执行方面，强调权力的来源与权力义务的对等

在权力的行使、决策的落实，具体到交通规划的设计、项目立项与建设行政许可审批、行政执法等权力执行环节，必须注重培养交通领导干部的民主法治的权力观，明确权力取之于民，明确手中权力的界限，规范领导干部行使权力的行为，建立和完善相关权力运行的制度和程序。同时通过对责任和义务的强调，突出权力肆意行使的代价。当前，权力执行方面要重点抓住以下环节：

第一，强调权力责任对等，实行清单制。

对于交通行政部门的领导干部，不论是承担领导职务的负责人，还是基层具体部门的一般领导，都要做到权力明晰，就是要明确权力主体，明确权力边界，以便于划定权力主体的责任范围，规定其责任内容。责任明晰尤为重要，这是交通行业领导责任落实的首要前提和制度基点。以浙江省交通厅为例，该厅对自身及厅管厅属单位的交通行政执法职权进行了清理和公示，并相应地公布了《浙江省交通厅行政执法职权和责任分解一览表》、《浙江省公路管理局行政执法职权分解表》等厅管厅属单位的行政执法职权分解表，分行政许可、行政监督、行政强制、行政征收、其他行政行为5个部分进行细致的分解，权力列举清晰明确，责任落实清楚到位。因此，交通部应当鼓励各地方交通部门效仿浙江省交通厅的做法，实行权力清单制，清晰明了的列举交通部门及其下属行政部门、机构的权力主体、权力界限。

第二，落实连带责任追究制。

通过连带责任制的落实，同样能有效督促交通行政部门领导权力的规范运行。在交通建设领域实行项目法人负责制，行政下级发生的问题，上级也相应承担应有的管理和领导责任，负有监督职能的部门也要承担监督失职的责任，该处理的要处理，绝不能心慈手软。特别是对工程建设中贿赂、贪污、挪用公款，与施工单位串通一气损害国家和人民利益，造成重大损失的大案要案，触犯刑法的，一定要移送司法部门处理，追究其行政内部责任的同时，追究其法律责任，绝不能隐瞒、姑息。只有这样，反腐倡廉各项制度才能立则硬、行则严，廉政建设才会有声势、有效果，才能落到实处。

第三，采用辅助手段，签订廉政合同，实行廉政宣誓。

当代法治国家在规范国家公共权力时，一致倡导“法无明文规定不可为”的理念，原因在于法无规定的情况下，权力是无偿的，没有明确的责任和义务规范予以约束，容易导致相对人权益受到威胁和损害。交通系统行政领导在行使权力时，也必须要有这样的谨慎，具体表现就是必须做到行使权力不忘承担责任和履行义务。《中华人民共和国公务员法》第十二条规定了公务员应当履行的义务，“（一）模范遵守宪法和法律；（二）按照规定的权限和程序认真履行职责，努力提高工作效率；（三）全心全意为人民服务，接受人民监督；（四）维护国家的安全、荣誉和利益；（五）忠于职守，勤勉尽责，服从和执行上级依法作出的决定和命令；（六）保守国家秘密和工作秘密；（七）遵守纪律，恪守职业道德，模范遵守社会公德；（八）清正廉洁，公道正派；（九）法律规定的其他义务。”这样的内容对于法律规范的要求来讲似乎过于抽象而不具可操作性，由此产生的违法责任也难以证实和确定。上面这八点除第一条外，虽然都属于道德范畴要求，但对于国家公务员，特别是领导人员这类特殊主体而言，要求委实不过分。如何具体把握这些难以定性定量的要求以约束领导人，以致不让这样的规范成为一纸空文，并直接使得包括交通行政部门在内的所有领导在行使权力时都有一种责任感、义务感。我们认为应当引用国外领导人员的宣誓就职做法，在交通行政部门提倡和签订廉政合同，并实行各部门领导人就职前的宣誓制度：上任前在其职责覆盖的范围内，公开地向全体职工和其他部门领导以及上级领导宣誓，以上述前八点内容为范本进行廉政宣誓，并将此程序作为领导干部的就职必要程序。另外，在主持和负责重大项目工程建设时，同样应当进行宣誓仪式。这样的一种公开的宣誓看似没有任何实质效果，但就心理学角度而言，正式地、公开场合的宣誓会给宣誓人一定的心理暗示和心理压力。特别对于中国人而言，“面子观”更能加剧这种心理暗示和心理压力的效果，进而促使交通行政部门领导权力行使有义务与责任压力，防止违法、违纪滥用权力。

3. 在监督方面，实现全面监督制约机制

任何事物之间都是相互联系、相互制约、相互促进的。因此，要有效发挥对交通系统领导人监督的作用，必须形成一个相互协调、相互补充的监督体系，融党内监督、行政监察、效能监察、执法监察、群众监督于一体，形成纵向到底、横向到边、严密有序、务实高效的交通行业内部监督体系。

第一，必须转变以往以事后监督为主的单一形式的制约机制，加强事前防范、突出事中监督，实现事前、事中、事后全程性监督。

首先，加强事前防范。事前防范可以从三点着手：（1）严格选拔。民主是反腐败体制中的本，民主首先意味着官员权力的产生、运作和消灭都必须基于民意。从这个角度说，官员选拔任免的民主化、制度化操作是对领导人最行之有效的事前监督措施。应该不断扩大民主选举和民主推荐的范围，努力改变目前干部产生渠道的单一化、民意的形式化的状况，真正体现民意、集中民智，把那些思想政治觉悟高、组织领导能力强、作风正派、清正廉洁的人选拔到交通系统的领导岗位尤其是“一把手”的岗位上来。（2）廉政监督。交通廉政文化建设必须有统一的组织领导，这一重任理当由党委一肩挑起。党委对包括建设工程等重大事项拥有决策权，按照权责统一的原则，党委也应当承担起交通行业源头治腐工作的指挥、协调、督办、验收等工作职责。同时，按照反腐倡廉工作的基本原则，党委在进行重大事项的决策过程中，必须考虑廉政的因素。表现在具体制度上，即在交通工程等项目建设过程中，对施工队伍资质审定、招投标、物资采购等环节都必须有纪检组织参与监督，使廉政的力量在源头发挥积极作用。（3）两项申报。一为财产申报制度，领导干部和管钱、财、物的负责人应当主动向监督部门申报个人工资状况、家庭收入、高档电器、交通工具等主要财产，相关监督部门则对其建立个人廉政档案，实行跟踪监督，定期检查，促进党员干部廉政勤政；二为重大事项申报制度，领导干部应当向上级党委、纪检监察组织申报与其领导地位和职务影响有关的重大事项，主动接受组织监督。实行重大事项申报制度，是坚持关口前移，变事后监督为事前防范的有效措施。

其次，突出事中监督。事中的监督主要借助内部审计职能，依靠完善对领导人的经济责任审计，主要是把握两个方面。一方面，按照审计的全面性原则，科学、有效地对领导人的经济责任审计必须遵循事前、事中与事后的全面审计原则。以领导人的任职期为基点划分，进行任前审计、任职期审计和离任审计。突出事中监督就是要强调任职期审计，也就是在领导人任职期间对其进行审计。审计机构对领导干部进行的与职权相关的经济活动产生的经济责任履行情况进行审查和评价，以检查机关的财务收支、相关企业的生产经营活动是否存在差错或舞弊行为，督促领导人正确履行职责，以便及时发现问题，防患于未然，保障国有资产的安全、完整和保值、增值。另一方面，领导人任期内负责具体建设项目时，以该项目为基点，对其进行经济责任审计，包括：建设前期审计、建设期间审计、竣工决算审计。交通部2002年12月颁布生效的《交通建设项目审计实施办法》明确规定，“建设前期审计是指对建设项目开工前的立项、招投标及经济合同等内容进行的审计”；“建设期间审计是指从项目开工建设至项目竣工决算编报之前，审计部门对建设项目有关的经济活动和财务收支的真实、合法进行的审计”；“竣工决算审计是指建设项目正式竣工验收前，审计部门对竣工决算的真实性、合规性、效益性进行的审计。[③]”

就审计的具体内容而言，大致包括：第一，行政经费审计。主要查明是否严格按预算管理规定使用行政经费、有无截留挪用专项资金、私设“小金库”等违纪问题，有无铺张浪费、公款高消费、搞计划外基建等违纪问题。第二，事业费审计。主要查明有无截留、挤占、挪用所属事业单位事业费、扩大机关开支的违纪问题。第三，基本建设投资审计。主要查明严格按国家基本建设的有关规定进行基本建设、有无变相修建高档宾馆、搞“钓鱼工程”、无计划扩大投资和提高投资标准的违纪问题。第四，专项资金和专用基金审计。主要查明严格执行“专款专用”的原则，有无克扣、挪用所属单位专用资金搞基建、滥发奖金实物违纪问题。第五，预算外资金审计。主要查明是否严格执行国家预算外资金的管理规定，有无乱摊派、乱集资和乱收费的问题。第六，固定资产审计。主要查明固定资产管理制度是否完善、账实是否相符、增减变动是否真实合法、有无损失、流失等问题。第七，货币资金和往来账款的审计。主要查明货币资金的实有数额、债权债务有无损失和遗留问题。

最后，在强调事前防范、突出事中监督的同时，仍然需要继续完善事后监督机制。在此，我们主张通过实行责任制来落实事后监督。责任约束是权力制约体系的重要组成部分，邓小平指出，“我们长期缺少严格的自上而下的行政法规和个人负责制，缺少对于每个机关乃至每个人的职责权限的严格明确的规定，以致事无大小，往往无章可循，这是机构臃肿和官僚主义的重要病根，也是权力腐败的重要诱因”。在交通行业内部，特别是交通工程建设领域，各个环节都缺乏应有的责任制约因素。

因此，应严把责任考核关。实施责任制的过程中加强考核工作，以考核保障责任制的贯彻落实。考核要“一级抓一级，层层抓落实”，与民主评议、民主测评领导干部相结合，高度重视考核结果的运用。这是保障领导约束机制的关键，缺乏责任考核的保障，责任主体的责任意识不会自动提高，责任内容再清楚也很难认真履行，责任考核再认真也无人重视，责任目标也必然落空。

责任考核尤其以责任追究作为主要实现形式，落实责任追究制，即对不履行党风廉政责任的失职渎职行为，严肃处理，以领导干部腐败的反面典型案例敲山震“贪”，警醒其他干部同志。“赏以服人，罚以树威”，是通过执行后果来引导廉政法规制度正确实施的重要措施。交通部门纪检监察机关要加强与司法、检察、督察、行风等部门的协调联系，完善查办案件的协作机制，认真查办职责范围内的违法违规行为。要重视群众信访举报工作，及时核查反映的问题，在规定的时间和范围内通报处理结果。凡出现违法违纪行为的，发现一个查处一个，绝不能视而不见，放任自流；本单位本部门出现重大案件，对因失教、失管、失察、失纠等造成重大影响和损失的，要坚决追究有关领导的责任。在查处违法违规行为过程中，既要严肃依法执纪，又要善于把握政策，做到宽严相济，区别对待，切实做到保护改革者、支持创新者、教育失误者、惩处腐败者。对经调查核实确属违法乱纪行为的，绝不能搞“下不为例”甚至采取过分容忍、姑息迁就，或者优柔寡断、久拖不决，或者大事化小、小事化了的“容”、“拖”、“化”的办法了结。必须严格按照现有的法律法规和党纪的有关规定，充分运用法律的、纪律的、组织的各种手段给予严肃处理，做到“一准、二快、三狠”，真正使作案者悔痛，旁观者胆寒，从而维护法纪的尊严，以儆效尤。要坚持法纪面前人人平等的原则，绝不能因人量纪，区别对待，坚决克服“查下不查上、查内不查外、查小不查大、查软不查硬”，以及宁宽毋严的倾向。通过完善的防范制度、健全的工作机制、严格的监督检查、严肃的执纪执法，为交通改革发展创造一个上下协调、内外和谐的发展环境。

第二，形成交通行业内部民主监督的机制和氛围。

交通行业内部基层公务员以及交通企、事业单位的职工与相应部门的领导人工作接触多，甚至会接触其个人生活。因此，他们对领导人的工作作风、廉政情况等了解最透彻。实践中，监督之所以不够有效，很大一部分原因是“不敢监督”、“不愿监督”，而并非无人“监督”（了解领导情况）。由此，应当在行业内倡导、由交通部制定《交通行业内部举报办法》，规定举报奖励制度、举报人跟踪调查保护制度、保密制度，以及运转高效率的举报中心等等。通过该规章的制定和规范运行，以期在交通行业内部形成良性举报网络，扩大员工们的有效监督。我们建议，该《办法》应当包括如下主要内容：

一、为了构建交通行业廉政文化，纠正行业不正之风，鼓励行业内部举报贪污、受贿等违法、违纪活动的有功人员，从源头上遏制腐败等现象的滋生和蔓延，促进交通更安全、便捷、可靠、经济、环保、和谐的发展，依据国家相关法律、法规与交通部门的规章，制定本办法。

二、举报人可以通过书面材料、电话、网络或其他形式向上级交通行政部门的纪检监察机关举报违法、违纪活动。

各级接受举报的单位必须公布包括电话、传真、信件与电子邮件地址等便于举报人举报的通信方式。

三、举报人具名举报，并查证属实的，举报人有权要求接受举报的单位及时公开处理结果。

四、对举报人根据不同举报功劳情况，依据举报活动涉及的资金额度，酌情给予举报者一定数额的一次性现金奖励。

五、严格为举报人保密。

通过网络举报的，必须保证网络通信安全。

未经举报人同意，不得以任何方式将举报人姓名、身份、居住地及举报情况公开或透露给被举报单位和其他无关人员，违反本法的依法追究有关人员的相关责任。

六、举报人应对所举报的事实负责。对借举报之名故意捏造事实诬告他人或进行不正当竞争行为的，依法追究其法律责任。

必须强调的是，在交通廉政制度文化建设中，交通系统领导干部应当是整个内部主体制度建设的重点、关键和核心内容。与此同时，我们不能忽视对交通系统职工的制度约束。一方面，应该对交通系统职工进行广泛的廉政制度的文化熏陶，比如定期举行交通系统职工的廉政宣传教育、知识讲座，组织开展有奖征文活动，通过生动的活动形式和长期的活动过程渲染廉政文化，陶冶廉政情操。另一方面，应该制定一系列具体的廉政制度，使之能秉公办事、廉洁自律（如严禁在公路上乱设站卡、乱罚款、乱收费等）。对违反者，予以辞退或开除等，并给单位主要负责人相应的纪律处分等。

（二）机构制度安排

不论政府组织还是企业组织，其组织内部必然有其自身工作单位的设置和安排，实现部门内的分工同时防止权力集中，这样的制度规定我们称之为机构制度。交通部门也不得例外。我们以为，交通部门内部制度安排应当遵循以政企分开为原则，以“一正四副”制、过错责任制、分权制衡制、纪检党建监督制为主要内容，因地制宜地进行各地各部门的机构设置。同时吸收各地各部门先进做法和经验，辅之以交通项目建设过程中的临时机构的设置。

1. 政企分开

交通廉政文化建设不仅需要积极地预防腐败，同时需要积极地节约成本，减轻财政负担。总体来看，就是降低反腐成本，提高反腐效益。从这点来看，在交通廉政文化建设中，有必要进行适量的市场化运作。在现代交通事业不断发展的今天，必须把握国家廉政建设的需要，重新定位交通部门的廉政建设观念，树立交通行业的成本节约型和工作高效型廉政观。这对交通行政管理部门尤为重要。作为管理机关，交通行政管理部门必须为公众提供廉洁、廉价、高效、便捷的公共服务，但是，受到自身职能的限制，因而仅仅依靠传统技术或手段显然会降低行政效率，甚至耗费更多行政成本。因此，唯有舍弃交通部门目前使用的传统落后的技术和手段，摆脱交通部门内部的企业性质的非竞争性机构，转而引入市场化主体的专业性技术手段，才能降低行政成本。

以“美国亚利桑那州汽车驾驶执照发放系统”为例：

美国亚利桑那州州政府把驾驶执照发放系统的硬件、软件及系统开发等工作交给IBM公司具体实施，政府不花一分钱。IBM公司借助公司本身的硬件、软件的先进性地位和技术优势，非常轻松地建立了系统并开始运营。同时，IBM公司与政府协议：政府每向公民发放一本执照，从中提成1美元。美国亚利桑那州居民还是依照原来的费用缴费，但所花费的时间却由过去的45分钟下降到3分钟，提高了效率，因网上缴费的形式颇受欢迎，IBM公司也因此财源滚滚，并足以支付公司前期的相关技术试验等耗费的资金投入。均算下来，信息系统的建立使美国亚利桑那州州政府的驾驶执照发放成本从每本6.6美元下降到每本1.6美元。美国亚利桑那州州政府、IBM公司和居民三方都因此受益。

这一例子告诉我们：政府作为公共服务部门，为了降低行政成本，提高行政效率，既没有固守传统落后的执照发放手段，也没有为此投入专项资金进行技术自我开发，而是主动向市场主体IBM公司寻求技术支持，将公共服务与市场资源进行整合，产生了州政府、IBM公司和居民三方的多赢局面。美国亚利桑那州州政府仅仅负责向公民提供申请执照的发放服务，收取一定费用。此做法一方面提高了行政效率，另一方面更重要的是美国亚利桑那州州政府注意到区分政府权力与社会权力的实质差异，没有将权力触角伸入新技术开发的企业市场领域。否则，显然将浪费政府行政资源，极有可能造成政府的腐败。

2. 机构设置

内部机构的制度建设是通过对交通部门内部组织机构的科学设置，实现合理的职务分工，以期对各机构，特别是各机构的领导人进行有效的控制和制约。结合图7-11我们认为：交通行政机构的内部权力配置应当注意四点：

第一，“一正四副”制。

我国宪法和国务院组织法均规定了国家部、委实行部长、主任负责制。因此，以部长为首的交通部门对外重大事项的决定权应由“正”部长作出，需要落款的应当签署部长的姓名，以示由部长负总责。副部长的设置有利于协助部长分管内部各个机构的具体工作。由于副部长真正触及具体工作，因此，该职位的设置应当不宜偏少，防止过分集权，但也不能超过《国务院组织法》规定的四人上限，该法第九条规定：“各部设部长一人，副部长二至四人。”同时，为贯彻宪法规定的部长负责制，部长应享有一定的对副部长的人事提名、任免权；部长与其副部长之间也应当建立连带责任制度，使得副部长在日常的工作中主动承担起对部长的监督和制约。

第二，过错责任制。

对二、三两级负责人（副职与各具体部门负责人）的责任追究适用过错责任制。对三级负责人的责任追究适用一般过错责任制，即当该负责人因滥用职权、越权、渎职，或者因其他主观故意和过失而违法违纪的，应当直接追究其责任。在三级负责人违法违纪的情况下，对分管该具体部门二级副职的责任追究应当适用过错推定责任制，即如果二级副职不能够证明其曾经直接地告诫和制止过违法违纪者，或者在不知情的情况下也没有间接地做出防治措施的，则该二级副职同样应当承担相同的责任。

第三，分权制衡制。

具体部门的机构设置必须科学、合理，形成相互间的分立和制衡。主要表现为人事、财务、审计三项重要权力必须相互独立，防止集权于一人。另外，由于交通部门的行业属性，规划的权力应当受到格外的重视，考虑单列。同时，交通直属部门和下属单位如公路建设、工程质量监督、水运基建等涉及重大项目资金的具体权力部门或单位也应当列为关注焦点，通过落实岗位领导的定期交流轮岗制度、重大事项的集体研究决定制度等，对此类部门或单位的分管权加强监督和管理。

第四，纪检党建监督制。

图7-11中的一条纵向虚线意味着

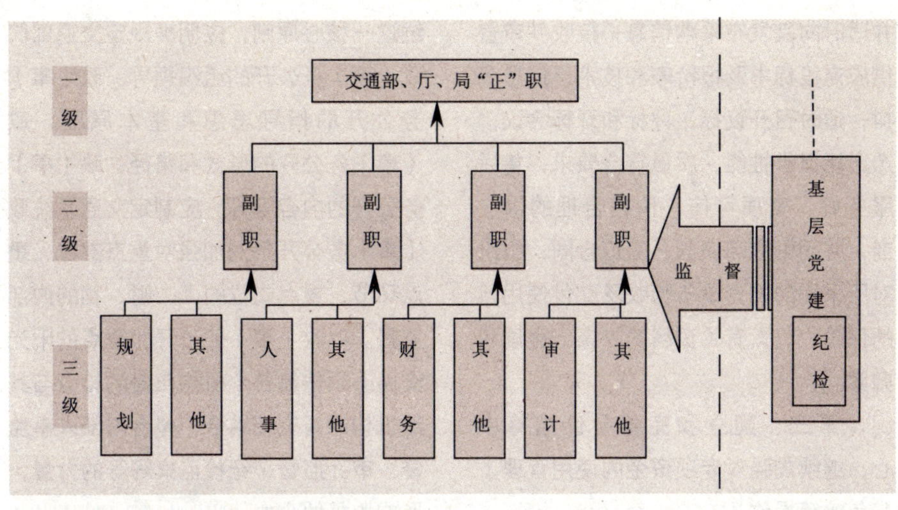

图7-11 交通部门机构设置建议图

以纪检部门为主的党的基层组织承担着整个机构的相对外部性的监督职能。这种相对外部性不是指党的基层组织特别是纪检部门人员不能介入相关部门参与行政事务，而是指当党组织履行监督职能时，其工作方式应当只能是向部门一级负责人接触和反映，再由一级负责人履行其向下的行政监督职责，这样的方式有利于行政机构人员稳定工作，也避免纪检部门在监督过程中利用监督权徇私舞弊、以权牟利。

3. 规范项目临时机构

第一，建立和完善交通工程招投标领导小组。

项目设立的同时必须配套成立交通工程招投标办公室，负责交通工程招投标工作的组织实施。同时建立和完善招投标评委库，选拔具有较高专业水准、中级以上专业技术职称的专业技术人员组成招投标评委库。每次招标要在纪检、公证等部门的监督下，随机抽出7~9名成员组成招标委员会，负责该项目工程的评标。

第二，建立和完善采购领导小组以及若干采购小组。

深入明确领导小组负责的职责和任务：批准设备购置计划及项目分包、外委计划；负责成立不同的专门采购小组；在组长主持下召开招标及竞争性谈判会议，除组长外，小组其他成员均可以参加投票，对招标采购的全过程实施监督和管理；负责公开采购结果。采购小组的职责包括：具体实施领导小组批准的采购计划以及工程外委分包项目；根据采购物资设备的品种、性能、规格，搞好市场调研，掌握潜在的供应商

并适时向其发布采购信息；接收并审查供应商投标书及报价表和技术、信息资料；适时召开议标、评标和开标会议，选定能提供性能、质量符合要求，售后服务好、资质可信、价格合理的供应商，并同供应商谈判、签订合同；组织对所采购的物资设备验收及交付使用前的保管；负责有关资料的收集、整理和归案。

第三、建立和完善会计结算中心，继续加强对专项资金的使用管理，避免暗箱操作。

具体而言，即采取项目专项资金闭合运作模式：业主及其开户银行对承包商的资金汇入、汇出、费用开支实行全过程控制、监督和管理，避免资金支付上的依赖性和资金使用上的随意性、无序性，要求建设资金百分之百地用在工程建设上，提高资金的使用效益，降低资金使用的额外成本。

（三）程序制度安排

程序制度安排的中心是推行阳光交通政策，主张在交通行业内部积极构建和完善对人、财、物的程序制度，把程序的公开透明、公正公平特质贯穿和渗透到整个交通行业公共领域，以期形成交通各部门、各领域的规范化、程式化工作思路，促成行业内部的透明、洁净。

公开是程序制度安排的重心。围绕这一核心原则，应明确规定交通部门政（事）务公开的组织领导、政（事）务公开的指导思想和基本原则、政（事）务公开的形式和路径、政（事）务公开的内容等等。应制定交通系统政（事）务公开条例加强对重点部位、重点环节、重点岗位的人、财、物的内部监督。以政（事）务公开为重点的阳光交通必须依靠各个机构自身的检查与其他机构的督查相结合，整合内部人事监督、审计监督、纪检监察等等的力量，形成监督的合力。

在交通行业内部构筑程序制度网络必须以以下制度节点为基础：

1. 人员公示制

一方面，将交通系统各级领导干部上任、转任等新职位任命情况提前公示，作为必要的任免程序。行业内部一旦有相关人员反映被公示领导有不符合任免要求和条件的，应直接根据公示提供的反映电话向人事或纪检监察等部门反映。只有这样，才能真正把反腐倡廉贯穿于领导干部的培养、选拔、管理、使用等各个方面。另一方面，在交通大、小工程地段和项目部设立廉政建设公示牌，公示建设各方负责人、廉政监督员、派驻纪检监察员姓名，并告知举报电话和监督内容。以这样的方式督促和随时警醒负责人、监督者自身承担的廉政建设义务。在交通管理、执法的经常性固定区域设立管理、执法人员公示栏，公示在该地段、地区进行交通管理、执法的人员姓名、编号，所属具体部门等身份情况，以防止类似云南省宜良县北古镇非法执法队的出现：

2006年8月13日，韩明所持有的“云AB3352”客运车被北古城镇城建监察中队以未交停车管理费为由扣押。韩明认为城建监察中队的行为没有法律依据，并于2007年2月12日向宜良县人民法院提起行政诉讼，请求法院判决城建监察中队扣押车辆的行为违法，并要求赔偿经济损失、归还被扣押的车辆。宜良县人民法院于2007年4月18日向有关部门调取相关证据。经宜良县机构编制委员会办公室核实，北古城镇城建监察中队未经机构编制部门批准成立，也未办理过事业单位法人登记。宜良县人民法院从宜良县发展和改革局调取了北古城镇人民政府关于成立集镇管理监察中队的镇发(2001)33号、政通(2005)20号文件，证明北古城镇于2001年10月10日成立集镇管理监察中队，后更名为城镇建设监察中队。法院最后确认，北古城镇城建监察中队是北古城镇人民政府组建成立的，视为政府内设机构，但中队事实上做出了扣留车辆的行为根本没有法律依据，应认定违法。另据记者调查证实，自从2001年北古城镇城建监察中队成立以来，凡是跑客运的每车每月必须交纳40元的停车费，不交的话，城建监察中队马上就会用铁链把车轮锁住，如果不服还会被暴打一顿。至今已有50余人的车被锁过，20余名驾驶员被打伤。

未经有关部门批准就成立了一个“执法队”，招聘的工作人员穿上“制服”后就摇身变成了“执法人员”，随意扣车、随意收费、随意打人。更令人震惊的是，这样的“执法队”竟然存在达7年之久。导致这种恶性事件发生的原因可以归结为政府“监管不到位”，更可以归结为基层政府工作人员依法行政意识的缺失。具体而言，如果规定有人员公示这样的制度，北古镇政府内部就足以监督并有效防止非法执法的现象发生。

2. 项目关卡制

这一程序制度主要适用于交通项目工程监督领域。以交通行政机构为监督主体的部门必须从立项开始履行监督职责。以工程质量为中心，可以将项目建设分为“十大关口”（图7-12），每个关口为一个程序节点，监督者首先必须把牢第一关口，严格落实第一程序节点，否则不得进入下一关口，从而以保证交通工程的质量来促进廉政的落实。

第一，立项关。

负责工程质量的监督站。首先应积极介入可行性研究阶段的质量控制，

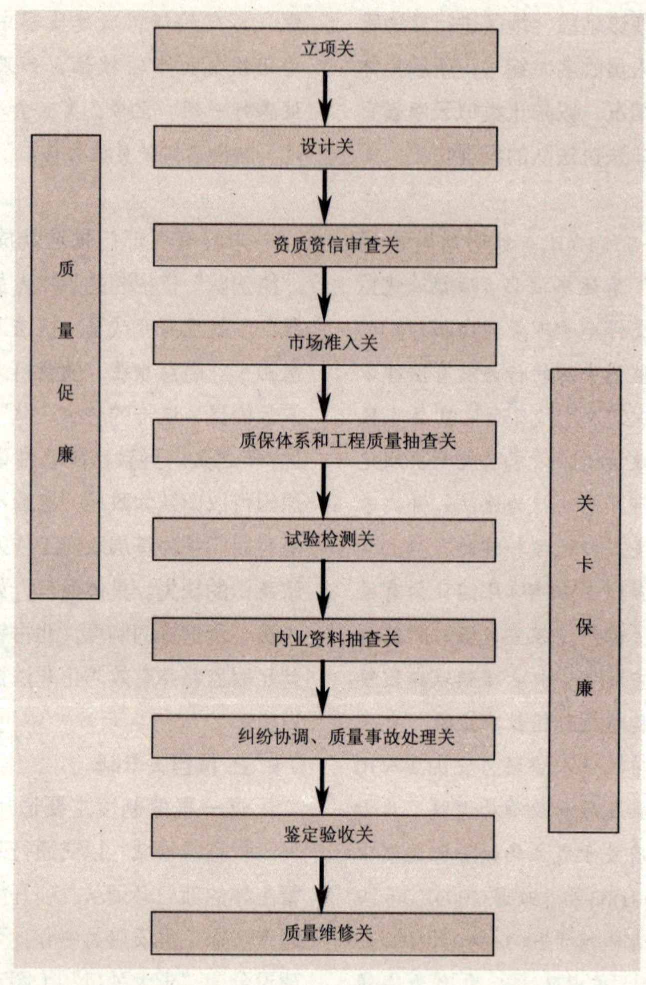

图7-12　项目建设关卡

协助项目主管部门和监督部门加强可行性研究报告的审查和审批，避免项目的低水平重复建设和缺乏论证匆匆上马的情况。

第二，设计关。

设计质量是工程建设质量控制中的关键一环，要严格设计自治的审查和设计方案的会审制度，做到精心设计，避免出现设计缺陷或设计上的浪费。

第三，资质资信审查关。

严禁无证设计、无证施工和非法承发包等违法违规的建设行为。

第四，市场准入关。

对那些信誉好、工程质量过硬的

企业，欢迎他们进入建设市场，对那些质量意识差的企业要坚决拒之门外。交通部门可以建立“廉政红榜”以激励有诚信、资质佳的企业；应当建立“廉政黑榜”以联合行业主体提防无信誉、资质差的企业参与工程建设。

第五，质保体系和工程质量抽查关。

对建设主体行为进行有效的监督，督促各单位增强质量意识，使工程建设的每个环节、每道工序都有严格的质量控制体系，同时控制好分项工程的质量。

第六，试验检测关。

试验检测是施工质量控制中最为重要的环节，质监站要督促施工、监理单位建立工地实验室，按规范和标准严格进行施工自检和监理平行抽检，保证质量控制用数据说话。

第七，内业资料抽查关。

抓好施工自检、监理抽检等内业资料的抽查和规范化管理。

第八，合同纠纷的协调和质量事故处理关。

要站在客观公正的立场上积极协调处理参建各方之间的合同纠纷，客观公正地处理好质量事故，这是发挥监督作用，树立监督权威的重要手段。

第九，工程质量鉴定验收关。

工程质量鉴定验收是工程质量控制的最后屏障，也是承担交通工程监督的行政质量监督机构的主要工作。质量鉴定必须铁面无私，严格执行交、竣工验收制度和验收程序，通过层层验收把关，才能确保工程质量的全面落实，才能避免以次充好，顶住验收中的各种腐败现象。

第十，工程使用阶段的质量维修关。

工程验收后，在缺陷责任期内出现的质量缺陷，应当由责任单位进行维修，并要求保质保量[④]。

3. 财务公开制

在工程财务管理中，除要执行《会计法》、《国有建设单位会计制度》和交通部、财政部下发的《基本建设财务管理若干规定》等财务法规以外，应重点抓好三大环节的管理。一是要改革“一支笔”审批制度，严格资金支付程序，对工程资金支付，要坚持按合同和工程概算调度资金，以工程计量为基础，以日常记录和合同条款为依据，先由施工单位提出支付申请，经监理单位审查、项目单位内部分级审批后，才能办理工程支付手续，对行政经费支付也要实行分级审批制度。二是加强工程资金监管。要推行项目资金闭合运作管理，在工程签订合同后，由承包商在项目单位和开户银行核准的银行开立基本账户和专款账户，接受项目单位和银行的监督，确保工程资金的使用安全。三是要加强内部审计监督，开展定期和不定期的自查内审。

4. 重大事项公开制

重大事项主要包括：一是重大决策事项，这些事项涉及到所在单位发展方向，如单位的目标定位、规划、任务、人事、资产重组、行业改革等等。二是生产管理及经营中的重点问题，如工程承发包、大件采购、资产报废等。三是涉及职工切身利益的较大事项，如职工福利、招考聘用、下岗分流、职称评定、收入分配、评先评优等。四是领导班子和成员廉政建设情况，如个人工资收入、住房、用车、通信工具使用支出、出差出国费用、民主评议情况等。以上四点事关重大，应该予以公示。

重大事项公开的方式可以采取职代会报告、设置公示栏、召开党政联席会、书面通知等形式。这里特别要强调的是对物资采购的公开和监督。交通部门应当设立专门的物资供应站，对建筑材料等专用材料的销售，定期公示成本核算方式、结果，接受监督。同时，大宗物资、材料公开招标，尤其是在工程项目建设中，可以成立采购中心，制定采购办法，达到一定金额的大宗物资采购进入中心，经过公开招标，按照预算、立项、执行、监督等步骤，由预算、控制、财务、审计等部门组成的评标小组共同审查推荐，并接受纪检监察的内部监督。另外，即使是零散的物资采购，也要指定计划、采购分开，多部门参与，两人以上同行，账物分设，采购、保管、验收签字负责，相互制衡。

5. 会计委派制

交通工程项目应实行“会计委派制”和“会计派驻制”。前者指由交通部、交通厅等上级部门从各地抽调非行业内的会计专业人员组成会计管理局，对下级单位、重点工程项目或所属企业委派会计。而后实行会计派驻制，对派驻单位实行财务监管和控制。委派会计的工资、奖金等待遇由原单位转到会计管理局集中管理，并由该局负责他们的任免、考核、工资、奖金、晋升等。

① 西方：《沙因的组织文化研究》，载《中国企业报》2002年2月5日。

② 参见陈雪频：《企业创新依赖于领导力和组织文化》，载《第一财经日报》2006年4月6日。

③ 具体审计内容，参见《交通建设项目审计实施办法》第八、第十、第十二条（交通部交审发〔2000〕64号文，2000年12月12日）。

④ 参见张月斌主编：《论交通建设与反腐败》，中国检察出版社2002年版，第27~28页。

第八章 交通廉政文化建设的技术路径

一定的技术路径与相应的价值文化和制度文化紧密相连。只有恰当表现和准确反映相应的廉政价值文化和廉政制度文化，廉政文化建设的技术路径才有存在的意义。这些技术路径是如此的重要，以至于在许多人的观念中，“交通廉政文化建设”就是“交通廉政文化的技术表达”，这种说法尽管有其不合理性，但至少在一定程度上反映了交通廉政文化技术路径的重要地位。交通系统必须借助一定的技术路径展开交通廉政文化建设，才可能实现廉洁勤政，体现公正、效能、服务的廉政理念。

一、交通廉政物质文化建设的基本内容

交通廉政文化的技术路径建设是指在交通领域通过物质生产的过程与结果而提供的内含价值理念与制度要求并能影响廉政文化建设效果的各种场所、设备设施、技术手段和其他人造的物质条件。交通廉政文化的技术路径建设是廉政文化个性化的物质表达过程，是交通廉政文化建设赖以存在和发挥功能的物化形态。交通廉政文化的技术路径建设主要有两部分内容：交通廉政文化建设的物质基础和交通廉政文化建设的符号表达[①]。

（一）交通廉政文化建设的物质基础

为了保证交通廉政文化建设拥有雄厚的物质保障，必须进行相应的物质生产。物质生产的过程与结果共同构成交通廉政文化建设的物质基础，同时，交通廉政文化建设的物化过程本身就是文化。

首先，任何物质生产都是一种通过人与自然的刻写而进行的文化创造与文化交流的过程与结果，因而物质本身凝结着生产者的技能、工艺与组织方式，并深刻折射出时代的痕迹。

其次，任何物质生产都是一种通过主观阅读而进行的文化创造与文化交流的过程与结果，物质生产与人们的主

观感受或主观意志息息相关。例如，我们之所以欣赏名山大川，那是因为它们能满足我们的心理需要，这种满足的过程同时也是一种文化投射与文化阅读的过程。

最后，任何物质生产都是一种通过有选择的复活而进行的文化创造与文化交流的过程与结果。即使是那些表面上看来毫无用处的死去的物质生产，因其拥有一种“无用之用”的文化价值而被称为“文物”或“非物质文化遗产”。换言之，当下的人们根据自身的价值选择使这种物质生产得以复活，即使这种价值与其原先的价值追求相差很远甚至互不关联（秦始皇兵马俑及其现代化的复制生产过程就是典型）。

因此，交通廉政文化建设必须十分重视交通廉政文化的技术路径建设。在新的历史时期，人们对交通廉政文化建设的符号表达要求愈来愈高，腐败分子作案的工具也越来越先进、手段越来越高明、方法越来越隐蔽。在这种情况下，提供充分的物质技术和资金支持是交通廉政文化建设取得成效的必要条件。实践表明，交通廉政文化建设如果单凭局部的、个人的努力可谓杯水车薪，必须由整个交通系统和国家财政给予强有力的支持。交通系统在交通廉政文化建设中要舍得投入、及时投入，保证不因物质技术资金供给不足而降低反腐斗争的效果。在我们进行的问卷调查中，高达91%的被调查对象认为有必要投入一定的专项资金去建设交通廉政文化。其中，63%的被调查对象已经付诸实际行动，投入专项资金进行廉政文化建设；28%的被调查对象表示已经认识到有必要投入专项资金，但还没有开始实施（图8-1）。可见，切实保障交通廉政文化建设的资金投入，已经成为共识。

资金的投入和保障是一个基础，除此之外，交通廉政文化的物质基础建设还应注重加强对相关机构设置、人员配备、场馆阵地、橱窗以及必要的基础设施、器材、物资、设备、装备情况等的建设。交通廉政文化建设的物质基础建设好坏关系到整个交通廉政文化技术路径建设的成败与否，只有在保障了充分、持久、稳定的物质保证的基础上，交通廉政文化建设的符号表达才能够有稳固的支撑，从而最大化地发挥其应有的作用。

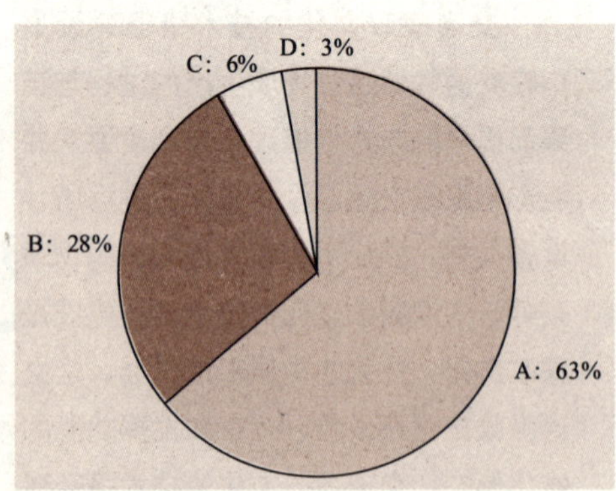

图8-1　问卷调查统计图

问：是否有必要投入一定的专项资金去建设交通廉政文化？

A.是，已经开始这么做；B.是，还没有着手做；C.否，没有必要；D.不清楚。

在保障和加强物质投入的同时，要懂得善用它们。例如，为了鼓励交通系统员工和社会大众能主动参与交通廉政文化建设，树立典型，营造出全民参与廉政建设的氛围，可以设立交通系统廉政奖励基金，在养老保证基金的基础上对廉洁奉公者再给予丰厚的物质奖励，对检举腐败者、惩治腐败者给予大力表彰和必要的物质奖励。

（二）交通廉政文化建设的符号表达

符号，也称为符码或有意义的记号，是传播中可以还原“意义”的表现形式。自有人类以来，以符号为载体的传播活动便已发生。最早的传播载体是语言符号（仅指口语符号），但语言不能将事务记录下来，先人们就以结绳记事，随后出现了以图腾、象形文字为代表的象征文化，文字符号因此而产生。早期人类以原始的语言及简单的文字符号相互传递信息，表达意义。随着文化的飞快发展，技术的不断进步，人类创造出越来越多的符号用来传递信息。在传播学中，信息是物质的普遍属性，是一种客观存在的物质运动形式，是物质和能量在时间及空间上具有一定意义的“图像”集合或符号序列。因此，我们可以说符号就是信息的外在形式或物质载体，是信息表达和传播中不可缺少的一种基本要素[②]。

1. 交通廉政文化建设符号表达的基本内涵

任何一种文化建设都必须通过有效的符号表达才能发挥作用，交通廉政文化建设也不例外。一定的物质生产的过程与结果在为交通廉政文化建设提供物质基础的同时，也支撑着交通廉政文化建设的物质表达形式。没有交通廉政文化建设的符号表达，交通廉政文化建设将会成为空谈，至少不会入心、入脑，进入人们的记忆深处。

一把坚实的大锁挂在大门上，一根铁杆费了九牛二虎之力，还是无法将它撬开。钥匙来了，他轻巧的身子钻进锁孔，只轻轻一转，大锁就“啪”地一声打开了。

交通廉政文化建设的技术表达是交通廉政文化建设的一把钥匙。从这一角度看，交通廉政物质文化建设的基本路径更多地体现为一种技术性的表达需要和记忆需要，也即交通廉政文化建设的符号表达是构建交通廉政生态的最主要路径。一般来说，交通廉政文化建设符号表达的基本要素包括以下几个方面：

一是体现交通廉政文化的价值取向。

这是交通廉政文化建设符号系统的首要精神要素。所谓“万变不离其宗”，在交通廉政文化建设中，这个

"宗"就是交通廉政文化的价值取向。交通廉政文化建设符号系统的外在表现形式是丰富多彩、千变万化的，但是，所有多变的外在表现形式都必须围绕交通廉政文化建设的价值取向始终如一地展开。

一名传教士在非洲传教。一天，传教士在林间小路行走，忽然听到后面有老虎的脚步声。"主啊！"传教士祈祷道："用你的慈悲保佑后面的老虎是个善良的教徒。"真巧，那只老虎也是个教徒。传教士听见后面的老虎在祷告："主啊！感谢您赐予我这顿晚餐！"

是的，传教士和老虎都在使用"祷告"这种形式，但其价值内涵存在巨大差异。价值内涵的差异决定了不同的或者相同的表达形式的实质性差异。因此，在文化建设中，价值追求的不同是决定性的因素，它使得人们的行为模式和表达方式千差万别。对于交通廉政文化建设来说，符号表达是形，价值取向是神。只有神形兼备，交通廉政文化建设才具有鲜活的生命。

二是具备相应的物质载体。

这是交通廉政文化建设符号系统的基础性物质要素。任何交通廉政文化建设符号系统的表达，都必须通过一定的物质载体而展现出它的丰富内容，不然就不能称为符号系统。换言之，内在的交通廉政文化精神必须以一定的物质载体外化出来，因为符号具有肖像性、指向性和象征性特征。交通廉政文化建设具有外化的表现形式是符号系统的直接属性。例如，交通廉政文化建设的徽标是看得见、摸得着的，交通廉政文化建设的示范单位是真实存在的等等。

三是意思表达准确而真实。

意思表达是将交通廉政文化建设的内在精神以一定的形式外化让公众接受的过程。这种意思表达的形式可以用语言符号的形式表达，也可以用非语言符号的形式表达。例如，提出交通廉政文化建设的标语与公益广告、出版交通廉政文艺作品与通俗读物等是语言符号的形式表达，而选择交通廉政文化建设主题日、确定交通廉政文化建设示范单位和基地等则是非语言符号的形式表达。

四是具有可操作性。

将可操作性作为交通廉政文化建设符号系统的一个要素，是区别于不可操作性而言的，能够纳入交通廉政文化符号系统的内容和形式必定是可操作的。就交通廉政文化建设的价值要素本身而言，是一种思想意识和观念形态，在"意会"的阶段是不具有可操作性的。只有将其以一系列的操作形式表达出来时，它们才能成为交通廉政文化建设的符号系统。

2. 交通廉政文化建设符号表达的作用

在交通廉政文化建设中，符号表

达具有十分重要的现实意义：

第一，有助于克服腐败文化，弘扬廉政文化。

腐败文化，特指腐败群体乃至全社会在对待腐败行为和腐败现象时所产生的一系列畸形的、扭曲的、反主流的判断、认知以及价值观等等[③]。腐败文化是相对于廉政文化而言的。文化，有主流文化和非主流文化之分。如果一种文化在社会成员中的多数人或全部人中得以流行和发展，那便是一种主流文化；相应地，如果只在社会成员中的一小部分或特定群体中流行，便是一种非主流文化。非主流文化并非全部是不健康的文化，但就其总量而言，不健康的因素在非主流文化中占有相当的比例。在现阶段，廉政文化是主流文化，腐败文化则是一种非主流文化。廉政文化与腐败文化具有本质区别：

一是从内涵来看，廉政文化是在传承、移植、借鉴古今中外廉政文化合理内核基础上发展起来的，为党和政府所倡导、广大公职人员和人民群众认可的，以廉洁从政、反腐倡廉为核心的理论、价值观念、行为方式、法律制度规范体系、社会评价体系的系统整合。腐败文化是党和政府明确反对的、人民群众谴责的，腐败者和潜在的腐败者信奉和认可的，以个人家族、小集团为圆心，以个人主义、功利主义、享乐主义为半径画圆的封闭的、腐朽的、落后的理论、理念、行为选择、潜规则体系。二是从本质来看，廉政文化是红色文化，腐败文化是黑色文化。廉政文化建设的根本目标是要培育廉洁、民主、科学的政治文化、公民文化、社会文化，消灭滥用公权来营私舞弊、贪污受贿的腐败文化。腐败文化则像黑色的幽灵徘徊在政治生活、经济生活和社会生活的各个领域。三是从运行过程来看，廉政文化是一种绿色文化，是我们畅通无阻迈向和谐社会的一条绿色通道；腐败文化是一种灰色文化，其运行总是偷偷摸摸，“遇到黄灯加速行，遇到红灯绕道走”。四是从价值判断和生存环境来看，廉政文化是一种先进文化、守法文化、有益文化、朝阳文化；腐败文化是一种落后文化、缝隙文化、腐朽文化、末日文化。五是从地位来看，廉政文化是一种主流文化、理性文化；腐败文化是一种非主流、非理性的越轨亚文化，对现存秩序背离和否定的反文化。六是从作用和后果来看，廉政文化是自我节制型、约束型的节约文化，是人与自然关系和人际关系友好型的和谐文化。腐败文化是奢侈型的浪费文化、激化矛盾冲突的文化。七是从特征来看，廉政文化具有无私性、高尚性、正义性、和谐性、公开性、免疫性、坚韧性等特征；腐败文化具有功利性、丑恶性、非正义性、分裂性、隐秘性、欺骗性、传染性、顽固性等特征④。

作为一种非主流文化，腐败文化也有丰富的外在表达方式，这是其得以流行的重要条件，具体主要是语言符号。当下比较流行的表达主要是各种段子、顺口溜等。以其内容为标准，它们大致可以分为两类：第一类，宣扬“腐败必然论”，认为官场是一个大染缸，不管是谁，只要进入，都不可能抵御种种诱惑，腐败是早晚的事情，腐败是一种必然。还有人认为自私自利、贪婪是人的本性，所以腐败不可避免。例如：

（1）生命不息，腐败不止；我腐败，我快乐；为腐败事业而努力奋斗。

（2）天天学习，好好腐败；好好学习，天天腐败。

（3）坚持腐败，自由自在。

（4）天天腐败行，时时好心情。

（5）腐败不丢人，廉洁不光彩。

（6）腐败不臭，廉洁不香。

（7）升官不发财，请我都不来；当官不收钱，退休没本钱。

（8）劳苦应该，捞点应该。

（9）大贪轻判了，小贪没事了，不贪活该了。

（10）千里做官，为了吃穿。

（11）常在河边走，哪能不湿鞋，既然湿了鞋，那就洗洗脚，既然洗了脚，索性洗个澡。

（12）腐败不是新闻，廉洁才是新闻。

第二类，宣扬“腐败官场论”，惟妙惟肖地阐述所谓“为官之道”、“官场潜规则”。例如：

（1）紧盯权力不放松，一切向钱看。

（2）有钱就有权，有权更有钱。

（3）有权不用，过期作废。

（4）大腐败没有关系，小腐败也算廉洁。

（5）后台越硬越好，关系越多越好，脑袋越尖越好，嘴巴越油越好，爪子越长越好，脸皮越厚越好。

（6）对上举手——拍，对下抬手——打，同行挥手——推，自己巧口——吹。

（7）受贿要像作客吃饭一样才平安无事：看得准、夹得稳、吃得快、舍得丢。

（8）给我送过钱的，我都不记得了。没送过钱的，我都记得。

（9）不跑不送降级使用，只跑不送原地不动，又跑又送提拔重用。

（10）台上唱得好，台下自己干，做不到，说归说，做归做。

对这种腐败文化怎么看？我们认为，关键要把握以下几点：首先，必须认真看待它们的消极作用和影响。这些段子、顺口溜日益活跃在人们的日常交谈中，也经常会通过手机、网络等传播。在我们所作的问卷调查中，其中有一项是让被调查对象写出他们所知道的官员私下常用的有关权力或为官的俗语。我们把他们写出的俗语分为体现廉政文化的积极俗语和体现腐败文化的消极俗语两大类。统计分析结果表明：积极俗语占俗语总数的24%，而消极俗语占俗语总数的66%（图8-2）。可见，它们已经具有不容忽视的影响力了。应该看到，这些段子往往过于偏激，把一些局部存在的不良现象扩大化，严重损害了国家、政党、干部队伍的形象，阻碍了廉政文化的传播，大大降低了廉政建设的成效，从而加大了反腐败的社会成本。

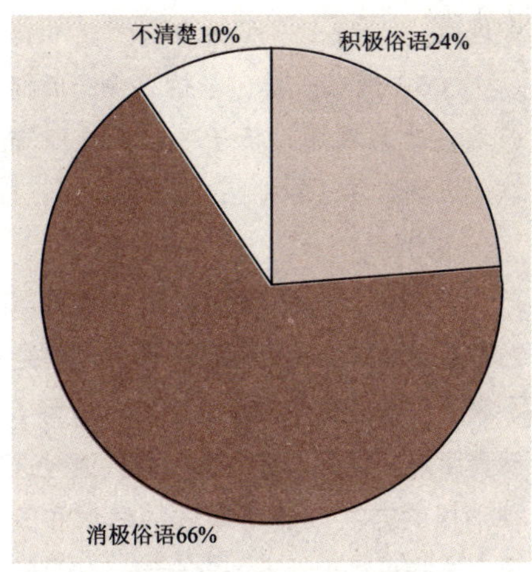

图8-2　问卷调查统计图

其次，必须认真看待它们赖以存在的社会基础。作为腐败文化的表达形式，这些段子、顺口溜的日益流行，与其本身贴近生活、通俗易懂的特点是分不开的。加上现代通信工具的辅助，也在很大程度上加剧了传播的速度和广度。但是，根本原因还在于现实生活中腐败的存在及其严重性为其提供了现成的标本。最后，必须认真看待廉政文化所具有的清理作用。为了消除这些危害和负面影响，除了加快对腐败行为本身进行治理的步伐外，廉政文化符号表达建设也是重要的途径。通过丰富廉政文化符号表达形式，有效驱逐腐败文化。交通廉政文化作为廉政文化的一个重要组成部分，在建设过程中，通过创造和推广健康、活泼、丰富多样的符号表达，必将有助于弘扬廉政文化，克服腐败文化的侵蚀。另外，还有一类在社会上比较流行的段子、顺口溜，它们是流传在群众中用来讽官刺吏、针砭腐败的。例如：

（1）修好一条路，倒下一批人。

（2）双赢：发包人暗箱操作得回扣，包工头偷工减料建大桥。

（3）平时惊天动地，节前铺天盖地，节中花天酒地，节后威信扫地。

（4）汇报工作浮夸风，检查工作吃喝风，荐才用才裙带风，群众意见耳旁风。

(5)嘴巴一抹，事情办妥；酒杯一端，政策放宽；筷子一提，可以可以；饭饱酒醉，不对也对。

这些段子、顺口溜从形式上看虽然有着与腐败文化近似的面貌，但是绝不属于腐败文化。相反，它们正是为了谴责腐败文化而创造的，老百姓通过这种消极的方式表达对腐败的痛恨和无奈。这些表达虽然不一定全面，却是健康的。因此，建设交通廉政文化，必须注意从中吸收有益的营养，同时注意批判其中片面和夸大的成分，从而引导它们成为廉政文化的符号表达方式。

第二，有助于使价值、制度等丰富多彩、易于理解、深入人心。

一张拉得长长的脸可以熏黑任何一片晴朗的天空。因此，文化的符号表达并非是无关紧要的，它会让所有的受众身心愉悦并对其背后的价值表现出认同或者深受其影响。当然，这种符号表达必须是有效的、恰当的：

一位饭店的常客叫来侍者："你们这是什么意思？看看这块牛肉，昨天的那块可是这块的两倍！""昨天你坐在哪里？"侍者问。"关你什么事！我确信我昨天坐在窗子旁边。""哦，是这样。"侍者笑着说："这就很好解释了。我们给靠窗的顾客通常是大块的牛肉，那是比较理想的广告位置！"

交通廉政文化建设的关键在于使其所蕴含和倡导的价值、制度被人们深入理解、广泛接受，并逐步成为指导人们行为的准则和标杆。但是，价值和制度往往以相对抽象、理论和僵硬的形式表现出来，从而影响了其作用的有效发挥。而廉政文化的符号表达恰恰能够弥补这种缺陷，它使价值文化和制度文化易于理解、深入人心。

3. 交通廉政文化建设符号表达的具体分类

对于符号的分类历来就有许多不同的看法。根据传播学的原理，一般而言，从表现形式上将符号分为语言符号和非语言符号两大类。语言符号是人类特有的有声符号系统，它不仅是具体事务的抽象符号，而且反映了种、类以及事物与事物之间的关系。非语言符号是指以语言为基础，单独表达一种信息的符号，是人类各种静态和动态的包含特定意义的信息载体⑤。因此，交通廉政文化建设的符号表达也可以分为相对应的两大类：交通廉政文化建设的语言符号与交通廉政文化建设的非语言符号。

符号，不管是语言符号还是非语言符号，之所以能成为我们日常生活中表达、传递思想和信息的不可或缺的工具，是和它们具有的感性化、具体化、形象化等特性密切相关的。语言符号中的言语符号有声音，文字符号有形状，都是直观而具体的。而且通过不同的组合、排列，又能形成崭新的表达和传播载体。具体到交通廉政文化建设中，廉政故事集、廉政诗歌集、廉政对联集等从正面论证了何谓“廉”，将交通廉政文化建设的价值内涵自然而生动地呈现；“落马贪官忏悔录”等从反面佐证了交通廉政文化价值、制度建设的重要意义。而非语言符号则更进一步全面调动了人们的视觉、听觉、触觉、嗅觉等各个感官，对价值、制度的表达和诠释不遗余力。具体到交通廉政文化建设中，交通廉政文化建设先进典型和交通廉政文化建设示范单位诠释了廉政价值如何外化到人们的行为中；交通廉政文化建设徽标会让廉政文化的价值理念、制度文化等潜移默化地在人们的心中生根；交通廉政文化游戏软件、交通廉政文化文体活动则通过民众喜闻乐见的方式，让他们在欢笑中接受廉政文化的熏陶；述职述廉活动和家庭助廉活动更是对价值、制度建设的集中体现。

总之，无论是语言符号，还是非语言符号，都能在价值、制度和它们的受众之间架起一座桥梁，使得原本空洞、乏味的价值、制度变得生动形象，易于理解。

需要说明的是，作为理论研究，我们无法穷尽交通廉政文化建设符号表达的所有形式。其原因，一是廉政文化建设的符号表达具有共同性。近年来，我国的廉政文化建设发展迅速。例如，《检察日报•廉政周刊》评选了“2007年廉政文化事件”：（1）首届全国廉政短信征集大赛举办。2007年5月至7月，检察日报社主办了主题为“预防职务犯罪，共建和谐社会”的首届全国廉政短信征集大赛。在全国范围内征集廉政手机短信原创作品，在国内尚属首次。（2）《新时期领导干部反腐倡廉教程》问世。2007年9月，由中央纪委、中央党校组织编写的《新时期领导干部反腐倡廉教程》正式出版。它的出版是落实中共中央在注重惩治打击腐败的同时更加注重预防腐败策略的一个重要的实际行动。（3）全国反腐倡廉综艺晚会上央视。2007年9月16日，全国反腐倡廉综艺晚会《清廉颂 卫士情》在中央电视台成功举办。（4）桐乡举办廉政漫画大赛。2007年5月至10月，中国美术家协会漫画艺委会、浙江省纪委、嘉兴市纪委、桐乡市委、桐乡市政府联合举办了“中国•桐乡廉政漫画大赛”。此次廉政漫画大赛受到了全国各地漫画爱好者的积极响应，共收到4528幅参赛作品，体现了漫画界开展廉政文化建设的热情。（5）反腐网游《清廉战士》夭折。2007年7月25日，浙江省宁波市海曙区纪委、海曙区西门街道党工委推出国内首部大型反腐主题网络游戏《清廉战士》，但在开张半个月后夭折。(6)狱中“官员”最渴望自由。2007年，重庆市检察院第五分院通过问卷调查和个别访谈等方式，针对狱中服刑的职务犯罪人员的思想状况进行了深入细致的调查。由该院制作的问卷《原党员服刑人员统计调查表》，发到重庆监狱和九龙监狱65名职务犯罪服刑人员手里，其中包括“最想说的一句话”、“最主要的三个愿望”等问题。这些调查对象在服刑前都是副处级以上党员领导干部，最高级别为副厅级，其中95%以上是因贪污、受贿、挪用公款等职务犯罪被判刑入狱。2007年9月4日，《检察日报·廉政周刊》披露了调查结果。调查中多数被调查者不约而同地在“最想说的一句话”后面写下了“渴望自由”，而年纪相对较大的服刑人员这方面的愿望更强烈。(7)张绍仓抄袭悔过书。原系安徽省能源集团有限公司党委书记、总经理(正厅级)兼皖能股份公司董事长、总经理张绍仓，因犯贪污罪、受贿罪，被法院一审判处无期徒刑。让人想不到的是，在2007年7月11日庭审最后陈述阶段，张绍仓含泪读的言辞恳切的悔过书中却有多处抄袭。(8)网络成为反腐新力量。2007年7月14日，一篇《副市长殴打情妇，引来举报信》的文章出现在新浪网个人博客中，文章描述了云南省个旧市副市长童某因情妇间争风吃醋，将情妇杜某暴打一顿，杜某因此愤然告发童某的婚外情等问题。博主姜焕文听了杜某的讲述后，进行调查取证，认定童某存在生活作风问题，于是写了举报材料送到云南省纪检监察部门。随后，他将文章贴在自己的新浪网、搜狐网博客中，并在天涯社区、西祠胡同等众多著名网站论坛转贴。此文迅速在网上掀起轩然大波，并有一些报纸跟进报道。身处“漩涡”之中的童某，于8月上旬被个旧市人大常委会依法罢免了副市长职务。“副市长殴打情妇”事件最后的处理结果，说明网上曝光有一定的现实合理性和积极作用。它指出了或者说引发了人们思考这样的问题：反腐败怎样利用网络收集举报线索，发现和调查腐败案件？网络如何为反腐败提供有益支持？(9)廉洁教育进校园专项调查。中小学校作为传承文明、传播先进文化、教书育人的重要阵地，在廉政文化建设中占据着重要地位——这也是廉洁度比较高的一些国家和地区的成功经验。那么，我国的中小学校教育如何为反腐败服务？针对这一问题，广东省广州市海珠区检察院于2007年完成了一项专项调查，主题为“是否有必要在中小学校专设廉洁教育课或相关内容”。通过调查，海珠区检察院检察官建议，中小学校开展廉洁教育，应该把握好几方面问题：准确定位、运用合适载体、提高教师素质以及灵活考核评价。这一调查结果为深入推进廉政文化进校园，将廉洁教育纳入国民教育体系提供了现实依据。（10）湖南举办中华廉洁文化论坛。2007年12月5日，首届中华廉洁文化论坛在湖南省长沙市开幕，这是中国首次以廉洁文化为主题召开的大规模论坛[⑥]。应该看到，上述许多内容同时也是我国廉政文化建设的符号表达，交通廉政文化建设完全可以借鉴、吸收、移植这些丰富的表达形式。二是这些形式具有如此的多样性，因而只能选取其中一些主要的形式进行论述。三是一些有象征意义的建筑和桥梁具有悠久的历史，蕴含丰富的文化内容。例如，人们提起“开阳高速”，就会联想到交通人的廉政精神，“开阳高速”已经成为交通廉政文化建设的一种载体。但是，我们无法用文字对其加以具体描绘和阐释。

在此，我们就交通廉政文化建设的主要符号表达形式提出自己的一些粗浅看法（表8-1）。

交通廉政文化建设主要符号表达形式一览表　　表8-1

<table>
<tr><th colspan="4">交通廉政文化建设主要符号表达</th></tr>
<tr><th colspan="2">语言符号</th><th colspan="2">非语言符号</th></tr>
<tr><td rowspan="2">自我警醒类</td><td>廉政格言警句</td><td>标志类</td><td>图形类标志标记标识；实物类路铭、桥铭、河道港道铭</td></tr>
<tr><td>廉政标语</td><td rowspan="2">示范类</td><td>廉政先进典型</td></tr>
<tr><td rowspan="5">特定约束类</td><td>廉政谈话</td><td>廉政示范单位</td></tr>
<tr><td>述职述廉</td><td>阵地类</td><td>廉政教育实践基地：博物馆、展示馆等</td></tr>
<tr><td>廉政承诺</td><td>艺术类</td><td>廉政数码、艺术作品：教育软件、曲艺节目等</td></tr>
<tr><td>廉政宣誓</td><td rowspan="5">活动类</td><td rowspan="2">家庭助廉活动</td></tr>
<tr><td>廉政通俗读物</td></tr>
<tr><td rowspan="3">公共传播类</td><td>廉政卡片</td><td>廉政主题日活动</td></tr>
<tr><td>廉政短信</td><td>廉政公益宣传活动</td></tr>
<tr><td>防贪锦囊与贴士</td><td>廉政文体活动</td></tr>
</table>

二、交通廉政文化建设的语言符号表达

语言是人们彼此之间进行沟通交流最重要的工具，也是人们进行信息表达、传播的有效载体。即使是非语言符号，也都以语言符号作为最根本的基础。可以说，语言符号在信息传播过程中起着举足轻重的作用，是最重要的符号系统。大多数语言学家都认为，任意性和线形规则是语言符号系统的本质特征，是结构主义符号学和语言学的支柱[①]。

语言符号的任意性一向被认为是语言符号的第一原则，它是由现代语言学之父索绪尔第一个提出来的，同时也是所谓索绪尔语言学理论的基石。对于这个特点，索绪尔是如此阐述的："概念和音响形象的结合叫符号。用符号这个词表示整体，用所指和能指分别代替概念和音响形象。能指和所指的联系是任意的。"[②]因此，所谓语言符号的任意性是指概念和表示该概念的读音形式之间没有必然的、本质的联系，它们最初的结合是出于一种习惯，或者说是一种约定俗成。比如，"太阳（tai yang）"，意思是指地球等行星围绕它公转的恒星。它的读音和意义之间并没有内在的本质联系。再如，不同语种的语言用不同的发音也可以表达相同的

① 相对而言，"交通廉政文化建设的物质基础"是一个不具有多少理论深度的问题。为突出主题，本章主要论述"交通廉政文化建设的符号表达"。

② 参见李正良：《传播学原理》，中国传媒大学出版社2007年版，第197页。

③ 参见张洪：《必须充分认识"腐败亚文化"的危害》，载《中国党政干部论坛》2005年第7期。

④ 参见卢岳华：《廉政文化与腐败文化比较的新视角》，载《中国党政干部论坛》2006年第8期。

⑤ 参见张放：《非语言符号在信息传播中的特点与功能》，载《东莞理工学院学报》2006年第5期。

⑥ 参见《检察日报》2008年1月8日。

含义，指明相同的事物，这也是语言符号任意性特点的一个表现。当然，值得一提的是，这里所指称的任意性，是针对语言符号的最初创制阶段来讲的。当语言符号被长期使用，得到广泛认可之后，其音和义的结合就开始变得具有强制性了。在交通廉政文化建设中，根据任意性特征，可以创制一些特定的语言符号来表达交通廉政的内涵、价值等。例如，我们认为，“交至廉，通至远”是交通廉政文化建设的核心价值观。

语言符号的线条性也是语言符号的基本原则。索绪尔说：“能指属听觉性质，只在时间上展开，而且具有借自时间的特征：（a）它体现一个长度，（b）这长度只能在一个向度上测定：它是一条线。”[③]可见，索绪尔所说的线条性特征是就能指而言的，进一步讲是听觉能指。举个例子，我们在说“交通廉政文化建设”时，如果要准确无误地表达出原意，就必须按照先后顺序一个跟着一个依次说出，随着时间的推移而往后逐渐延伸，不能随意颠倒，也不能打乱排列。

语言符号表达可以进行不同的分类：

（1）从构成上看，语言符号是由能指和所指构成的统一体。法国著名的符号学家巴尔特在考察符号与其“环境”的关系时，提出了价值这一概念。结构主义理论认同了这种观点，即符号就是能指和所指之间的关系。能指和所指如一张纸的两面，是不可分割的存在，每一面都是另一面存在的必要条件。能指的性质大致呈现相同的特点：是一种纯相关物。它与所指的区别在于能指是一种中介体，能指必须借助物质载体而存在。所指，在语言学中，是“事物”的心理再现，是符号的使用者通过符号所指的“某物”。从功能性上看，能指与所指是符号的两个相关物。通俗一点理解就是，能指是符号的一个载体、表现形式，所指是符号所包含的内在意义。

（2）从传播载体上看，对语言符号的认识可以分为广义和狭义两种。从广义上讲，语言符号包括言语和文字两类，即所谓的口语符号和书面语符号。从狭义上讲，语言符号仅包括口语符号。这里所说的语言符号是从广义上理解的。

（3）从表现形式上看，语言符号一般又包括语言、文字和图画等。

语言符号表达是交通廉政文化建设符号表达的一个重要组成部分。实践中，交通廉政文化建设的语言符号表达形式丰富多样，归纳起来，主要有以下列三大类：

（一）自我警醒类

“物必自腐而后虫生”。因此，自我警醒类的语言符号表达形式注重个人内心自发的道德约束，有助于激发和培养交通领域全体工作人员及参与者清廉正直的自我监督、自我警醒能力。自我警醒类的语言符号表达形式主要有廉政格言警句，廉政标语等。

1. 廉政格言警句

格言警句是长期以来历史文化的反映，其既有警示作用，又有激励鞭策作用。

在交通廉政文化建设中，一方面，可以挖掘我国优秀的传统廉政文化，古为今用。应该看到，“富贵不能淫，贫贱不能移，威武不能屈”等优秀的格言警句至今仍具有强大的教化作用。另一方面，也可以在交通系统内部组织干部结合自身的工作实践，收集、创作格言警句，以明确行业内部的廉政行为准则；或者组织社会各界推荐、创作交通廉政文化建设的格言警句，社会力量的广泛参与本身就有助于交通廉政文化的传播。

格言警句可以多种形式活跃在交通廉政文化建设的舞台上。例如，制作格言警句牌，挂在办公场所，营造一个良好的环境，或者利用办公场所的电子屏幕滚动播出，还可以将它们汇编成册，发放到领导职工手中，使之成为案头书，长期发挥有效的警示作用。

为了更好地发挥格言警句的作用，我们特按照我们对之欣赏的程度提出若干格言警句推荐给大家使用：

（1）士大夫若爱一文，不值一文。——宋•罗大经

（2）廉者，民之表也；贪者，民之贼也。——宋•包拯

（3）清心为治本，直道是身谋。——宋•包拯

（4）能吏寻常见，公廉第一难。——金•元好问

（5）不求不争于民，而民知逊；不求不贪于民，而民知廉。——宋•杨万里

（6）大臣之廉耻，即天下之风尚。——明•史可法

（7）廉而自忘其廉，则人高其行而服其德。——明•格言

（8）自律不严，何以服众？——元•张养浩

（9）宁公而贫，不私而富；宁让而损己，不竞而损人。——元•张养浩

（10）能脱俗便是奇，不合污便是清。——明•陈继儒

（11）水清则见毫毛，心清则见天理。——明•薛瑄

（12）无心者公，无我者明。——清•金缨

（13）贪利者害己，纵欲者戕生。——清•金缨

（14）在世一日，要做一日好人；为官一日，要行一日好事。——清•金

兰生

（15）贪如火，不遏则燎原；欲如水，不遏则滔天。——战国•韩非

（16）廉外则可以大任，少欲则能临其众。——战国•韩非

（17）抱法处世则治，背法处世则乱。——战国•韩非

（18）一丝一粟，我之名节；一厘一毫，民之脂膏。——清•张伯行

（19）廉明清正，心无私欲，自然会刚；心无邪曲，自然会正。——清•张伯行

（20）从官重恭慎，立身贵廉明。——唐•陈子昂

（21）保廉节者，必憎贪冒之党。——唐•陈子昂

（22）一身正气为人师，两袖清风能生威。——晋•杨泉

（23）忠信廉洁，立身之本，非钓名之具也。——宋•林逋

（24）公生明，明生廉；廉生威，威兴业。——清•李惺

（25）至廉而威。——汉•董仲舒

（26）吏不威吾严，而威吾廉；民不服吾能而服吾公。——《清碑•官箴》

（27）富贵不能淫，贫贱不能移，威武不能屈。——战国•孟子

（28）得道者多助，失道者寡助。——战国•孟子

（29）务为清廉仁爱之官，勿作苟且贪污之事。——清•徐栋、丁日昌

（30）勤以补拙，俭以养廉。——清•曾国藩

（31）俭而不奢，家道恒兴；俭而不贪，居官清廉。——清•曾国藩

（32）廉者昌，贪者亡。——《汉书》

（33）廉者常乐无求，贪者常忧不足。——隋•王通

（34）卑而不失义，瘁而不失廉。——晏子

（35）进不失廉，退不失行。——春秋•晏婴

（36）傲不可长，欲不可纵，乐不可极，老不可满。——唐•魏征

（37）人皆因禄富，我独以官贫，所遗子孙在于清白耳。——唐•魏征

（38）为政者，莫善于清其吏也。——唐•魏征

（39）廉隅贞洁者，德之令也；流逸奔随者，行之污也。——唐•魏征

（40）以铜为镜，可以正衣冠；以古为镜，可以知兴替；以人为镜，可以明得失。——唐•魏征

（41）伤风害理，莫甚于私。暴物残民，莫大于贿。——唐•陆贽

（42）智者不为非其事，廉者不为非其有。——汉•韩婴

（43）为官长当清、当慎、当勤，修此三者，何患不治乎？——南朝•刘义庆

（44）清越而瑕不自掩，洁白而物莫能污。——唐·刘禹锡

（45）小人重利，廉士重名，贤人尚志，圣人贵精。——战国·庄子

（46）知足而不贪，知节而不淫。——宋·林逋

（47）有公心必有公道，有公道必有公制。——晋·傅玄

（48）廉夫惟重义，骏马不劳鞭。——唐·李白

（49）苍鹰独立时，恶鸟不敢飞。——唐·孟郊

（50）有官贫过无官日，去任荣于到任时。——清·松坪

（51）临官莫如平，临财莫如廉。——春秋·孔子

（52）其身正，不令而行；其身不正，虽令不从。——春秋·孔子

（53）上者，民之表也。表正，则何物不正?——春秋·孔子

（54）直不近祸，廉不沽名。——《新唐书》

（55）天下唯公足以服人。——《明史》

（56）君子以俭德辟难，不可荣以禄。——《易经》

（57）公则明，不敢慢；廉则吏，不敢欺。——《清碑·官箴》

（58）清廉抱明月，公义对黎庶。——《对联集锦》

（59）人到无私方称仙，官至乐贫自是廉。——《对联集锦》

（60）一柄利剑护清政，万管玉箫唤廉洁。——《对联集锦》

（61）保安维宁今不异古，律身自正公而忘私。——《对联集锦》

（62）清为至宝一生用，廉作良田万世耕。——《对联集锦》

（63）为官要在勤政，当权本在清廉。——《对联集锦》

（64）当官常念民之苦，处事公正心自安。——《对联集锦》

（65）当官者能洁身修己，然后在公之节乃全。——唐·房玄龄

（66）廉士不辱名，信士不惰行。——汉·刘向

（67）居官人清，而不自以为清，始为真清。——宋·朱熹

（68）清泉绝无一尘染，长松自是拔俗姿。——宋·苏舜钦

（69）当官之法，唯有三事，曰清、曰慎、曰勤。——宋·吕本中

（70）不受非分之赐，则廉耻立。——宋·司马光

（71）珠莹则尘埃不能附，性明则情欲不能染。——北朝·刘昼

（72）名节重泰山，利欲轻鸿毛。——明·于谦

（73）正身直行，众邪自息。——汉·刘安

（74）非淡泊无以明志，非宁静无以致远。——三国·诸葛亮

(75) 静以修身，俭以养德。——三国•诸葛亮

(76) 苟非吾之所有，虽一毫而莫取。——宋•苏轼

(77) 人不可苟宝贵，亦不可以图贫贱。——宋•苏轼

(78) 宁谢汾华而甘淡泊，遗个清名而在乾坤。——明•洪自诚

(79) 官能清则冤柳渐消，吏能廉则风俗自厚。——清•钱泳

(80) 宁向直中取，不可曲中求。——周•姜尚

(81) 吏不廉平，治道衰。——《资治通鉴》

(82) 乾坤自在，物我两忘。——明•洪应明

(83) 源清则流清，源浊则流浊。——战国•荀子

(84) 非其位而居之曰贪位，非其名而有之曰贪名。——汉•司马迁

(85) 终不以天下之病而利一人。——西汉•司马迁

(86) 历览前贤国与家，成由勤俭败由奢。——唐•李商隐

(87) 择其善者而从之，其不善者而改之。——春秋•孔子

(88) 问渠哪得清如许，为有源头活水来。——宋•朱熹

(89) 清者自清，浊者自浊。——明•于谦

(90) 以道窒欲，则心自清。——明•陈继儒

(91) 清风两袖朝天去，免得闾阎话短长。——明•于谦

(92) 政通人和，百废俱兴——宋•范仲淹

(93) 天网恢恢，疏而不漏。——春秋•老子

(94) 自古天下离合之势，常系民心。——宋•辛弃疾

(95) 天下兴亡，匹夫有责。——清•顾炎武

(96) 苟利国家生死以，岂因祸福避趋之。——清•林则徐

(97) 临大利而不易其义，可谓廉矣。——战国•吕不韦

(98) 天下之治赖纪纲。——战国•吕不韦

(99) 勿以恶小而为之，勿以善小而不为。——三国•刘备

(100) 德惟善政，政在养民。——《尚书》

(101) 才者，德之资也；德者，才之帅也。——《资治通鉴》

(102) 博学之，审问之，慎思之，明辨之，笃行之。——《礼记》

(103) 见利不亏其义，见死不更其守。——《礼记》

(104) 惟贤惟德，能服于人。——《三国志•蜀书》

(105) 生骄逸之端，必践危亡之地。——《贞观政要》

（106）居高位者易骄，处佚乐者易侈。——《明史》

（107）百姓大害，莫甚于贪官蠹吏。——《清史稿·蒋赫德列传》

（108）宁可正而不足，不可邪而有余。——《增广贤文》

（109）治国无法则必乱。——《明史》

（110）众恶之，必察焉；众好之，必察焉。——春秋·孔子

（111）三省吾身——为人谋而不忠乎？与朋友交而不信乎？传不习乎？——春秋·孔子

（112）兼听则明，偏听则暗。——《资治通鉴》

（113）履富贵而不淫，处贫贱而不戚。——明·庄元臣

（114）达人远见，不与物争。——元·许名奎

（115）仕者为己，天下无善政。——明·钱琦

（116）水清沙自洁，官闲弊自绝。——清·乐钧

（117）粗粝能甘，纷华不染。——清·王永彬

（118）两袖清风身欲飘，杖藜随月步长桥。——元·陈基

（119）冰雪林中著此身，不同桃李混芳尘。——元·王冕

（120）混迹尘中，高视物外。——明·陈继儒

（121）扫除外物，直觅本来。——明·洪应明

（122）好向濂溪称净植，莫随残叶随寒塘。——鲁迅

（123）我们国家的干部是人民的公仆，应该和群众同甘苦，共命运。——周恩来

（124）千教万教，教人求真。千学万学，学做真人。——陶行知

（125）行经万里身犹健，历尽千艰胆未寒。可有尘瑕须拂拭，敞开心肺给人看。——谢觉哉

（126）常怀民愿察佞奸，心系国安惩腐贪。——对联

（127）国法无情祛除歪风，天道有力扶持正气。——对联

（128）如衡其平如镜其彻，乃玉之白乃冰之清。——对联

2. 廉政标语

在廉政文化建设中，口号、标语因其牢固的群众基础而成为开展各项工作时常用的一种语言符号表达。在实践中，格言警句和标语常被混为一谈。其实，格言警句是历史的沉淀，是我国悠久文化的反映，一般比较书面化；而标语是群众的语言，简单易懂，朗朗上口，便于记忆传颂。因此，格言警句是精英化的语言，标语是群众化的语言。但是，标语流传时间长了也可能变成警句，警句通俗化了也就变成了标语，因

而两者的关系不是绝对的。

在交通廉政文化建设中，可以收集和编写一些廉政标语，悬挂在公共场所、尤其是在建的交通工程上。一方面，可以时时提醒交通系统的员工规范自身行为，廉洁自律；另一方面，也可以让公众对照标语进行监督。为此，我们认真学习和领会十七大报告中的相关精神，按照我们的理解，收集、创作了一些廉政标语以供参考：

（1）立党为公、执政为民，求真务实、改革创新，艰苦奋斗、清正廉洁。

（2）交通建设与各种消极腐败现象水火不容。

（3）交通廉政文化建设：实践永无止境，创新永无止境。

（4）让交通成为更加完善、更加充满活力、更加具有亲和力的行业。

（5）坚持走中国特色自主创新道路，建设中国特色交通廉政文化事业。

（6）严格执行党风廉政建设责任制。

（7）把反腐倡廉建设放在更加突出的位置。

（8）旗帜鲜明地反对腐败。

（9）加快行政管理体制改革，建设服务型交通。

（10）让交通权力在阳光下运行。

（11）坚持用制度管权、管事、管人。

（12）提高交通工作透明度和公信力。

（13）交通越发展，社会越发展。

（14）激发交通廉政文化创造活力，提高交通文化软实力。

（15）建设交通廉政文化核心价值体系。

（16）建设和谐交通文化，培育交通文明风尚。

（17）加强社会公德、职业道德、家庭美德、个人品德建设，发挥交通廉政示范功能。

（18）推进交通廉政文化创新，增强交通文化发展活力。

（19）让交通廉政文化建设贴近实际、贴近生活、贴近群众。

（20）为民、务实、清廉。

（21）做实践社会主义核心价值体系的模范、科学发展观的忠实执行者、社会主义荣辱观的自觉实践者、社会和谐的积极促进者。

（22）讲党性、重品行、作表率。

（23）继承优良传统，弘扬新风正气。

（24）为人民服务是唯一宗旨，建廉政交通是第一要务。

（25）廉政的环境，阳光的心

情，和谐的交通。

（26）筑好路，架好桥，做好人。

（27）修民心路，建廉心桥。

（28）心中常有清廉在，脚下自有康庄路。

（29）别让廉洁缺失，莫用生命赶路。

（30）常在河边走，就是不湿鞋。

（31）廉洁一步，畅通一路。

（32）脚下步步廉洁，前途一生无忧。

（33）廉政二字，说说只需一秒，践行却要一生。

（34）路在脚下，廉记心上。

（35）一路廉洁，一路平安，一路温馨。

（36）廉洁一步，平安一生。

（37）交通顺畅，廉洁开路。

（38）勤政爱民服务先，交通发展人为先，和谐社会理念先，繁荣交通廉洁先。

（39）交通廉洁两相连，大众安全一线牵。

（40）交通联结你我他，廉政建设靠大家。

（41）修路架桥，从廉开始。

（42）交叉千行，通联万家，交通形象要靠你我他！

（43）不是交通消灭腐败，就是腐败消灭交通！

（44）廉风进交通，廉政在心中。

（45）廉洁在心中，道路更畅通。

（46）绷紧廉洁自律弦，把好手中方向盘。

（47）手握方向盘，廉洁常相伴。

（48）道路修到哪里，廉洁就延伸到哪里。

（49）乘风破浪“先行官”，默默奉献“铺路石”。

（50）人人各行康庄道，路路共创廉政风。

（51）十字路口，廉为绿灯。

（52）建设廉洁交通，从你我做起。

（53）建优质交通，树清廉形象。

（54）公路通，水路通，路路畅通；干部廉，群众廉，人人皆廉。

（55）沟通世界，廉接未来；畅通快捷，交通相伴。

（56）常照“廉政镜”，不闯“贪红灯”。

（57）心头常亮红绿灯，廉洁交通伴我行。

（58）立为民之本，尽责任之心，树勤政之风，开廉洁之路。

（59）勤廉高效引领和谐交通，

创新奉献铺设发展基石。

（60）交通要发展，反腐要深入。

（61）勤以兴交，廉以养德。

（62）筑优质神州路，做清廉交通人。

（63）廉洁敬业服务交通，求真务实惠及百姓。

（64）为使交通事业兴，廉洁观念当永记。

（65）一言一行，牢记交通形象；一举一动，常思百姓冷暖。

（66）交通人的廉洁，老百姓的福音。

（67）廉政记心间，交通畅万里。

（68）廉洁交通，一路顺风。

（69）交通之道，以人为本，以廉为先。

（70）保持清廉本色，把好交通关卡。

（71）路路通，行行廉。

（72）明荣知耻讲廉洁，交通廉政记心间。

（73）珍爱交通荣誉，莫闯腐败红灯。

（74）清廉执政，为民通大道。

（75）严严实实管钱，结结实实铺路，顺顺畅畅交通，踏踏实实为民。

（76）条条大路通廉政。

（77）廉洁的方向盘掌握在自己手中。

（78）打造交通廉政，是我们每个交通人的使命。

（79）共建廉政环境，同享和谐交通。

（80）交通要和谐，人人要廉洁。

（81）做廉洁交通人，建和谐大交通。

（82）廉洁高效，筑优质公路，建黄金水道，创和谐交通。

（83）培育廉政文化，共享和谐交通。

（84）弘扬廉洁新风，共创交通事业。

（85）树廉政新风，建和谐交通。

（86）促廉政建设，树廉政意识，养廉政文化，创廉政交通，达和谐社会。

（87）高标准，严要求，做廉洁交通人，促交通和谐发展。

（88）安全畅通，廉洁高效，和谐交通。

（89）深入反腐倡廉，大力发展交通。

（90）深入开展反腐斗争，为交通建设保驾护航。

（91）深入反腐倡廉，服务交通建设。

（92）提倡交通廉政，弘扬交通

文化。

（93）廉政理念要贯通于交通一切工作之中。

（94）尊廉崇洁，阳光交通。

（95）廉洁交通，人人有责。

（96）交通服务网点延伸到哪里，交通廉政文化就传播到哪里。

（97）构建交通行业惩治和预防腐败体系，为交通事业可持续发展提供保障。

（98）姿态上低人一等，能力上高人一等，作风上强人一等，享受上慢人一等，奉献上多人一等，冲突上让人一等。

（99）行廉政，心怀坦荡；陷腐败，作茧自缚。

（100）廉洁方能聚人，律己方能服人，身正方能带人，无私方能感人。

（101）领导带头廉政，员工跟着廉政，交通实现廉政，百姓享受廉政。

（102）紧盯权力不放松，紧扎钱袋不放松，廉政建设变轻松。

（103）非淡泊无以明志，非廉洁无以致远。

（104）两袖清风为民颂，建功立业美名扬。

（105）谦虚谨慎、淡泊名利；勤勉敬业、高效执政。

（106）勤于学习，勇于实践；甘于清廉，乐于奉献。

（107）勤政务实，常怀为民之心；廉洁高效，不忘执政之本。

（108）求真务实，廉洁高效；和谐发展，兴业为民。

（109）实干兴业，勤政为民。

（110）一根扁担挑天下，廉洁奉公为人民。

（111）廉则通，通则久。

（112）廉似积土成山贵在点滴，贪如平原跑马易放难收。

（113）廉洁奉公，爱岗敬业，团结协作，求实创新。

（114）端正行风人人有责，反腐倡廉事事关心。

（115）倡导廉政新风，建设美好家园。

（116）倡廉洁之风，养浩然正气。

（117）处事诚为本，从政廉为先。

（118）警钟长鸣，让腐败无藏身之地。

（119）作廉政楷模，为人民服务。

（120）廉政靠大家，关系千万家。

（121）抓廉政教育，建廉政制度，促廉政监督。

（122）执政为民，廉洁奉公。

（123）发扬廉洁行风，实现跨越发展。

（124）和谐大计，廉洁为本。

（125）和谐，务实，廉洁，高效。

（126）加强廉政建设，塑造交通形象。

（127）反腐倡廉，发展交通，共享和谐。

（128）端正行风，服务大众。

（二）特定约束类

自律固然重要，他律的作用也不容忽视。在重视和强调自我警醒类语言符号表达形式的同时，仍然需要特定的、他律式的约束方式，借助特定约束类载体，弥补自我警醒类载体的不足。这类语言符号表达形式主要包括廉政谈话、述职述廉、廉政承诺、廉政宣誓等等。

1. 廉政谈话

交通部门因为其自身的特点，会涉及众多重大基建项目的建设、审批、监管、收费等。在这些过程中，极易滋生腐败。为了帮助交通系统的领导干部树立坚定的廉政立场和态度，可以对他们进行事前善意的预警式教育谈话。

2. 述职述廉

述职述廉能促进领导干部自省自律，推进廉政建设责任制的进程。目前，有些地方的交通部门正逐步开展这项活动，但大多只在内部进行，主要是领导干部在职工大会上以报告的形式，对其职务履行情况进行汇报，接受职工的民主评议。为了更好地深化述职述廉活动在交通廉政文化建设中的影响力，应当改变这种“自己述自己”的局面，拓宽活动开展的辐射面，将社会公众尤其是交通部门监管服务的对象纳入，听取他们的意见，接受他们的评议（图8-3）。

首先，在正式开展述职述廉活动前，各部门应该采取各种有效形式对述职述廉人的基本情况加以公示，如在部门和单位门口设立“公告栏”，利用网络加以公示等等。通过这些前期工作，提高公众的参与积极性，加深了述职述廉活动的透明度。

其次，领导干部撰写述职述廉报告，在全体干部职工大会上进行述职述廉，由本单位干部职工以无记名的方式当场进行民主测评。会后，向社会公布述职述廉报告，并设立监督信箱、监督热线等，及时回馈和处理群众的举报，并记录备案。同时，进社区、进学校、进监管服务对象的家里，开展交流座谈会、咨询会、恳谈会等面向社会的一系列述职述廉现场会议，当面解答质疑、询问，接受公众合理的意见和建议。

最后，应将民主测评结果、质疑询问等情况和领导干部职务的升迁、收入的多寡等挂钩，防止述职述廉流于形式。

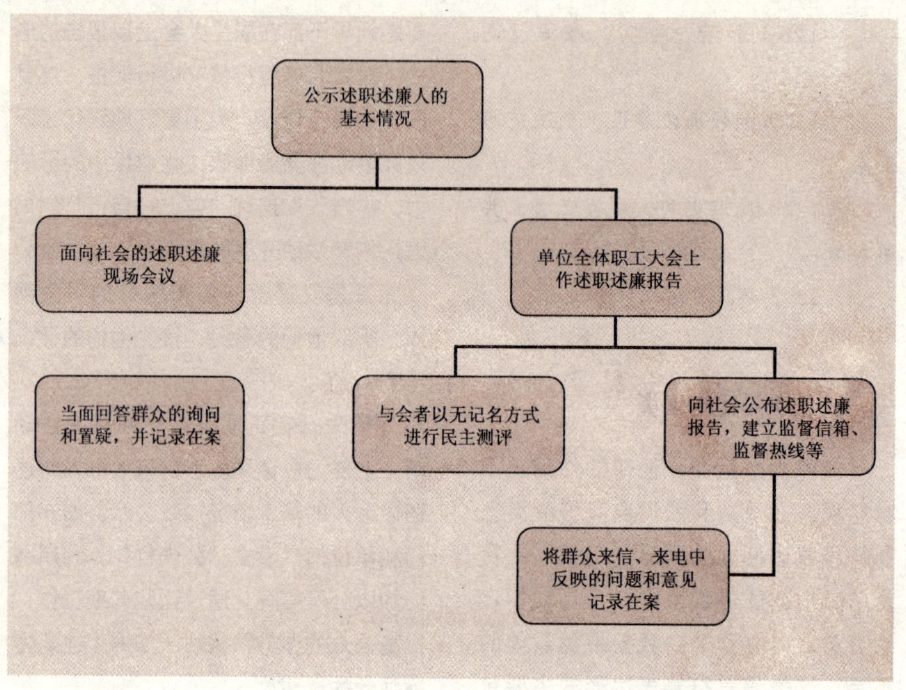

图8-3　述职述廉流程

3. 廉政承诺

交通系统各部门、各单位可以组织领导干部向社会公开“廉政承诺”，并制作廉政承诺牌，佩戴在胸前，或者悬挂在单位门口、办公室墙上，向公众进行廉政承诺公示。也可以有针对性地向本部门、本单位的服务对象发出承诺书，主动接受他们的监督。

图8-4是我们制作的廉政承诺牌模板，可在空白处写上承诺和承诺单位或

图8-4　廉政承诺牌

承诺人及其联系方式等，如图8-5、图8-6所示。

廉政承诺的符号表达方式，在交通系统内已经得到广泛适用（图8-7）。这些廉政承诺形成了一定的外在压力，促使交通系统工作人员主动规范自己的言行，廉洁处事。

但是，现有的廉政承诺还是存在一定问题，很多都是对党纪党规、法律法规的照搬照抄。这类廉政承诺披着"承诺"的外衣，其实只是对党纪党规、法律法规中规定的一些基本义务的复述。比如，"凡涉及重要决策、重要干部任免、重大项目安排和大额度资金使用，必须经集体讨论决定。"再如，"不违反规定干预和插手公路、水运建设项目招投标、材料设备采购资金拨付、道路水路行政许可事项等活动。"又如，"在公路建设和工程施工中严格遵守五不准：不准参与施工单位宴请；不准让亲朋好友包揽工程；不准借工程行贿受贿；不准向施工单位要回扣；不准向施工单位要礼品。"严格来说，这些"廉政承诺"并不是真正意义上的承诺。承诺应当高于一般的法定义务，是领导干部对自己提出的更为严格的行为准则。基于此，根据交通廉政价值文化建设的"廉政三维观"，我们提出以下

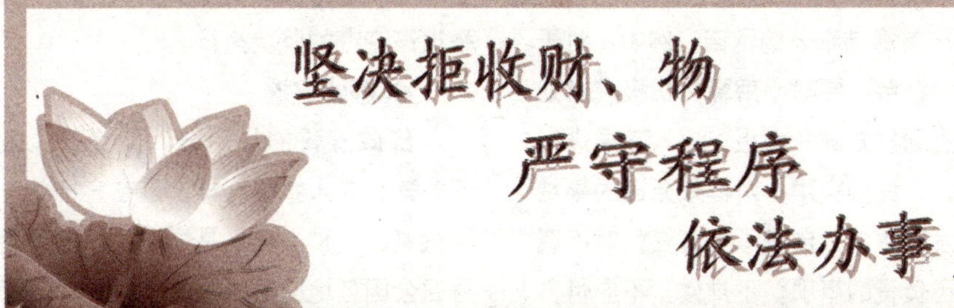

图8-5　廉政承诺牌示例一

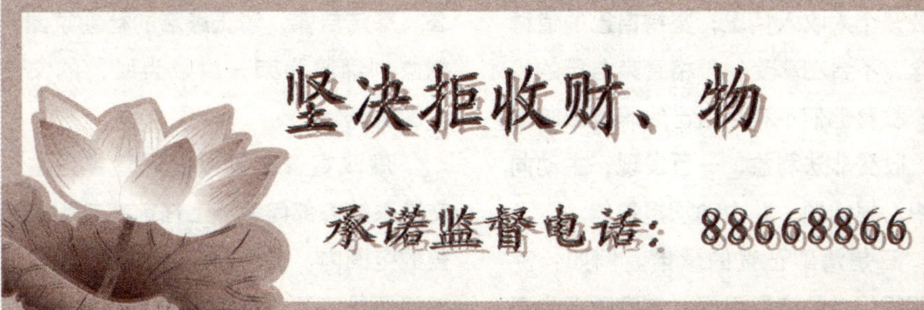

图8-6　廉政承诺牌示例二

图8-7 江苏省交通厅新任处级干部“廉政承诺”仪式（江苏省交通厅提供）

廉政承诺，以供参考。

一是廉洁奉公的承诺。例如：对于群众的误解，要耐心解释，积极应对处理，直到群众满意为止；深入基层进行调研，为民办实事，对群众允诺的事情如果没有达成，自觉承担责任；对不属于自己负责的事项，不推诿，不应付，耐心作好引导和交接工作。

二是廉洁自律的承诺。例如：定期公开个人收入情况；坚持自己的道德信念，不贪图享受；严格管束自己的妻儿，教育他们不利用自己的职务影响谋取、收受非法利益，一旦发现，主动向组织汇报问题，并主动承担责任。

三是清廉正直的承诺。例如：克服明哲保身的庸俗思想，与腐败行为坚决作斗争，不怕得罪人，不怕遭报复；勇于冲破关系网，敢于顶住说情风，该举报该查办的坚决执行。

4. 廉政宣誓

廉政宣誓的作用与入党宣誓、裁判宣誓、成人宣誓一样，是在宣扬着一种气氛、一种文化。具体来说，就是要号召全国各地交通系统的公务员，不管职位有多高，也不管资历有多老，统统加入到廉政宣誓的行列中，营造廉洁奉公、廉洁自律、清正廉洁的社会氛围，树立“廉政为荣，腐败为耻”的文化（图8-8）。

廉政宣誓主要以任职宣誓为主，交通系统各部门领导上任前在其职责覆盖的范围内，公开地向全体职工和其他部门领导以及上级领导宣誓。另外，在主持和负责重大项目工程建设时，也进

图8-8　苏通大桥建设者在党旗下的“廉政宣誓”仪式（江苏省交通厅提供）

行廉政宣誓。廉政誓词，我们以为可以借用《中华人民共和国公务员法》第十二条规定的公务员应当履行的前八条义务：“（一）模范遵守宪法和法律；（二）按照规定的权限和程序认真履行职责，努力提高工作效率；（三）全心全意为人民服务，接受人民监督；（四）维护国家的安全、荣誉和利益；（五）忠于职守，勤勉尽责，服从和执行上级依法作出的决定和命令；（六）保守国家秘密和工作秘密；（七）遵守纪律，恪守职业道德，模范遵守社会公德；（八）清正廉洁，公道正派；（九）法律规定的其他义务。”

（三）公共传播类

从交通廉政文化建设技术路径载体的流动性来看，语言符号表达形式必须充分利用传统型和现代型各类传播手段，创建一系列公共传播类廉政文化物质载体，化静态的语言符号为动态的物质表达，拓展和提升交通廉政文化的影响范围。这类语言符号形式主要包括廉政读物、廉政卡片、廉政短信、防贪锦囊与贴士等。

1. 廉政通俗读物

廉政通俗读物将专业、抽象的知识、信息等以通俗化、简单化的方式表达出来，即使阅读者不具备相关领域的学科和知识背景也能领会和理解，因而深受大众欢迎。近年来，通俗读物在各个学科领域都得到了广泛的推广和适用，像财经通俗读物、心理通俗读物，都是图书市场上的畅销书籍。交通廉政文化建设也可以利用这个良好的平台，具体可以采用下列几种形式：

一是编写“落马贪官忏悔录”。“忏悔录”主要针对的是交通系统出现的腐败事件，以交通系统干部职工熟悉的岗位、事件、典型人物为切入点，将落马贪官的腐败经历、入狱后的思考和感悟等收集起来，汇编成册。通过这些活生生的例子，教育交通部门的干部和职工以此为鉴，分清得失，从而起到警示作用。

二是编写“廉政故事集”、“廉政诗歌集”、“廉政对联集”等。我国文化源远流长，其中不乏历史廉政名人和廉政典故。应当充分挖掘和利用这些宝贵的资源，坚持以古鉴今的原则，从中提取经典故事，汇编成册。采取类似的方法，从现代实际生活中的例子出发，可以编写“廉政诗歌集”、“廉政对联集”等，让不同年龄段的人都可以从娱乐中了解廉政，实践廉政。

三是将相关法律、法规、规章等汇编成册。以制定主体为标准，分成三个专题：国家法律法规、党的纪检监察规定、交通部门规章等。每个专题又可设四大板块。从读者阅读习惯及教育效果角度出发，分别划分为文本、案例、评析、思考与探讨。文本板块是思考与行动的根据，案例板块用来帮助读者加深对文本的理解，评析板块让读者进一步了解实践中如何杜绝腐败，思考与探讨板块则让读者产生互动。具体如下：

第一板块为文本。选取实践中适用频率高又有较强典型性的条款，然后附上与条款内容相呼应的漫画等，力图把文本所查处的对象、行为等形象生动地呈现出来。编写手册主要的目的就是方便实用，把一些关键的条文集中，省去了读者查阅大量高深复杂的法律法规的时间和精力。

第二板块为案例。选取近年来查处的真实案例（优先选取交通系统的案例）。发生在交通系统内部的案例具有鲜明的行业特点，交通系统干部职工在理解案例上将会有更深的感触，这样教育的效果就更好。

第三板块为评析。这部分内容采取问答形式，一问一答，简单明晰。这样的结构符合人的思维习惯，而且非常清晰，内容集中，读者可以带着问题来看答案，简便易行。评析内容分为理论依据和个案分析。这样，读者既可以从理论上认清个中缘由，又可以从个案中了解各种腐败行为的特殊性。

第四板块为思考与探讨。这个板块的设立主要出于手册与读者的互动需要，只有读者积极思考，参与进来，才能加深印象，并有所创造。

2. 廉政卡片

首先全面登记各自单位和部门人员的生日、入党宣誓日等日期。在生日、入党宣誓日到来之时，发放写有廉政祝语的卡片。在这些具有特殊意义的日子，以人性化的方式提醒领导干部要廉洁自律。

3. 廉政短信

时下，在五一、十一、春节、元旦等重大节假日期间，人们都流行用短信的形式向亲朋好友送去祝福。交通廉政文化建设也可以借助这个平台，通过发送廉政短信的方式，提醒相关人员在节假日期间遵守法律法规，严把廉政关，防止打着过节的幌子接受请客送礼。

4. 防贪锦囊与贴士

防贪锦囊，通俗地讲类似于一种行政指导，是由有关机关在总结历年经验、教训的基础上，针对特定机构、特定的项目管理等量身定做的一系列反贪防腐的具体方法和策略。有关单位和部门可以自主选择是否适用，即这种“防贪锦囊”的性质只是一种建议和指导，并没有强制性，它只是提供一种堵塞贪腐漏洞的可行性方案，实践中的落实和适用也由相对人根据各自的具体情况自主进行。

事实上，香港廉政公署近年来正积极推广这种方式，并取得良好的社会反响。廉政公署的防贪处致力于为私营及公共机构编制多套量身订造的“防贪锦囊”，提供堵塞贪污漏洞的建议，由各机构向其免费索取。同时，他们将“防贪锦囊”的相关内容公布在自己的网站上，随时供需要者下载。这些锦囊根据不同的行业属性，提出了不同的监管建议和措施。同时，他们还将“防贪锦囊”的内容加以简化，制作成“小贴士”，以方便有兴趣的读者随时阅览和了解（表8-2）。

以“人事管理”为例，点击“防贪锦囊”，进入“PDF”格式的文件，该文件从招聘及职位调派、职员培训及辅导、职员值勤、逾时工作、散工、员工福利和薪酬管理等诸多方面，对人事管理的全过程提出了许多可行性的防贪建议。每个方面又分为若干点进行阐述，比如就“招聘及职位调派”而言，就又分为以下几个部分加以规定：制定职员招聘程序；如非依照正常招聘程序，职员必须得到批准；按既定准则筛选申请人；委派指定人员复核落选申请；设立甄选委员会会见经筛选的申请人；记录申请人的评审资料；知会落选者申请结果等。可见，香港廉政公署的“防贪锦囊”真正称得上是“锦囊妙计”，其从实质意义上对反贪防腐提出了颇具建设性的帮助和措施。点击“贴士”，进入一个新的页面，该页面的内容与“防贪锦囊”相对应，只是简明扼要，是对锦囊内容的纲领性、框架式论述。

值得一提的是，香港廉政公署还向私营机构提供“量身订造”的防贪和内部监管服务，真正地将反贪防腐当作一项专业性的事业来做。

在我国，交通行业具有特殊的行业属性，涉及物资采购、工程建设、营运和维护、规费稽征等，其间涉及的利益众多，应当制定有效的监管程序和制度。目前，我国已经出台了一些法律法规对此进行规制。但是，这些法律法规一般都是从宏观层面着手，对于具体的个案不可能详尽地加以规定。鉴于此，我们可以效仿香港廉政公署的做法，在交通系统内部设立一个类似的顾问咨询机构，对项目管理、工程营运及人事监

香港廉政公署“防贪锦囊”与“贴士”一览　　表8-2

顾问管理	贴士	防贪锦囊
人事管理	贴士	防贪锦囊
存货管理	贴士	防贪锦囊
保安服务合约的外判及监管	贴士	防贪锦囊
采购程序	贴士	防贪锦囊
清洁服务合约的外判及监管	贴士	防贪锦囊
员工值勤及逾时工作的监管	贴士	防贪锦囊
零售促销计划	贴士	防贪锦囊
付款程序	贴士	防贪锦囊
资讯系统保安	贴士	防贪锦囊
销售收入的管理	贴士	防贪锦囊
建造业品质控制测试		防贪锦囊
建造业最佳工作程序原则		防贪锦囊
物业管理公司的屋苑管理工作		防贪锦囊
酒店管理		防贪锦囊
旅行社营运管理		防贪锦囊
食宿营运管理		防贪锦囊
超级市场营运管理		防贪锦囊

管等提供有针对性的“防贪锦囊”与“贴士”，致力于将交通廉政文化建设落实于细微之处。

下面以“物资采购程序”为例，效仿香港的做法，设计一个适用于交通系统内部的“采购防贪锦囊”：

制定交通系统内部的采购办法，对采购的各个步骤、程序进行详细的规定。公布该采购办法，向全体成员进行解释，使其清楚、明晰地了解该规定，并在进行采购时遵循该办法所规定的统一标准和方式，从而防止有人贪污舞弊、滥用职权，务必使得采购回来的物品或者服务质高价优，物有所值。该采购办法一般应包含下列几个方面的内容：

1. 规范采购的方式和程序

根据我国《政府采购法》的规定，采购方式一般有公开招标、邀请招标、竞争性谈判、单一来源采购和询价等，其中公开招标应作为主要的采购方式。公开招标以外的其他招标方式的适用情形和程序，在《政府采购法》中有详细规定。交通系统可以根据自身情况，参照该法，针对所需采购的不同种类的物品和服务，规定采取不同的采购方式和采购程序。

另外，根据我国《政府采购法》，采购人不得将应当以公开招标方式采购的货物或者服务化整为零或者以其他任何方式规避公开招标采购。这是一个禁止性的规定，但是对于如何防范，并未加以规定。实践中，可以通过限定重复采购同类物品及服务的时限来达到这个目的。

2. 规范采购的申请程序

建议制作统一的申请表格，载明采购的相关事项，如：采购的原因或用途、所需物品的数量和质量要求、市场同期同类产品的价格、欲采取的采购方式和理由、上一次采购同类物品的时间、数量及价格等等。在进行采购申请时，要尽量做到细致详尽，相关事项都要经手人的亲笔签名，方便日后责任的追究。

3. 规范采购的审批程序

根据我国《政府采购法》，纳入集中采购目录属于通用的政府采购项目的，应当委托集中采购机构代理采购；属于本部门、本系统有特殊要求的项目，应当实行部门集中采购。对于交通系统内部需要自主集中采购的，应当规定相应的内部审批程序，对审批人及其权限、审批的额度、审批人的评定和核查等进行规范。

4. 规范供应商的选用程序

供应商的素质直接影响着所采购物品或者服务的品质，因此有必要对其加以规范。对于供应商的选用，除了满足《政府采购法》所规定的条件外，还可以根据交通系统自身的特点增加其他的合理条件。在此基础上，建立一个供应商的信息资料库，对其服务、产品质量、信誉度等进行记载和评价。可以制作评定表格，让采购者对其所购买的物品或者服务进行评价，将这些评价归入资料库。同时，可以建立一套审核制度，定期、不定期地考察、评定供应商的素质，考察结果亦归入资料库。对于综合评价较差的供应商应拒绝再从其处采购物品或服务。

5. 确立分工合作、相互监督的工作原则

腐败行为的发生往往是因为权力过于集中，要防范在采购过程的贪污舞弊，可以将其分解为若干个步骤，交由不同的人执行。同时，每隔一段时间，就进行职位的轮换，以防止串谋贪污、集团贪污的发生。

6. 确立对采购人员的抽查制度

确立随机抽查、突击检查等抽查

制度，用来检验采购人员是否严格按照该采购办法进行采购。

7. **确立完善的信息保密制度**

采购过程中，尤其是采用招标方式的采购，资料和信息的保密工作直接决定着采购能否公平公正地进行。因此，应当建立完善的措施和制度，防范招投标过程中的报价资料外泄等情况发生。比如，可以固定一台传真机或者电子邮箱接收投标资料，将传真机和电子信箱加密，指定一个日期由专人集中收取。

在以上“采购防贪锦囊”的基础上，我们同样以“物资采购程序”为例试制作如下“采购防贪小贴士”：

1. **采购方式和程序**

（1）公开招标作为主要的采购方式，邀请招标、竞争性谈判、单一来源采购和询价等作为辅助采购方式；

（2）根据交通系统的自身情况，针对所需采购的不同种类的物品和服务，采取不同的采购方式和采购程序；

（3）通过限定重复采购同类物品及服务的时限的方式，防止采购人将应当以公开招标方式采购的货物或者服务化整为零或者以其他任何方式规避公开招标采购。

2. **采购申请**

（1）制作统一的申请表格，写明采购的相关事项，如：采购的原因或用途、所需物品的数量和质量要求、欲采取的采购方式和理由等；

（2）相关事项都要经手人的亲笔签名，方便日后责任的追究。

3. **审批**

（1）属于交通系统有特别要求的项目，应当由交通系统实行集中采购；

（2）交通系统自主集中采购的，应规定相应的内部审批程序，对审批人及其权限、审批的额度、审批人的评定和核查等进行规范。

4. **供应商的选用**

（1）供应商的选用必须满足《政府采购法》所规定的条件，还可以根据交通系统自身的特点增加其他的合理条件；

（2）建立一个供应商的信息资料库，对其服务、产品质量、信誉度等进行记载和评价；

（3）对于综合评价较差的供应商应拒绝再从其处采购物品或服务。

5. **工作原则**

（1）将采购过程分解为若干步

骤，交由不同的人执行；

（2）每隔一段时间，就进行职位的轮换。

6. 抽查制度

确立随机抽查、突击检查等抽查制度，用来检验采购人员是否严格按照该采购办法进行采购。

7. 信息保密制度

建立完善的措施和制度，防范招投标过程中的报价资料外泄等情况发生。

以往的反贪防腐，多是从宏观层面上展开，各个行业、各个领域一视同仁，忽视了反贪防腐所具有的个性化一面，因而往往收效甚微。贪污腐败行为的发生，除了行为人自身的劣根性，制度本身存在缺陷是根本问题。因此，近年来，完善各项制度的步伐大大加快。但与此同时，人们往往容易忽视了另外一个重要问题，那就是制度的立足点是从宏观方面进行规制，它不可能事无巨细地对实践中出现的各种问题给出面面俱到的解决方案。而且，实践中出现的各种问题瞬息万变，也没有必要这么做。一项制度设计得再成功、再完美无缺，如果不能很好地被落实和执行，不能适应变化了的实践，仍然只是一纸空文。实践中，很多制度通常也是因为缺乏专业的指导意见而不能发挥其应有的效用。因此，成立专门性的“防贪顾问咨询机构”，针对特定部门的特定问题量身订做一系列反贪防腐的具体方法和策略——即我们上文介绍的“防贪锦囊”和“防贪贴士”，将会为扭转这种局面发挥应有的作用。这些锦囊和贴士具有很强的针对性和灵活性，可以根据现实情况的变化及时作出相应的调整。交通系统如果能在行业内部率先进行这种探索和尝试，并在实践中不断地加以完善，必将大大加快反腐倡廉的步伐，推进交通廉政文化建设的发展进程。

① 参见郭鸿：《索绪尔的语言符号性原则是否成立》，载《外语研究》2001年第1期。

② [瑞士]费尔迪南·德·索绪尔：《普通语言学教程》，高名凯译，商务印书馆1985年版，第102页。

③ [瑞士]费尔迪南·德·索绪尔：《普通语言学教程》，高名凯译，商务印书馆1985年版，第106页。

三、交通廉政文化建设的非语言符号表达

语言符号是公认的最常见、最复杂、最重要的符号系统，但是信息的传递和表达，仅仅依靠它是不够的。英国学者霍克斯就曾提出：“没有一个人只是说话。任何言语行为都包含了通过手势、姿态、服饰、发式、香味、口音、社会背景等这样的‘语言’来完成信息传达，甚至还利用语言的实际含义来达到多种目的。甚至当我们不在对别人说话时，或别人不在对我们说话时，来自其他‘语言’的信息也争先恐后地涌向我们：号角齐鸣、灯光闪烁、法律限制、广告宣传、香味或臭气、可口或令人厌恶的滋味，甚至连客体的‘感受’也有系统地把某种有意义的东西传达给我们。①”由此可见，非语言符号在信息传递和表达过程中也扮演着举足轻重的角色，它是语言符号强有力的补充、解释和深化。

非语言符号具有语言符号所不具备的特点：

一是普遍性。非语言符号的普遍性，包含两层含义：第一层含义是指非语言符号在信息表达和传播过程中的运用是相当广泛和普遍的。在日常工作、生活和学习中，每个人在很多情景和场合下都会在不经意间使用非语言符号。比如，遇到认识的人，点头微笑示意；当在比赛中获得胜利时，伸出食指和中指作字母“V”状；开心的时候手舞足蹈等等。第二层含义是指特定的非语言符号往往有着跨民族、跨国家普遍公认的含义。这是非语言符号受到广泛运用的重要因素。最常见的如红灯停，绿灯行；国际通用的阿拉伯数字；地铁、机场、酒店等公共场所的图形标识；足球、篮球等球类比赛中裁判使用的手势等等。这些都是国际公认的符号，即使拥有着完全不同的语言、文化、国籍的人，也都能从这些符号中获得相同的信息。

二是形象性。非语言符号的形象性，能把我们想要表达的意思和内容以一种形象、生动、具体的方式呈现出来。正如陈原先生所说：“现代社会生活的某种特殊情景，不能使用或不满足于使用语言(有声语言和书写语言)作为交际工具，人们常求助于能直接打动、刺激人的感觉器官的各种各样的非语言符号，用它来代替语言传达信息，以便更直接和迅速地做出反应。②”善用非语言符号的这个特点，交通廉政文化建设将更加容易被人们理解和接受。

三是多维性。从最抽象的空间维度来看，符号可以划分为一维、二维、三维和四维。一维文化符号指由单向的直线或曲线来表达含义的介质。语言符号只能以历时的、单维的方式表现客

观世界，而非语言符号却用多维的方式进行。所谓多维性，是指非语言符号在信息传递过程中，不局限于语言符号一维的线性传播方式，它运用多种方法，以多维的角度将事物的特征同一时间都呈现出来。例如，以一棵树作为表达的对象，这棵树的颜色、形状、高度等特征是同时存在着的。如果用语言对它进行描述，仅仅是线性的一维，我们一个字挨着一个字地表达出来，这棵树的诸多特征势必不可能在同一时间内全部展现出来。但是，如果用非语言符号（如一张照片、一段录像）进行表达，就能弥补以上不足，以多维的角度同时把这棵树的全貌展示出来。再如，古代官员包拯的黑脸和月牙形象，就是多维性的集中运用，它们已经成为清官的符号象征。在交通廉政文化建设中，要注意运用非语言符号的这种多维性，因为多维立体的物质表达留给人们的印象往往更为深刻。

从霍克斯的论述中也可以看出，通过视觉、听觉、触觉、嗅觉感受到的动作、姿态、外貌、语音语调、气味等等都可以纳入非语言符号的范畴，它把人的表情、手势、神态、穿着、打扮、摆设、环境等等都囊括在内。作为一种具体符号，非语言符号所表征的属于表象类信息，冗余度较高。非语言符号的种类大体上有：一是体态符号，如打招呼就有中国人的作揖、日本人的鞠躬、印度等国人的两掌合十、西方人的拥抱等。二是语言符号的伴生符，也称类语言，常常是自发发出来的，如各种笑声、叹息、呻吟、叫声等。三是物化、活动化、程序化的符号，这是非语言传播的高级层次。自然语言可归于推理符号，而绘画、建筑、音乐、舞蹈、服饰、饮食等则属于表象符号，这些都是非语言符号，用以表达语言符号所不能表达的感情。我们采用的交通廉政文化建设的非语言符号表达多属于第三类。

为了使交通廉政文化建设得到全面发展和长足进步，非语言符号不可或缺。它所拥有的普遍性、形象性、多维性的特征将对整个交通廉政文化建设符号系统的形成产生巨大的推动力。在现阶段，交通廉政文化建设的非语言符号表达方式可以归纳为5大类。

（一）标志类

非语言符号的表达形式首先体现为图形、标志类符号表达，此类技术路径形态以其生动性、形象化、感染力等特点而显得尤为重要，具体形式主要包括图形类廉政标志标记标识与实物类路铭、桥铭、河道港道铭等。

1. 图形类标志标记标识

文化建设历来都是一项缓慢而长期的艰巨工程，交通廉政文化建设也不例外。在这一过程中，为了让交通廉政文化深入人心，潜移默化地植根于广大交通领域工作人员的思想中，交通廉政文化标志、标记和标识将是可以借助的最为简洁、最为直观的自警监督的宣传载体和工具。因此，应充分利用交通廉政文化建设标志标记标识的象征功能，扩大辐射面，将其外挂于交通系统各部门、各单位的幕墙上，并制作印有标志标记标识的系列物品，如水杯、笔记本等，发放到干部、职工手上。基于标志标记标识重要的象征意义，应当精心设计。在设计之前，可以通过问卷调查等形式，向社会公开征集意见，以期做到集思广益。

无论用花卉，还是其他象征物或者图形作为交通廉政文化建设标志、标记或标识，都必须既含有“廉政”的要素，又含有“交通”的要素，否则过于泛化，不能突出交通部门的特性。基于此，我们推荐位于江苏省扬州瘦西湖畔的五亭桥（或以抽象化的五亭桥）作为交通廉政文化建设的标志、标记或标识（图8-9）。五亭桥具有与交通廉政文化建设密切相关的多项特征：

第一，五亭桥建于莲花堤上，而且从空中往下看，五个亭子的形状宛若一朵盛开的莲花，故五亭桥又名“莲花

图8-9 扬州“五亭桥”实况图（陈盛摄）

桥”。目前，有的地方以莲花作为廉政文化标志，因为莲花素来有“出淤泥而不染，濯清涟而不妖”的美誉，用来象征廉政、清明的形象很是贴切。在我们所作的问卷调查中，69%的被调查对象认为莲花最能代表廉政形象（图8-10）。

第二，五亭桥桥身有15个桥洞，每逢十五月圆之夜，月光照在15个桥洞里，在水中形成15个月影，与天上那个真正的月亮相映成趣。当地人把这一美景谓之为“十五的月亮十六圆”。月亮一向是清正廉洁的象征，与交通廉政文化建设追求的价值内涵是统一的。

第三，从远处看，整座桥的形状呈现“公”字，意为“大公无私”、“公而忘私”、“廉洁奉公”、“先公后私”，同时提醒人们不要“损公肥私”、“假公济私”、“因私废公”。这些价值要求同时也是交通廉政文化建设的核心内容。

第四，五亭桥桥基雄伟，好比北方威武粗犷的勇士；桥亭秀美，恰似南方亭亭玉立的少女。建筑风格既有北方之雄，又有南方之秀，可谓阳刚与柔美的结合。五亭桥的这个特点，象征着交通廉政文化建设不仅应重视具有刚性特征的制度建设，也不可忽视具有柔性特征的价值建设与物质表达，做到刚柔并济。

第五，桥基的主色调呈白色。就哪种颜色最能代表清廉的形象，我们进行了问卷调查。其中，73%的被调查对象选择了白色，19%选择了绿色，8%选择了青色（图8-11）。显然，白色已经成为公众心目中的廉政代表色。桥基起着支撑桥身的作用，

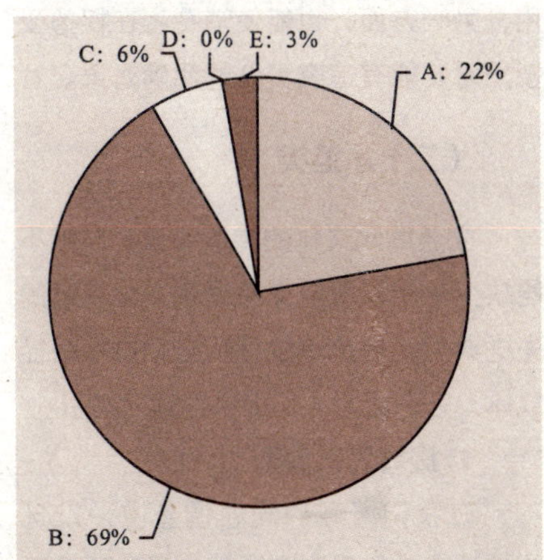

图8-10　问卷调查统计图
问：以下哪种花您认为最能代表廉政的形象？
A. 百合花；B. 莲花；C. 菊花；D. 栀子花；E. 其他。

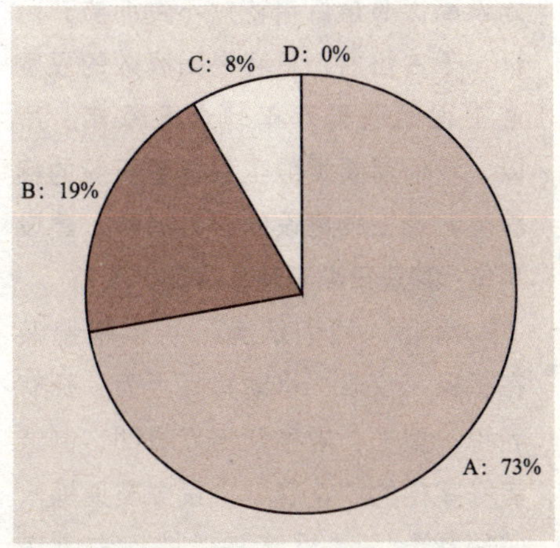

图8-11　问卷调查统计图
问：以下哪种颜色您认为能代表清廉的形象？
A.白色；B.绿色；C.青色；D.紫色。

只有桥基稳固了，桥身才可能屹立不倒。以白色作为桥基的主色调，象征着廉政精神在交通廉政文化建设中的重要地位不可撼动。

第六，交通部门最基本的职责就是为百姓铺路架桥。选取桥作为标志标记标识，也突出了交通廉政文化建设的行业特性。

2. 实物类路铭、桥铭、河道港道铭③

交通行业以其大量的基础设施建设和巨大的工程规模而积聚大量资金，腐败易发多发；同时，道路、桥梁、河道港道等交通基础设施，既是交通的物质性实体，又是交通文化的重要元素，历来是人类文化的重要承载，具有显著的历史传承性。由此，各类重大交通基础设施既容易因工程建设高优质量百年屹立不倒而流芳百世、千古留名，更容易因腐败的豆腐渣工程而遗臭万年、众人唾弃。所以，我们需要类似工程奠基石般的标牌，记录工程建设的项目名称、建设单位、建设日期等基本情况。

为此，我们认为，可以借鉴装在机器、仪表、机动车等上面，标有名称、型号、规格及出厂日期、制造者等字样的“铭牌”，设立交通廉政“路铭”、“桥铭”、“河道港道铭”等，记录工程建设的项目名称、项目审批单位、开工和竣工日期、建设单位。同时，挖掘和记录工程建设过程中出现的先进事迹、先进典型、廉政精神等文化要素，同样铭刻于路桥河道港道的铭牌上。例如，我们可以在交通廉政铭牌上镌刻以下内容：

工程项目：
项目审批单位：
建设单位：
先进人物、事迹：
××精神：
开工日期：
竣工日期：

这样，可以让建设单位从工程建设之日起时刻不忘其廉政责任，确保工程质量。它们的作用如同商标，一方面起到宣传商品、扩大市场知名度的作用，另一方面，也能使消费者在权益受侵犯时，能有追究责任的明确对象。

（二）示范类

交通廉政文化的传播要素，自然不能缺少生产和塑造交通廉政文化事迹的先进典型、示范单位等示范类技术路径载体，它们能为人们提供善意的指引。

1. 廉政先进典型

在我们所做的问卷调查中，75%的被调查对象看到交通行业涌现的廉政典型，会内心触动，以他们为榜样，更加严格要求自己（图8-12）。先进典型

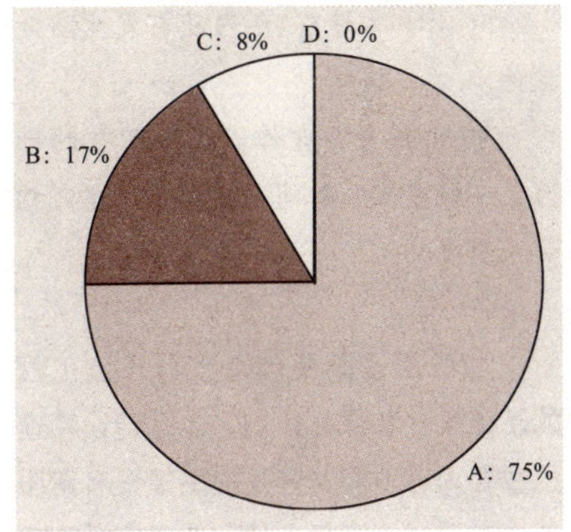

图8-12 问卷调查统计图
问：您如何看待交通行业涌现的廉政典型?
A.内心触动，以他们为榜样，更严格要求自己；B.赞扬，但是自己不为所动；C.没什么感觉；D.觉得他们傻，认为没有必要那么做。

是先进理念的人格化体现，在交通行业中树立廉政典型将有助于交通廉政文化建设。各地交通部门在廉政文化建设中，应不断加强对交通系统内领导干部的正面教育，正面引导，加强廉洁自律、勤政为民典型事迹的宣传。发挥身边事、身边人的教育感染作用，弘扬正气，树立良好形象。组织先进典型巡回报告团，将先进事迹拍成宣传片，扩大示范和榜样带头作用的影响范围，营造出“以廉为荣”的良好氛围。

事实上，交通行业内部不乏爱岗敬业、廉洁自律的典型人物，2006年“感动中国”候选人陈刚毅就是其中的代表。陈刚毅同志是湖北省交通规划设计院高级工程师，1986年从湖北交通学校毕业后，分配到设计院工作。20多年来，他一直战斗在交通重点工程建设第一线，以强烈的事业心和高度的责任感投身到交通建设，先后参加了武黄、宜黄、黄黄、京珠等高速公路的建设。2003年4月，受交通厅党组委派，陈刚毅担任交通部重点援藏项目“西藏昌都地区国道214线角笼坝大桥”项目法人代表。他带领项目组克服恶劣自然环境和工作、生活上的诸多困难，艰苦创业，精心管理，大胆创新，狠抓质量。期间身患癌症，但仍心系工作，以顽强的意志与病魔抗争，呕心沥血，忘我工作，在手术后7次化疗期间，4次进藏，献身岗位，为确保工程建设安全、优质、高效进行，并顺利实现提前建成通车，作出了突出贡献。他廉洁自律，淡泊名利，始终保持共产党人严于律己、克己奉公、不计得失、一身正气的高尚情操，在交通重点工程建设和管理中，经受了金钱和人情的考验，坚持原则，严把品质关、廉政关。充分发挥先进典型的正面引导作用，使交通系统工作人员受到感染，从而在行业内营造出一种“学先进、做先进、赶先进”的良好氛围。

2. 廉政示范单位

在全国范围内，采取“先试点、后推广”的措施,即通过建立一批既能体现交通行业特色又能融入地方文化特点的示范单位，进而带动整个交通系统的廉政文化建设。要成为交通廉政文化建设的示范单位，必须符合一定的条件。为明确示范单位的标准和要求，交通部应制定《交通廉政文化建设示范单位评选办法》。我们建议，《办法》应当包括以下主要内容：

一、为推进交通廉政文化建设，明确交通廉政文化建设示范单位的评选标准，结合交通行业的具体情况，制定本办法。

二、在全国范围内开展交通廉政文化建设示范单位评选活动。

交通部每3年评选一次廉政文化建设示范单位，授予荣誉称号，颁发荣誉证书。

交通廉政文化建设示范单位每年进行一次复审。

三、交通廉政文化建设示范单位评选条件如下：

（一）具有符合本单位实际情况的长期建设规划和短期计划，指导思想与预期目标明确；

（二）设有健全的交通廉政文化建设专门组织，负责本单位交通廉政文化建设的领导和协调工作；

（三）具有专项建设资金；

（四）具有固定的活动场所和配套设施；

（五）交通廉政文化建设的表达形式丰富、有效；

（六）具备富有本单位特色的交通廉政文化创新制度和品牌活动；

（七）参评前3年内没有发生腐败案件。

四、如有弄虚作假骗取荣誉的行为，一经查实，取消荣誉称号，追究相关人员责任。

廉政建设既是创造世界一流工程的基础条件和保障机制，也是建设管理的重要内容，同时还是提高建设者素质的内在要求。润杨大桥和苏通大桥的建设指挥部在建设中发挥了示范单位的作用，打造了润扬大桥、苏通大桥这样的“一流工程，精品工程，廉政工程”，树立了交通行业良好的形象。

建设世界“一流工程，精品工程，廉政工程”是润扬大桥广大建设者的奋斗目标。为施工、监理单位服务，帮助施工、监理单位解决实际问题，是润扬大桥指挥部的服务宗旨。大桥廉政工作从实际出发，立足教育先行，开展形式多样的教育活动，通过参观学习，政策法规教育，利用正反典型案例的教育，使大家珍惜美好的前程，珍惜幸福的家庭，自觉遵章守纪。抓制度落实，预防和遏制腐败现象的发生，用制度管人管事是润扬大桥的理念。工程的招投标、材料采购、资金的管理使用和拨付等工程建设问题，均依照制度进行，坚持集体研究决定。许多施工单位对润扬大桥的管理非常钦佩，说从来没有遇到这么好的业主。2003年底，25个单位的测评打分显示，对大桥指挥部的满意率在98%以上。正是教育严格、制度严密、监督有力，润扬大桥党风廉政建设取得了明显成效。几年来，没有一件反映大桥指挥部的群众来信，没有发现一起违法违纪现象。

尤其对于苏通大桥而言，坚持工程建设与廉政建设两手齐抓共管，将“廉洁苏通理念”贯穿于建设管理的全过程。工程建设一开始，就提出了响亮的“建设世界第一大桥，打造勤廉丰碑”的口号，注重制度建设，强化内部管理，具有强烈的创新意识，在润扬经验的基础上，又有了一些新特色。特别是苏通大桥创新党建工作机制，成立大桥建设指挥部党委，统一管理现场党建工作，施行“现场党建统管制”，实现了“党委建在一线、支部建在标段、小组建到施工平台和作业队”（图8-13）。这种机制增强了各个单位现场党组织管理的凝聚力，更加强化了党风廉政建设。

图8-13 苏通大桥建设者在党旗下作业（江苏省交通厅提供）

指挥部党委在省交通厅党组和机关党委的正确领导下，紧紧围绕苏通大桥建设，就如何开展工地党建工作，如何把没有隶属关系的各支队伍集合在一起进行了专题研究。经过两年的探索，指挥部党委不断完善现场党建工作机制，将党的建设、党风廉政建设和文明创建工作作为指挥部加强工程管理的重要举措，一直抓到参建单位一线，为全面超额完成全年度建设任务提供了强有力的思想保证和政治保证。“统管制”主要采取以下做法：

1. 组建现场党组织。指挥部成立了党委，各施工单位项目部分别建立了现场临时党委（临时党工委、党总支），总监代表办分别成立临时党支部，受参建单位上级党组织委托，由指挥部党委统一管理。

2. 建立群团组织。指挥部和各项目部均建立工会、共青团等组织，他们在党委统一领导下，开展丰富多彩的活动，丰富了党建工作内涵，增强了党建工作的活力。

3. 明确工作界面。对指挥部党委管理的党员教育、文明创建、劳动竞赛、争优创先、廉政建设等和参建单位管理的组织处理、干部任用、党员发展等工作内容进行界定。

4. 建立规章制度。印发党员管理、党员教育、廉政建设、党建工作联系等9项工作制度，印发了党员发展工作程序、规范党建工作台账等操作办法等。

5. 制定工作目标。围绕苏通大桥安全、优质、高效、创新的总目标，确立年度具体工作目标，明确服务工程建设具体措施，明确各自工作职责。

6. 加强党员教育。开展“三个代表”重要思想、科学发展观教育，组织观看英模人物示范教育录像、警示教育录像、反腐败成果巡回展；开展学习先进和宣传典型等活动。

7. 开展示范活动。以“共产党员示范岗”、“共产党员示范工程”、“青年文明号”等活动为载体，设立党员责任区和示范岗，发挥党员的先锋模范作用。

8. 开展立功竞赛。组织工地各标段开展劳动竞赛，形成了以“保安全、抓质量、促进度、勇创新”为核心内容的竞赛动员、考核、奖惩机制。

9. 落实廉政建设责任制。在与各参建单位签订《廉政合同》基础上，与各参建单位党组织负责人签订《党风廉政建设责任书》，将互相监督、社会监督、党内监督纳入工程管理体系中。

10. 建立综合治理责任制。指挥部党委牵头，指挥部当地公安机关在桥区成立“警务室”，建立桥区治安管理防范体系，组织各参建单位层层签订了治安综合治理责任状；同时，对外来务工人和劳务分包队伍加强计划生育管理，签订了目标责任书；指挥部党委还把足额、及时兑现民工工资列入工作考核目标一起检查。

实践证明，党建统管制，使党建工作有效地融入重大工程建设、使凝聚力工程全面融入党建工作、使党员的先锋模范作用发挥得更好、促进工程三个文明建设协调发展、加强了重点工程党风廉政建设。总之，建立指挥部党委服务于工程建设，是新时期加强交通重点工程领域党建工作的新探索，还有许多地方需要不断完善和改进，我们将在实践中进一步提高和总结，不断积累经验，为加快推进交通事业的率先发展作出更大的贡献。

（三）阵地类

除了主动生产和塑造交通廉政文化形象的示范单位、先进典型，交通廉政文化的物态内容同样可以被能动地整理、收集到各类教育阵地，集中对外表达和展现，比如博物馆、展示馆等教育基地的建设。

深入开展交通廉政文化建设，教育是基础。设立交通廉政文化建设教育实践基地，可以将多种形式的廉政文化建设资源集中起来，这将为深入开展交通反腐倡廉教育搭建新平台，对交通廉政文化建设具有重要意义。作为一种重要的符号表达方式，设立交通廉政文化建设教育实践基地可以有两种具体的思路：

1. 根据因地制宜的原则，深入挖掘历史文化、传统文化资源，依托历史廉政名人提炼廉政典故，建设交通廉政文化教育实践基地

我国悠久的历史孕育出丰富的文化资源，交通廉政文化作为文化形态的一种，也涵盖其中。文化的生成和发展都有一定的延续性和承继性，因此，我们不应当割裂历史和传统，而应当充分挖掘和利用这些宝贵的资源，坚持以古鉴今的原则，立足现实，弘扬和发展优秀的历史廉政文化。在交通廉政文化教育实践基地中，依托历史廉政名人，提炼廉政典故，建设交通廉政文化景观——廉政桥、廉政路、廉政林、廉政碑、廉政故居、廉政主题公园、廉政广场等等；设立展览馆、资料馆、陈列馆等，通过文字、图片、实物、多媒体影像等形式，展示从古至今的廉政名人、名事等。

2. 依托革命老区、革命根据地等场所创办交通廉政文化建设教育实践基地

由于我国特殊的政治、历史背景，在全国各地建有一批革命老区、革命根据地，革命先烈们用鲜血与生命为我们留下了丰富而宝贵的红色文化资源；老区和根据地内的展览馆、档案馆、烈士陵园、指挥部旧址、保卫战旧址，都是开展廉政文化建设的良好素材。我们可以进一步弘扬优秀革命传统为着眼点，依托老区、根据地现有资源加以整合发展，建设廉政文化基地。以“红色旅游”的形式，组织领导干部参观学习，感受革命先烈当年的足迹，反省自身，净化心灵，树立正确的人生观、价值观。

（四）艺术类

在交通廉政文化建设中，应组织专门力量进行数码、艺术类的作品开发，比如以交通廉政文化建设为主题的游戏软件、影视、书画曲艺节目等等，这些作品不仅在内容上富含教育意义，而且在形式上生动活泼，极具吸引力。

以游戏软件为例，作为廉政文化建设符号表达的方式之一，不久前刚被引入实践。2007年7月25日，中国廉政文化游戏网宣布，国内首部大型廉政文化主题网络游戏《清廉战士》在宁波发布。该游戏是宁波市海曙区纪委、海曙区西门街道党工委等推出的公益性免费网游，是国内第一个以廉政文化建设为主题的网络游戏，主题为“惩奸除恶”达“清廉仙境”。游戏推出后，得到了各方面的关注和反响。自开通后，得到了广大网友的热情支持，在线人数严重超过服务器及程序限制，最后被迫将刚刚公测不到2天的游戏暂停测试。

《清廉战士》推出后置疑声也不断传来。有一种观点认为，游戏的设置忽略了正确惩治贪官的方式，游戏应按照举报、控告、申诉、接受司法机关审判的程序，步步进行。事实上，确实如此，游戏设置的各类任务基本上都是去杀死贪官。在这过程中，玩家还将遭到贪官的卫兵、大群情妇(穿比基尼，还可能诱惑玩家)的攻击，以及其儿子、女儿的复仇。这些原始意味浓厚的“英雄主义” 血腥执法方式显然同现代的法治精神相去甚远，不仅不能达到初始目的，反而会造成一种错误导向。有关部门显然意识到了这个问题，该游戏的官方网站于8月14日宣布关闭。

《清廉战士》游戏软件推出的目的，主要是想寓教于乐，让青少年在游戏中感染廉政之风。这种求新、求变的形式是应该推崇和发扬的。虽然在游戏内容的设计上还存在较大缺陷，但我们不能就此因噎废食，而应该扬长避短。事实上，《清廉战士》确实也不乏闪光点，其游戏场景全部以宁波现实地址和历史遗迹为范本制作，日湖、月湖、天一阁、白云山庄、海曙楼、东钱湖等宁波现实地址和历史遗迹一一呈现于游戏场景中，游戏中的401个道具和55种法术也融入耳熟能详的特产豆酥糖、“缸鸭狗”汤团、慈城年糕等多种具有宁波传统文化特色的元素，这对于交通廉政文化建设游戏软件的开发是具有借鉴意义的。在内容编排上，一定要吸取教训，既要让游戏生动有趣，具有可玩性，又要形成正确的认知导向。这方面可以汲取香港和澳门的经验。

香港廉政公署和澳门廉政公署都在积极利用网络平台和游戏对青少年进行廉洁教育，寓教于乐，并收到了很好的效果。香港廉政公署专门为青少年设立了“另有Teen地”等反贪教育网站（http://www.teensland.icac.hk/）。这些网站中设有很多反腐倡廉的小游戏，但游戏中没有武力、法术的环节设置，而是凭借玩家的观察力、反应度、廉政知识问答等环节来“惩处贪官”。该网站的热点推荐游戏见图8-14。

为了更加直观地感受这些小游戏的特点，下面以名为“反贪斗一番”的小游戏为例作简要介绍。在这个游戏中，玩家为了成为出色的调查员，必须经过体能、智力和廉政知识的重重考验，具体设置了三个环节：一是利用跳舞机测试玩家的反应敏捷度；二是要求

图8-14　香港廉政公署反贪教育网站游戏

玩家在规定的时间内搜查出贪污证据，以测试玩家是否足智多谋；三是廉政知识问答。玩家必须过了前一关，才能进入下一关。

在我国现有的廉政文化网站上，一般也设有“廉政游戏”专题，但在形式和内容上仍然有许多需要改进的地方。从形式上看，页面制作得都比较简单粗糙，吸引不了玩家的眼球；从内容上看，游戏内容设计得也相对枯燥，趣味性不强。廉政游戏主要就是为青少年量身订做的，因而为了达到预期效果，在设计游戏网页时应该考虑到这个年龄段的特点，形式和内容都要富有趣味性和新颖性。

（五）活动类

非语言符号表达形式除了静态的标志类、示范类、阵地类和艺术类，还必然表现为动态的各类行为活动，比如述职述廉、家庭助廉、主题日、公益宣传、文体活动等。

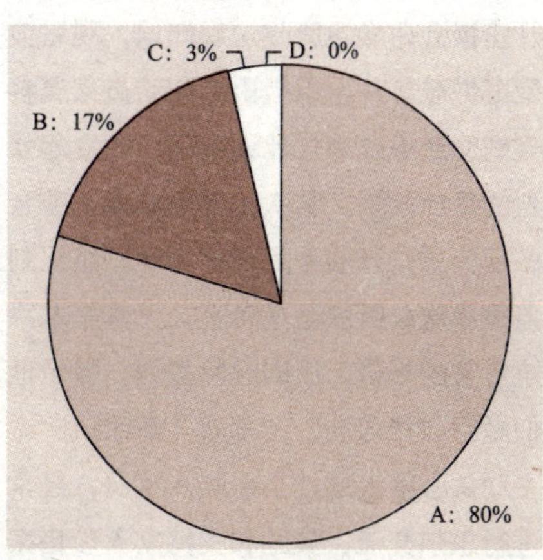

图8-15　问卷调查统计图
问：对领导干部的家庭成员进行廉政教育是否是交通廉政文化建设的一部分？A.有必要，应该请组织上对领导干部的家庭成员进行廉政教育；B.没必要，但只需要由领导干部自己对其家庭成员进行廉政教育；C.没必要；D.不清楚。

1. 家庭助廉活动

在我们进行的问卷调查中，高达80%的被调查对象肯定对领导干部的家庭成员进行廉政教育是交通廉政文化建设的一部分。与此同时，他们更认可通过组织对领导干部的家庭成员进行廉政教育（图8-15）。

家庭成员在长期的共同生活过程中，在观念、行为方式等诸多方面互相影响，形成了千丝万缕的联系。很多贪官背后往往都有着一个“贪内助”，这无疑给我们一个深刻的启示：必须把家庭纳入到交通廉政文化建设中来，把家庭助廉当作一个工程来抓，提高干部职工及家属自觉预防和抵制腐败的意识和能力，为领导干部建立一个廉政清明的后方阵地。首先，通过开设学习班，召开座谈会，学习廉政法规知识，观看典型案件教育片，积极引导和动员家属参与到交通廉政文化建设中来，树立起强烈的责任意识。其次，创新载体，整合各项资源，开展系列倡廉活动。组织到监狱参观，听取落马贪官，尤其是本系统贪官的报告，汲取经验教训，警示他们做好“贤内助”，常吹“廉政风”；主动关心家人的社交、收入状况，经常进行思想交流，鼓励和支持家人珍惜家庭幸福，在工作岗位上忠于职守，不贪污，不受贿。同时，可以家庭为单位，广泛开展各种活动，如以交通廉政为主题的书法、摄影、征文比赛，以灵活多样的形式，在潜移默化中增强廉政意识。同时，将家庭助廉当作一项常规性的工作来做，采取赠送廉政年历和廉政文化报刊杂志，节假日举行联欢会等方式，将廉政文化建设融入到家庭生活中去。最后，定期举行“廉内助”评选表彰活动，树立先进典型，争创廉政家庭。

2. 廉政主题日活动

所谓主题日活动，就是为了引起人们对某一特定问题的重视，选取某一个具有特定意义的日子，开展一系列特色活动。由于其鲜明的主题性、较强的号召力，这种符号表达已经在世界范围内得到了广泛运用和推广。比如“国际禁毒日”，确立的初衷就是为了应对越来越严峻的毒品问题，号召全世界人民共同抵御毒品的侵袭，共同打击毒品犯罪。这种特色鲜明、效果显著的符号表达形式也应当运用到交通廉政文化建设中来，其中，最为关键的问题是要选择一个有特定意义的日子作为主题日期。所谓有意义，应当是对交通廉政文化建设具有里程碑意义的或者具有重大影响的日子。例如，1987年7月11日，以一个南斯拉夫婴儿的诞生为标志，世界人口突破50亿。1990年，联合国把每年的7月11日定为“世界人口日”。在世界人口发展史上，7月11日就是一个值得纪念的标志性日子，因为它反复提醒世界关注日益严峻的人口问题。

2005年1月3日，中共中央颁布了《建立健全教育、制度、监督并重的惩治和预防腐败体系实施纲要》。《纲要》的出台对于交通廉政文化建设具有重要的指导意义。《纲要》明确提出要大力加强廉政文化建设，是党中央为做好新形势下反腐倡廉工作做出的重大战略决策。它提出了从源头上预防、治理腐败的新举措，将是当前和今后一个较长时期内进行廉政建设和反腐败工作的重要指导文件。交通部根据《纲要》的要求，结合交通行业实际，把建立、健全具有交通特色的惩治和预防腐败体系摆上了重要议事日程，不断推进交通行业党风廉政建设和反腐败工作。交通廉政文化建设作为交通廉政建设的一个重要部分，也因此受到前所未有的重视。因此，我们建议选择每年的1月3日作为“交通廉政文化日”。

每年1月3日的交通廉政文化主题日，可以根据不同的工作重点提出相应的具体主题，并通过主题讲座、征文、展览、汇演、演讲等丰富多彩的活动形式，让越来越多的人都来关心交通廉政文化建设，积极参与进来。例如，2008年奥运会将在我国举办，世界各国友人的出行安全、便捷、舒适问题将直接影响我国的国际形象，这对交通部门全体员工提出了重大挑战。因此，2008年的交通廉政文化日可以将“通你我，贯中西，打造2008服务型交通”作为主题，开展一系列的交通廉政文化活动。

3. 廉政公益宣传活动

近年来，公益宣传已经在不知不觉中融入到我们的生活中，尤其是各种类型的公益广告，正逐渐引导着大众的价值和行为取向。它们通过电视、网络、街头广告牌等多种载体，向公众传递一些重要的理念、信息，潜移默化地影响着人们的思想和行为。例如，图8-16所示的两幅廉政建设公益广告[④]巧妙地传播了“腐化（孵化）从内部开始”和“别让贪心残害了下一代”（杯子上的文字为“良心含量仅为0.09%”）的廉政思想，看了发人深省。这样的公益广告，其效能不亚于煌煌巨著。

交通廉政文化建设应当充分运用这种富有感染力、亲和力、吸引力的符号表达方式，使交通廉政的价值理念“润物细无声”地走进千家万户。

目前，交通廉政文化建设的公益广告日益得到推广。作为反腐倡廉的一项具体措施，它为传播廉洁理念、营造廉洁氛围推波助澜。但是，因为尚处于探索和起步阶段，还存在着一些问题：交通廉政文化建设的广告一般由相关职能部门组织业余力量制作，专业性不高，宣传说教意味浓重；交通廉政文化建设的公益广告针对的群体比较单一，大多局限于各级官员。

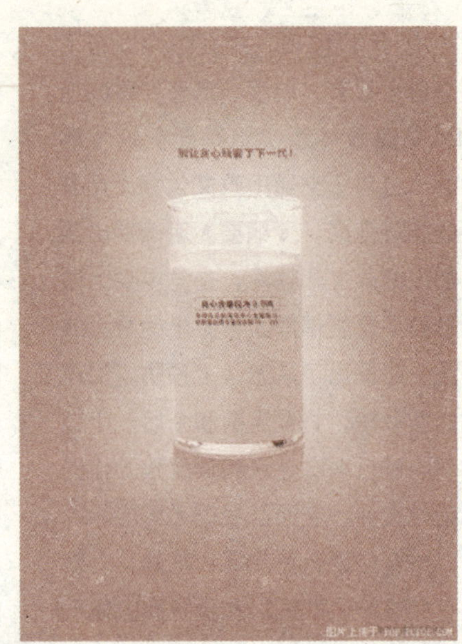

图8-16　廉政建设公益广告

在制作交通廉政文化建设的公益广告时，应该重点解决上述两方面的问题。第一，邀请广告专业人士介入制作。好的公益广告，应该以一种巧妙的、生动的方式感染人、打动人。这不是简单地写几句口号或者画几张图画就能做到的，需要专业的知识和技能。第二，广告针对的群体要多样化。领导干部当然是交通廉政文化建设的重点对象，但不是唯一对象。如前所述，交通系统一般的工作人员、社会公众等也应纳入交通廉政文化建设的生态系统中来。因此，应当按照不同群体的不同特征，有针对性地制作，让交通廉政文化建设的公益广告进机关、进学校、进社区。

4. 廉政文体活动

交通廉政文化建设可以依托文艺作品创作和文娱活动的开展等文体活动载体，开展富有特色的品牌活动。目前国内有许多做得相当出色的文艺晚会，典型的如“同一首歌”，可谓是享誉大江南北，拥有大批忠实观众。我们可以依托他们良好的口碑，打造系列交通廉政文化建设主题晚会，力争把它做成一个优秀的文化品牌。当然，也可以在交通系统内部组织小范围的专题晚会，这种模式在实践中已经尝试过（图8-17）；今后可以继续把它做好做精，成为交通廉政文化建设一面鲜明的旗帜。

图8-17　2005年9月全国交通基础设施建设廉政工作经验交流会“先行者之歌”文艺晚会(江苏省交通厅提供)

同时，除上述文艺活动以外，还可以开展以交通廉政文化建设的某一内容为主题的体育活动。交通领域各部门参与体育活动，不但可以丰富其业余生活，增进相互间的交流与合作，而且还能使体育的公平、公正等精神传递到每个人的心中，使他们在潜移默化中陶冶情操，提升人格品质与修养，从而使交通系统的干部职工不但拥有健康的体魄，还能保有积极向上的精神风貌。这能保证交通系统的干部职工以一种昂扬的形象投身到交通廉政文化建设中去，同时其本身也是交通廉政文化建设成果的展示和体现。

需要特别指出的是，在市场经济条件下，要创新交通廉政文化的建设路径，应当引入市场运作机制。廉政文化建设的本质应当是公益性的特征，但这并不意味着可以排除和摒弃任何非公益性质的因素。作为一种辅助的方式，市场化运作将为交通廉政文化建设创造更大的舞台和空间。

① [英]特伦斯·霍克斯：《结构主义和符号学》，瞿铁鹏译，上海译文出版社,1987年版，第128页。

② 陈原：《社会语言学》,上海学林出版社，1983版，第154页。

③ 此创意源自交通部体法司法制文明处黄克清处长，特此致谢！

④ 新华网，http://news.xinhuanet.com，2007年9月15日登录。

第三篇

交通廉政文化建设的指标体系

第九章　交通廉政文化建设指标体系的基本原理

一个人的成功很大程度上取决于他对自己的良好管理以及与外在环境的良善关系。一个企业、一个行业也是如此。为此，交通廉政文化建设必须建立自己的指标体系。这有助于直接检测和直观把握交通廉政文化建设的整体水平，进而指导交通廉政文化建设的具体工作，增进与整个社会的彼此了解和信任，促进整个交通廉政文化的永续发展。

一、交通廉政文化建设指标体系的战略目标与基本原则

所谓战略目标，是指交通廉政文化建设指标体系所应取得的最终成果的期望值。所谓基本原则，就是构建交通廉政文化建设指标体系时所应遵循的较为重要的原理与准则。我们认为，交通廉政文化建设指标体系的战略目标就是建立“交通廉政指数”，其基本原则主要包括科学性、典型性、可操作性、可比性、检测指标属性明确、经济性等内容。

（一）交通廉政文化建设指标体系的战略目标：建立“交廉指数”

交通廉政文化建设的落脚点在于建设一个更加廉政的交通，用文化的视角诠释交通廉政建设。具体落实到交通廉政文化建设的操作空间，就有必要借鉴国内外切实有效的评估方式。因此，本指标体系虽然暂时没有确定指标体系中各指标的权重，但其努力方向是希望在取得连续的、实证的数据后，来探讨各指标的权重问题，形成指数化标准，最终建立“交通廉政指数”（以下简称“交廉指数”）。

交廉指数是建立在完整的学理设计与实证分析基础上的一个宏观评估方式。因此，交廉指数设计、运用的基本宗旨在于：通过检测，初步评出参评单位的廉政文化建设的程度，作为交通系统各行业、各单位进行比较的参照，有助于从正反两个方面促进交通廉政文化建设，使交通系统在廉政文化建设

上形成良性互动。同时，交廉指数也为上级机关、社会组织、公民对参评单位廉政文化建设的程度提供一个较为客观的认识平台与窗口。公信力是交廉指数的生命力。为保证其客观性、公正性、科学性，必须由非盈利性的、以管理公共事务为理想追求的、独立于政府与公民之外的非政府组织进行评估、检测。同时，为取信于民，交廉指数测评出来后必须定期、公开向社会发布，以避免交廉指数成为交通部门一家的“形象工程”。

（二）交通廉政文化建设指标体系的基本原则

1. 科学性原则

这里所说的科学性包括两层含义：一是指选择的检测指标必须科学地反映交通廉政文化的水平，即其指标各要素必须有理论和实践依据，避免异化的评比局面，避免检测指标被用来进行“形象建设”和“政绩工程”。二是指标设计在名称、涵义、内容、时空、计算范围、计量单位和计算方法等方面必须科学明确，没有歧义，以减少检测指标数据收集和统计工作中的登记性误差。为此，我们尽可能通盘考量交通廉政文化的各个环节和层面，力求避免以偏概全、以局部代替整体的情况，针对不同主体的职能设计实用的、可灵活选用的指标及其要素，以更切合实际需求。

2. 典型性原则

交通廉政文化建设涉及到交通部门的各个领域，交通部门的众多日常活动都与交通廉政文化建设有关，都可能成为交通廉政文化的检测指标。因此，从海量的交通廉政文化建设实践中选取指标检测要素，使之能够准确反映、体现交通廉政文化建设水平，是建构指标体系最大的难题。为此，我们在选取指标、构建交通廉政文化指标体系时，确立典型性原则，以求抓住重点，使指标具有权威性和代表性。

3. 可操作性原则

交通廉政文化指标体系是可以测度的，具有可操作性。其中的关键在于：

一是检测指标的设计必须考虑其指标值的测量和数据收集工作的可行性。为此，对一些评价对象要解决好理论上的重要性与实际操作的可行性之间的矛盾。在交通廉政文化建设评价中，有很多方面从理论定性分析的角度看是很重要且不能缺少的，但是没有办法量化，或者量化工作的成本很高，耗时费力，不具有可行性，因而无法将其确定为检测指标，如廉政观念、廉政意识等。解决这个矛盾，目前只能运用检测指标设计技术，用与这一方面的发展变化具有一致性、相关性的其他可量化的检测指标来反映。

二是要考虑检测指标的可靠灵敏性。检测指标需要具有及时捕捉交通廉政文化建设变动方向且具有较高可信度功能的指标，即在交通廉政文化建设发生变化时，能明显地表现出这种变化的征兆或特征的指标，否则检测指标也就失去了意义。

4. 可比性原则

检测指标必须具有可比性。可比性原则有两个涵义：一是检测指标应当在不同的时间或空间范围上具有可比性。那些在较长时期内变化不大的指标，或者在不同地区之间差别不大的指标，不列入检测指标体系。二是在不同时期和不同地区之间进行比较时，除了检测指标的口径、范围必须一致外，一般用相对数、比例数、指数和平均数等进行比较才具有可比性。当然，随着时间的推移，适应于一定时期的检测指标或指标体系都必须进行必要的修改、补充和更新。所以，在设计指标体系时必须充分考虑到指标体系的发展问题。

5. 检测指标属性明确原则

检测指标对实际部门的工作具有一定的导向作用，必须明确其属性。所谓检测指标属性，就是检测指标数值的大小与所反映现象的发展程度或密度是成正比例关系还是反比例关系。成正比例关系的属于正向指标，成反比例关系的则是逆向指标。

交通廉政文化建设指标体系是一个多层次的系统，因而同一个检测指标从不同层面考察，可能会有不同的属性。例如，查处交通部门职务犯罪的增长率，从交通廉政主管部门来看是其职责和效能，是正向指标；但从整个交通部门来看，又是一个逆向指标。在同一指标体系中，这个检测指标的属性就不明确，应当慎用或尽量不用。

但是，在交通廉政文化的指标体系中，这样的检测指标很多，全部舍弃不用，就很难建立检测指标体系，也不现实。解决这一问题的方法，目前只能是在指标体系模型设计中，暂时不赋予检测指标权重，并在实践中不断总结经验、寻找规律。

6. 经济性原则

检测指标设计的指导思想是：除了极个别非常重要的指标进行新的设计外，绝大多数指标都从相关部门现行的具有经常性统计基础的检测指标中筛选，然后按指标体系的要求，进行适当的技术处理。检测指标的选取要考虑现实条件及可操作性，数据的获得应符合成本效益原则。在满足指标体系目标的前提下要减少检测指标之间的信息重复，选定的指标应包含尽可能大的信息量，以减少工作量，降低误差和提高效益。

二、交通廉政文化建设指标体系的功能定位

构建交通廉政文化建设指标体系必须明确指标体系的功能定位、清晰指标体系的类型划分，在此基础上进一步探求交通廉政文化建设检测指标的权重划分。

本指标体系的功能定位是：逐步建立积木式开放性渐进型的指标体系。其基本目的是：本指标体系可供多主体使用，使各种不同的主体能够根据本指标体系考核交通廉政文化建设的状况，并使本指标体系具有更大的适用性，最终建立交廉指数。

（一）积木式的指标体系

所谓积木式，就是单个指标可以自成体系，以考量某一个专题方面的情况，如政务公开度指标就可以单独用来衡量交通部门的信息透明度等问题，交通部门反商业贿赂指标也可以单独用来考量商业贿赂治理的情况。这种指标设计可以适应多主体的需求，更切合实际。积木式的另一个含义是：各个指标可以自由组合，如党委纪检部门可以选取领导干部经济责任审计指标、“述职述廉”制度和“民主生活会”制度等来考察领导班子的廉政情况，也可以添加其他指标来考察领导班子的廉政情况。当然，各种不同的主体也可以采用全部指标来考察交通廉政文化建设的总体状况。

（二）开放性的指标体系

所谓开放性，是指本指标体系可以根据实际情况的发展变化增加或减少相关内容。交通廉政文化建设本身是一个不断完善的过程，因而其指标体系也必须是开放的，具体表现在：一方面，开放型的指标体系具有抛弃冗余的特性，由于在特定时间与空间形成的有效制度会随着条件的变化而失去效用，从而避免因某一个指标失去应用价值而导致整个指标体系失效的尴尬；另一方面，开放型的指标体系也具有容纳新指标的特性，以设计新的指标接纳因为新的情势变更而创新的交通廉政文化建设的实践。因此，交通廉政文化建设指标体系必然不是纯粹的学理分析，而是具有巨大包容性的、能够考量变动的现实生活的标尺。从这种意义上说，建立一种封闭的、固定的、一刀切的指标并不是我们的企图。

开放型的含义还在于，在考察交通廉政文化建设的基本状况时，这些指标既可以作为主观指标也可以作为客观指标，也就是一套指标可以有两种功能。

（三）渐进型的指标体系

所谓渐进型，是指本指标体系有

一个不断完善的过程。本指标体系暂时没有确定指标体系中各指标的权重，主要原因在于：（1）由于本指标体系刚刚起步，没有先例援引或既成的检测要素，还缺少可行的数据源。（2）筛选出来的交通廉政文化指标是多种形态的：有动态与静态之分，有正向与反向之分，有超前与滞后之分。如果仓促应用统一计量标准来确定这些指标的权重，那是不严谨的。（3）本指标体系是适用于多主体开放型的。由于交通廉政文化建设的每一个指标都有其独特的重要性，很难区分哪一个指标重要或次要一些。因此，我们认为，将权重的确立交由适用主体确定可能更为科学和可行。（4）本指标体系中，有些指标是创新型的。必须看到，相对于行进中的中国社会改革，各种系统是互相自我生成并不断分化和自我区别化，面临着具有同样高度变动性和极端复杂性的“环境”的包围及影响。在这种情况下，交通廉政文化建设一方面处于不确定的可能性范畴和充满风险的局面中，另一方面又不得不对“环境”采取选择性和灵活性的处理程序，以便尽可能协调“交通廉政文化建设”与其环境之间的复杂关系。同时，在复杂的社会形势面前，任何理论都是有缺陷的。交通廉政文化建设本身有些做法还处于创新过程中，在大的法治环境还需要更具权威的确认时，本课题不能阻止交通部门因情势变更而变更其创新工作。这个过程的“过度复杂性”、“无法概括性”和“无法控制性”使得本指标体系不能贸然去确定其中各指标的权重。

因此，本指标体系是渐进型的，并没有建构交通廉政文化建设的一般理论模型，也没有通过主题描述和数据统计说明达到什么标准就是交通廉政文化建设的良性状态与恶性状态。本指标体系在于确立交通廉政文化建设的指标基础，按照设定的分析框架，根据交通部门的实际状况，来选取一些交通廉政文化建设考察的重要指标，对交通廉政文化建设的状况进行数据的描述。本指标体系并没有假定，在何种数量程度上，交通廉政文化建设就臻于完美状态；在何种数量程度上，交通廉政文化建设就陷于低迷状态。

本指标体系希望，在取得连续的、实证的数据后，来探讨各指标的权重问题，形成如腐败指数、基尼系数那样的指数化标准。最终目标是通过赋予客观指标和主观指标以不同权重，对各项分值及其关联数据的比较、分析和权衡，综合测算出总分值，建立交通廉政指数，以描述交通廉政文化建设的真实状况和实际水平。

第十章　交通廉政文化建设指标体系的技术构建

交通廉政文化建设主要依赖交通部门内的各个主体，他们是交通廉政文化建设的检测、考察主体之一。同时，交通廉政文化建设考察主体还包括外部主体。首先，社会公众是交通部门的服务对象，对于交通廉政文化建设的效果有最直接和最感性的认识与体会。作为考察主体，社会公众可以最直接地体现检测的满意程度，检测的结果也最为准确和实际。其次，各级人民代表大会及其常务委员会、人大代表对于群众的意见、呼声和要求也有较深的体会，对交通廉政文化建设实施监督的过程、交通部门勤政廉政效能的了解也较为客观和全面，因而也应当是交通廉政文化检测的权威主体。作为民主监督的主要力量，政协的意见对交通廉政文化建设的检测十分重要。最后，新闻媒体也是检测主体的重要组成部分。新闻媒体作为社会公众的代言人具有更为敏感、更为专业、更具组织优势等特点，对于交通廉政文化建设的推进作用尤为重要。由此可见，不同的主体对检测要素的要求是不同的。在这里，我们试图按照不同的类型从海量的检测要素中确定那些为交通廉政文化建设所必需的基础元素。

一、交通廉政价值文化建设指标体系的类型划分

本指标体系按照不同标准来甄别，可将指标划分两类四种：按照主客观标准，可分为主观指标体系与客观指标体系。按照适用主体来划分，可分为总体性指标体系与职能性指标体系。它们统一在同一套指标体系中，由使用者来选取适用。

（一）主观指标体系与客观指标体系

主观指标可以应用于对交通廉政文化建设难以量化的价值、理念、原

则、精神等进行检测，也可以对交通廉政文化建设可见的、可度量的物理实体如人、财、物进行检测。通过抽样民意测验调查的方式，征询社会公众对普遍关心的有关交通问题的意见、观点或想法，并以此进行分析和推论。主观指标体系主要考察不同主体对交通廉政文化建设的感知、认知，以衡量交通部门在交通廉政文化建设总体或某一方面的成效。它可以是社会良心的发现，如同“透明国际”所推出的“腐败指数”一样，具有社会信用的标杆作用；也可以是交通部门对廉政文化建设的自我评价，具有反省与自测的作用。

客观指标主要应用于对交通廉政文化建设可以量化的活动进行定量的实证分析。客观指标体系是以交通廉政文化建设的活动为主要考察内容，例如，在制度性指标中，选取了交通部门特有的项目招投标制度、人事任免制度、纪检监察制度以及审计制度等进行定量分析，在此基础上嵌入普适意义上的廉政文化建设指标，以充分体现交通部门廉政文化建设的实际。

主观指标的数据需要通过合理设计调查问卷，对社会公众、企业法人、职能部门、廉政主管部门、监督部门等进行随机抽样调查，并经过统计处理后才能获得，其采集依赖于社会中介组织或其他交通部门开放性的、权威性的、连续性的民调统计。这些指标可以由交通部门的内设机构来操作，也可以全流程交给社会中介组织或其他部门来操作，以确立“任何人不能作自己案件的法官”原则，增强该主观指标体系的公正性。而客观指标数据的采集乃是从交通部门的内部资料、统计报表或现有资料获得，所评价的内容涉及交通廉政文化建设应当具备的内在标准。

（二）总体性指标体系与职能性指标体系

总体性指标是指交通部门以外的主体对交通廉政文化建设事实与感受的考察。其主体适用性极为宽泛，既可以适用于社会公众，也可以适用于人大、政协、专家学者、新闻媒体等主体。

职能性指标体系是指交通部门内部的主体对交通廉政文化建设事实与感受的考察。我们认为，交通廉政文化建设需要依赖其内部的各个主体、各部门，如党委（纪委）、行政监察、组织人事部门、财政部门、审计部门等，它们共同承担着交通廉政文化建设的艰巨任务。

二、交通廉政文化建设指标体系的检测要素

与整个体系相一致，我们将指标体系的检测要素选择相应划分为价值文化、制度文化和物质文化三个部分①。需要注意的是，由于主观视角的不同，

这些要素的归类不是绝对的。

（一）交通廉政价值文化建设的检测要素

1. 交通部门主导性廉政文化价值观

任何民族、国家和社会的存在与发展，都需要主导价值观的强力支撑。从人类文明发展进程的角度看，任何一种社会文明形态的发展，都内在地要求社会成员具有与其经济基础相适应的价值观念、道德品质、社会心理和思维方式。缺乏广泛认同的共同价值标准，社会发展就会失去根基。廉政文化价值观是社会主义核心价值体系核心的主导价值观，是推动经济社会发展的精神动力，代表着社会的发展方向，反映着时代的基本特征，引导着整个社会的价值取向。交通廉政文化价值观也具备同样的功能，交通廉政文化建设必然具有其主导性的廉政文化价值观，“交至廉，通至远”是交通廉政文化的核心价值观，“廉通你我，路畅人和”是交通廉政文化建设的基本使命，“共建有序、互动、平衡的交通廉政生态系统”是交通廉政文化建设的共同愿景，它们共同组成交通廉政文化建设的核心价值理念。因此，这一检测要素选择是符合逻辑的。

这就需要通过调查，了解和把握以下几个方面的基本情况：交通部门廉政制度建设；交通部门廉政典型的认同度；交通部门廉政价值观念（愿景）表达的认同度；交通部门廉洁标识表达的有效性；交通部门廉政愿望、决心，等等。

2. 交通部门公职人员的廉洁奉公价值观

作为履行公务的国家工作人员，交通系统公务人员必须严格依照《中国共产党党员领导干部廉洁从政若干准则（试行）》以及中央作出的领导干部廉洁自律的相关规定，在其工作岗位上兢兢业业、勤勤恳恳、遵章守纪、为民办事，始终以人民利益为重，做到勤政为民，以积极的作为方式来实践“廉”的内涵要求。因此，在交通廉政文化建设中，应当对交通系统公务人员提出“廉洁奉公”这一基本的法律和道德要求。

这就需要通过调查，了解和把握交通部门公职人员以下几个方面的基本情况：履行公职期间遵守公共财务管理和使用规定的情况；履行公职期间遵守干部选拔任用工作制度等组织人事纪律情况；履行公职期间依法公正处理亲友及身边工作人员利益的情况；履行公职的主动性、得奖情况、获群众表扬情况、参与廉政活动的积极性；履行公职期间接到社会投诉的频率、违法违纪行为的频率，等等。

3. 交通部门公职人员的廉洁自律价值观

十六大以来，中央颁布了《中国共产党党内监督条例（试行）》、《中国共产党纪律处分条例》、《中国共产党党员权利保障条例》等一批重要规定，党内监督工作进一步制度化、规范化。特别是党中央颁布的《建立健全教育、制度、监督并重的惩治和预防腐败体系实施纲要》，明确了反腐倡廉教育的基础性地位。胡锦涛同志在中央纪委七次全会发表重要讲话强调，开展反腐倡廉工作要突出重点，“必须进一步抓好领导干部教育、监督和廉洁自律。”廉洁自律是对交通系统公务人员24小时内的廉洁要求，交通系统公务人员不论是否处于工作时间内和现有制度约束下，都能自觉约束自己的行为，做到“慎独”。

这就需要通过调查，了解和把握以下几个方面的基本情况：领导干部廉洁自律组织机制的建立和完善程度；领导干部廉洁自律“六个不准”（十六届中纪委第四次全会）的实际执行情况；国有企业领导人员“九个不准”（十六届中纪委四次全会）的实际执行情况；领导干部廉洁自律“六项规定”（十六届中纪委五次全会）的实际执行情况；私自从事营利活动的情况；讲排场、比阔气、挥霍公款、铺张浪费的情况，等等。

4. 交通部门公职人员的清廉正直价值观

交通系统公务人员不光要做到廉洁奉公、廉洁自律，还必须“律人”与“正人”，树立“清廉正直”的价值观。清廉正直既要求交通系统公务人员在面对他人诱惑时能够自我把握、深明大义、拒绝腐败，还要求交通系统公务人员不但自己不能腐败，而且还要勇于同腐败行为作斗争。这两个层次的要求是递进式的，后者的境界要高于前者。

这就需要通过调查，了解和把握以下几个方面的基本情况：交通部门公职人员平均实际收入的合理性；交通部门的自查自纠活动开展情况；内部举报受理和处理制度的执行情况和收效；交通部门公职人员接受200元以下礼金（品）的次数；交通部门公职人员受贿案件数量，等等。

5. 交通部门公共服务意识与办事效能

交通部门是重要的社会公共服务的提供者，顺畅交通、人本交通、和谐交通是其行业使命。这一指标设计的目的就是要考察交通部门是否真正能够以各项细化的组织纪律，严格保证“公共服务意识”的强化，对没有公共服务意识或是丧失公共服务意识的交通部门官员能否真正追究其政治和法律责任。

交通部门“公共服务意识”强化与“办事效能的提高”是一个问题的两个方面，办事效能的提高必须依靠公共服务主体意识的提升，公共服务意识的提升也需要办事高效的有力保障。“办事高效”，既讲求办事的效率也要求严格考核办事的质量和时效性，否则仅仅有办事的激励机制而没有办事的严格考核机制和实时监督机制，强调交通部门效能的要求就会流于形式。另一方面，交通部门公共行政的绩效与办事程序的繁琐程度成反比，行政审批太频繁、行政监管过于严格，就会出现“与民争利”的越位现象，既有损于交通部门开展公共服务的初衷，又为腐败的滋生大开便利之门。

这就需要通过调查，了解和把握以下几个方面的基本情况：交通部门办事环节简化与便利程度；交通部门公职人员服务态度；交通部门公职人员服务效率；交通部门公职人员责任感，等等。

6. 交通行政服务绩效

在交通廉政文化建设中，必须严格贯彻《中华人民共和国行政处罚法》、《中华人民共和国行政复议法》和国务院颁布的《全面推进依法行政实施纲要》，提高服务质量与服务效率，为国家和社会提供更多、更好的服务内容，及时救助公民和法人的重大利益。

这就需要通过调查，了解和把握以下几个方面的基本情况：交通部门公职人员服务态度；交通部门办事环节简化与便利程度；交通部门公职人员服务效率；交通部门公职人员责任感；追究交通部门公职人员失职、渎职行为责任的及时性、有效性，等等。

7. 领导作风

执政党的党风，关系党的形象，关系人心向背，关系党和国家的生死存亡。交通部门党政职能部门的工作作风是党风政纪的具体表现，也是评价廉政状况的重要方面。通过对交通部门的领导作风评价，不仅可以反映在过去的某个阶段开展了哪些党风廉政工作，成效如何，还可以明确党风廉政建设进一步推进的重点和任务，看到问题和不足，同时也增强领导干部的廉政责任意识，为今后制定执行廉政政策打下基础。

这就需要通过调查，了解和把握以下几个方面的基本情况：干群关系；部门协作情况；领导责任追究的执行情况；干群收入分配的公允度；决策的科学性、民主性，等等。

8. 领导班子素质建设

《中国共产党党员领导干部廉洁从政若干准则（试行）》和有关规定是中国共产党党员领导干部廉洁从政的行为规范，是党员领导干部的思想道德防线。领导班子素质与建设必须坚持创新思维、提高决策能力；落实民主集中制，认真开展批评与自我批评，班子成员之间相互尊重、相互理解、相互配合、相互支持，发挥整体合力；转变工作作风，弘扬廉政价值观。

这就需要通过调查，了解和把握以下几个方面的基本情况：领导班子政治素养；领导班子法治意识；领导班子人格品质；领导班子业务素质；领导班子团结协作水平，等等。

9. 领导干部的道德行为标准

在交通部门先导性地建立领导干部的道德行为标准制度，既是降低交通部门面对大规模公共投资建设而产生的腐败风险的措施，也是制度创新的要求。

领导干部的道德行为标准即大阳光制度考虑如下的指导原则：公共官员的道德行为标准必须充分严格，以确保官员最诚实地工作，不辜负公众对他们的信任；道德行为标准必须公平，必须客观且合乎常理；道德行为标准必须对各种权力一视同仁；不可不合理地阻止有能力的人进入公共服务领域。

这就需要通过调查，了解和把握以下几个方面的基本情况：党委（纪委）提供道德指导组织机制的建立与完善；道德行为监管实行行政首长负责制的实际执行情况；领导干部离职后再就业的正当性；道德行为档案利用机制的建立和完善程度；“跑官要官”、“买官卖官”现象出现的频率；领导干部放任、纵容配偶、子女及身边工作人员谋取非法利益的情况，等等。

（二）交通廉政制度文化建设的检测要素

1. 交通部门政（事）务公开

早在2004年，交通部门就全面施行了《交通部机关政务公开规定(试行)》，对政（事）务公开的组织领导、制度建设、规范公开内容、公开形式、政（事）务公开目录编制工作等方面提出了明确的要求，推动政（事）务公开由静态的信息公开向动态的行政权力运行过程公开拓展，政（事）务公开工作取得明显成效。

交通部门政（事）务公开是指交通行政主管机关及其公务人员将其工作规范、工作程序、工作内容及工作结果等向社会民众公开。交通部门政（事）务公开能够直接、有效地保障公民对交通部门权力运行的知情权，其公开程度越高，社会主体就越有积极性参与交通廉政文化建设的监督与谋划；同时，社会主体对交通廉政文化建设的关注程度越高，交通部门开展“阳光行政”的动力就越大，其自身会更加主动地推进交通廉政文化建设。

交通部门政（事）务公开工作可考察的内容主要涵盖以下五项：一是加强制度建设，进一步强化公开的组织保障体系。研究制定政（事）务公开工作责任制办法，形成政（事）务公开的保障机制和长效机制。二是加强政府网站建设，推进电子政务。以政府网站为载体，建设网上政（事）务公开平台，充分利用网上审批、网上公示、网上访谈、网上征询意见等形式，加大推动政（事）务公开力度。三是围绕交通中心工作和社会关注的热点、难点问题，不断拓展和深化政（事）务公开的范围和内容。四是认真编写交通部机关政

（事）务公开目录及工作指南。五是建立健全政（事）务公开评议、考核、监督激励机制。

2. 交通部门提供公共资源的能力

《公路工程施工监理招标投标管理办法》、《公路工程施工招标资格预审办法》、《水运工程评标专家和评标专家库管理办法》等制度规定，提出了《关于建立公路建设市场信用体系的指导意见》。

交通部门有巨大的提供公共资源能力[②]，仅以交通建设投资为例，"十五"期间，交通事业保持了持续快速健康发展的良好势头[③]。在统筹、协调、配置公共信息资源、机会资源、组织资源、矿产资源等公共资源过程中，必须着力维护统一开放、竞争有序的市场秩序，为相关企事业单位、非交通部门组织、社会团体的生存与发展提供优质的软环境，侧面提升交通部门勤政与廉政水平。

这就需要通过调查，了解和把握以下几个方面的基本情况：交通部门公众信息网提供的公共信息量；交通部门提供电子政务方式的便捷程度；交通部门提供救援服务的质量；交通部门特许经营过程的公正性，等等。

3. 交通部门处理投诉与举报

反腐倡廉的实践证明：受理社会主体对交通部门的投诉与举报是搜集腐败证据的重要手段，许多腐败大案要案的侦破均是以社会主体举报为突破口的。社会主体对交通部门的投诉与举报反映了一个地区或部门的廉政状况，同时，对社会民众投诉、举报的处理、反馈和保护情况也反映了特定地区或部门廉政建设的效率与成果。社会主体有权依法对交通部门及其公职人员的廉政问题、腐败现象和一系列失职越轨行为进行社会监督。社会主体对廉政建设状况的主要评价依据就是看公民举报的受理情况以及其投诉与举报的权利是否得到切实有效的维护。

这就需要通过调查，了解和把握以下几个方面的基本情况：便利、快捷举报机制的建立与完善程度；交通部门依法保障公民举报权利的情况；受理举报线索的效率；对举报的处理及反馈情况，等等。

4. 交通部门廉政惩防机制

交通廉政制度文化建设必须贯彻、落实《建立健全教育、制度、监督并重的惩治和预防腐败体系实施纲要》及交通部党组有关具体意见。建立健全具有交通特色的惩治和预防腐败体系，是全面贯彻落实党中央的部署，推进交通行业廉政建设和反腐败工作向纵深发展的需要。交通部党组根据《实施纲要》的要求，结合交通实际制定了《具体意见》，对交通系统建立健全惩防体系作了全面的部署，《具体意见》的贯彻实施，为交通事业全面协调和可持续发展提供坚强的政治保障。因此，对此进行考核也是交通反腐倡廉工作向纵深发展的必然要求。

这就需要通过调查，了解和把握以下几个方面的基本情况：交通部门规划制定腐败预防措施的系统性；交通部门惩处腐败的效果；交通部门对违规行为的惩处情况；交通部门对违法行为的处理情况等。

5. 交通部门廉政制度的效用

交通廉政建设的发展是多种社会因素以及各种政治因素的合力作用，而廉政制度具有约束力，通过一系列规则来约束和控制人们的思想和行为，指导人们该做什么，不该做什么。因此，交通廉政制度在交通廉政文化建设中有其特别效用。

这就需要通过调查，了解和把握以下几个方面的基本情况：纪检监察制度的落实情况；人事任免制度的落实情况；项目招投标制度的落实情况；交通规费征收制度的落实情况；审计制度的落实情况；交通建设资金筹集和管理制度的落实情况；首问责任制的落实情况，等等。

6. 交通部门的行风建设

"靠山吃山，靠水吃水"，这种带有行业特点的不正之风是把个人或局部利益建立在损害他人利益和公共利益之上，是以权谋私行为的一种表现。"小金库"现象、地方保护主义、部门本位主义等严重妨碍了交通部门权力系统的良性运作。因此，对交通部门行业廉政风气检测的必要在于：以中国特色社会主义基本理论为指导，坚持标本兼治、综合治理、惩防并举、注重预防的方针和"谁主管谁负责"、"管行业必须管行风"的原则，充分发动和依靠社会各界力量对交通部门行风建设情况进行评议和监督。以评促改、以评促建，着力解决广大群众反映的突出问题，努力做到思想认识有明显提高，纪律意识有明显增强，作风有明显转变，制度建设有明显加强，工作有明显进步。中央对公职部门行业不正之风的纠正相当重视，设有"纠风办"等专门机构进行专项治理。同时，本课题也注意到交通部门行风建设开展已经非常普遍，其涉及廉政的组织、机制亦有许多卓有成效的创新，这为本指标的测度提供了可能。

这就需要通过调查，了解和把握以下几个方面的基本情况：交通部门行风建设的组织与领导机制的建立和完善程度；交通部门查处行业内不正之风的决心；交通部门纠正"三乱"的力度；交通部门整治"小金库"的力度；交通部门的诚信度，等等。

7. 交通部门财务管理制度

在交通廉政制度文化建设中，必须严格执行财务管理制度，履行监督职责，切实加强交通部门财务管理。

这就需要通过调查，了解和把握以下几个方面的基本情况：财务管理权组织机制建立和完善程度；预算编制和预算执行的实际情况；依法使用资金的情况；基建项目依法审批的情况；固定资产管理的财务监督完善程度；大宗物品采购管理的财务监督完善程度，等等。

8. 交通部门人事管理制度

在交通廉政制度文化建设中，必须严格执行《中华人民共和国公务员法》、《党政领导干部选拔任用工作条例》、《党政机关竞争上岗工作规定》等规定，正确行使人事管理权。

这就需要通过调查，了解和把握以下几个方面的基本情况：人事管理权组织机制的完善程度；公务人员录用机制的完善程度；公务人员调配机制的完善程度；领导干部选拔任用机制的完善程度；工作人员考核奖励机制的完善程度；拟任人员票决制的完善程度；干部考察责任追究制的落实情况，等等。

9. 交通部门采购制度

在交通廉政制度文化建设中，必须重视和贯彻《中华人民共和国政府采购法》，落实《交通部行政事业单位政府采购管理办法》等相关规定。

交通部门采购以“健全制度、扩大规模、抓好试点、加强培训、完善预算、强化监管”作为工作的重点，对船舶采购特殊对待；进一步规范集中采购代理行为，提高政府采购的操作水平；严把资金支付关；研究并针对各种不同类型的采购方式，制定采购程序，合法、合理地规范相关责任人的职责，及时公布采购信息，做好备案。通过严格规范交通部门行政事业单位政府采购行为，提高采购资金使用效益，进而促进廉政建设。

这就需要通过调查，了解和把握以下几个方面的基本情况：采购方式的合法性、公平性、科学性；采购程序的公正性、透明度；交通部门采购检查监督制度的执行情况；交通部门采购法律责任追究的落实情况；交通部门采购质疑与投诉的处理情况，等等。

10. 中央(上级)政令落实情况

政令，即遵循法规出台的对某种工作的要求，是政府和人民群众认可并能办得到的条文。政府部门是执行政令最重要的组织，是带领群众按照政令的要求把它办好的领导者。政令不通是国家政治生活中的最大公害。

这就需要通过调查，了解和把握以下几个方面的基本情况：交通部门政令的组织落实情况；交通部门政令的制度落实情况；处理苗头事件的及时性；反思检讨案例的及时性、有效性；政令责任追究制度的落实情况，等等。

11. 集体领导和个人分工负责制度

集体领导与个人分工负责相结合

的制度，是民主集中制的一项基本原则，是保证党组织决策正确和决策的正确执行，实现党的正确领导，防止个人决定重大问题和个人分工不负责现象的重要制度，是党的群众路线在党的领导方法上的运用。实行集体领导和个人分工负责相结合的制度，就是凡涉及党的路线、方针、政策的大事，重大工作任务的部署，重要干部的任免、调动和处理，群众利益的重要问题，以及上级领导机关规定应由党委集体讨论的问题，应根据情况分别提交党的委员会或常委会集体讨论决定，然后分工负责贯彻执行。实行这一制度，既能使党委的集体领导建立在党委委员个人分工负责的基础之上，又能使每个委员所分工的各项工作在党委统一领导下有效地进行。

集体领导和分工负责制度能够更好地贯彻党的民主集中制原则，促进决策民主化、科学化。集体领导和个人分工负责，二者不可偏废。要明确党委成员中每个人对一定事情所承担的具体责任，做到事事有人管，人人有专责。凡已有明确规定和职权范围的事情，应由分管的同志独立负责地去处理，充分发挥党委成员应有的作用。要提倡领导干部敢于负责的精神，反对遇事推诿，互相扯皮和无人负责。党委成员既要根据集体的决定和分工，切实履行自己的职责，又要关心全局的工作，积极参与集体领导，做到分工不分家，互相协助，充分发挥党委的整体效能。

这就需要通过调查，了解和把握以下几个方面的基本情况：集体领导决策方式；集体领导的效能；领导班子成员按照分权、制衡原则进行分工的执行情况；领导班子成员轮换制的落实情况和效果，等等。

12. 党组议事规则和办公会制度

党组议事规则和办公会制度涉及的主要内容有：贯彻落实上级重大决策、部署；讨论研究全委工作的重要问题；关于干部任免奖惩及调动等事项；重大投资项目；涉及群众利益的重要问题；制定出台重大制度、规定；按有关规定应由党组集体决定的其他重大问题。

这就需要通过调查，了解和把握以下几个方面的基本情况：党组会和办公会到会情况；党组会和办公会议题确定和预告程序规范情况；党组会和办公会咨询论证和征求意见的情况；党组会和办公会决议形成机制的完善程度；党组会和办公会决策结果的公开情况；党组会和办公会擅自改变集体决定现象的出现频率，等等。

13. 依法决策情况

依法决策是推行依法治国、建立法治政府的重要保证。依法决策的关键是要坚持决策制度化，确保决策有法可依；要坚持决策规范化，确保决策按章执行；要坚持决策程序化，确保决策有序运行；要吸收专家与社会大众的参与，增强决策的权威性；要推行决策失误追究制，从而更好地防止决策失误。

这就需要通过调查，了解和把握以下几个方面的基本情况：重大决策或内部决策程序制度的建立和完善程度；依法执行重大决策的情况；决策跟踪检测制度的建立和完善程度；决策公开制度的执行情况；决策责任追究制度的落实情况，等等。

14. 党政领导理念与制度创新

十六届四中全会通过的《中共中央关于加强党的执政能力建设的决定》提出，全党要紧紧围绕加强党的执政能力建设的主要任务，不断研究新情况、解决新问题、创建新机制、增强新本领。这里强调的“四个新”，核心在创新，离开了创新，加强党的执政能力建设就会成为空中楼阁。因此，交通部门党委、行政机关要致力于领导能力创新。

这就需要通过调查，了解和把握以下几个方面的基本情况：发展理念的创新；政策的创新；管理的创新；服务理念的确立与创新；工作经验推广的规模和效果；单位党风廉政建设典型人物推广的力度和效果，等等。

15. 党政领导机制

十六届四中全会通过的《中共中央关于加强党的执政能力建设的决定》明确提出要提高“执政效率”。《决定》中部署的一些改革举措，相当一部分是围绕提高效率展开的。比如，《决定》提出，要围绕提高行政效率、降低行政成本、整合行政资源，继续推进行政体制改革；适当扩大党政领导成员交叉任职，减少领导职数，撤并党委和政府职能相同或相近的工作部门，以切实解决分工重叠问题，提高效率。加强五种执政能力，实际也是为了适应不断变化的形势，提高执政效率，为加强政府能力建设提供重要基础和保障。

交通系统党政领导机制关系党的执政效率，所谓执政效率是指执政党为维持自己的政治秩序、巩固自己的执政地位，通过执掌政权、运用执政资源管理国家和社会事务而获得的执政绩效与付出的执政成本之间的比例关系。所谓执政成本，是指执政党维持、巩固执政地位和政权运行，推行自己的社会理想和政治主张而耗费的执政资源的总和。执政成本既包括经济成本，也包括政治成本；既包括短期成本，也包括长期成本；既包括显性成本，也包括隐性成本；既包括存量成本，也包括增量成本。

这就需要通过调查，了解和把握以下几个方面的基本情况：党政职能分工的科学性、合理性、高效性；领导能力；决策效率；用人机制完善程度；投入成本控制情况和效果；减少部门副职数量的落实情况；领导干部学习机制及教育的成效，等等。

16. 领导干部的月报制度

在交通廉政制度文化建设过程中，必须切实贯彻落实《中国共产党党员领导干部廉洁从政若干准则》以及交通部关于廉洁自律有关制度和办法的要求，规范自身行为，切实遵守廉洁自律各项规定。要从践行“三个代表”重要思想、落实科学发展观、巩固党的执政地位的高度，把领导干部的廉洁自律工作作为党风廉政建设的关键。对领导干部执行“四大纪律八项要求”、领导干部廉洁从政的各项规定、交通部“四不准”要求的情况进行监督，特别是对主要领导干部进行监督。

这就需要通过调查，了解和把握以下几个方面的基本情况：月报制度组织机制的建立和完善程度；月报公布的客观性、及时性；月报制度的责任追究的落实情况，等等。

17. 财产收入申报制度

在交通廉政制度文化建设过程中，必须严格贯彻和落实国务院《个人存款账户实名制规定》，中央办公厅国务院办公厅《关于领导干部报告个人重大事项的规定》，以及中央《关于党政机关县（处）级以上领导干部收入申报的规定》，中央纪委关于对《关于党政机关县(处)级以上领导干部收入申报的规定》若干问题的答复，切实执行和完善财产收入申报制度。

这就需要通过调查，了解和把握以下几个方面的基本情况：工资、劳务所得和投资收益的登记情况；其他重大财产和交易的登记情况；未按规定申报财产收入的责任追究落实情况，等等。

18. 领导干部经济责任审计制度

《中华人民共和国审计法》规定了对领导干部及相关负责人任职期间的经济责任审计；中共中央办公厅、国务院办公厅联合印发的《县级以下党政领导干部任期经济责任审计暂行规定》，明确党政正职领导干部，任期届满或任期内办理调任、转任、轮岗、免职、辞职、退休等事项前的经济责任审计；中央纪委、中央组织部、监察部、人事部、审计署联合下发了《关于党政领导干部经济责任审计扩大到地厅级的意见》，明确党政领导干部经济责任审计范围从县级以下扩大到地厅级。在交通廉政制度文化建设过程中，加强对领导班子和领导干部，特别是主要负责人的监督，领导干部经济责任审计制度是一个应该持之以恒的重点。

这就需要通过调查，了解和把握以下几个方面的基本情况：投资项目及重大经济决策事项的审计结果；资产、负债和净资产变动情况的审计结果；执行国家财经政策法规情况的审计结果；国有和集体资产改革及保值增值情况的审计结果，等等。

19. 党风廉政责任制

党员领导干部作风建设关系到科学发展观的贯彻落实，关系到加强党的执政能力建设和先进性建设，甚至关系到党的生死存亡，而党风廉政责任制的建立健全和完善程度直接影响党员干部作风建设的优劣与成败。因此，交通系统各部门必须提高领导班子特别是一把手加强党风廉政建设责任制重要性紧迫性的认识，增强落实党风廉政责任制的自觉性、责任性。进一步严格各项廉政规定的贯彻执行，加大专项治理和专项督查的力度，用改革的办法，加大源头治理措施的创新力度，突出重点，整体推进。进一步抓好责任制分解、检查、考核三个重要环节，努力做到有针对性、可操作性、实效性。

这就需要通过调查，了解和把握以下几个方面的基本情况：党风廉政建设组织的落实情况；党风廉政建设责任追究的落实情况；交通系统领导干部监督机制的建立和完善程度，等等。

20. 民主生活会制度

民主生活会制度凸显民主生活与民主监督相结合的特色。健全并严格执行党内民主生活会制度，是加强党的思想作风建设，有效地实施党内监督，改进作风，增强团结，保证党的路线、方针、政策和决议有效贯彻执行的重要途径。

开展批评与自我批评是民主生活会的重要内容，也是当前民主生活会的难点所在，能不能自觉地拿起批评与自我批评这个武器，是检验民主生活会成败的关键。民主生活会实质是一个寻找问题、发现问题、解决问题的过程，归根结底，要落实到整改上。实行专题民主生活会情况通报制度。抓好整改措施的制定和落实。加大对整改方案落实情况的监督检查。

这就需要通过调查，了解和把握以下几个方面的基本情况：民主生活会开展批评与自我批评的实际情况；民主生活会通报问题整改落实情况；民主生活会的组织情况；民主生活会召开程序的完善情况，等等。

21. 述职述廉制度

述职述廉制度体现党内监督与党外监督相结合的特色，是党风廉政建设的重要组成部分。进一步完善和健全述职述廉制度，对于建立有效的防范机制，增强反腐倡廉工作的实效性具有很大的促进作用。

交通部门述职的主要内容包括：理论学习情况；贯彻执行党的路线、方针、政策、国家法律法规的情况；贯彻执行民主集中制的情况；履行岗位职责的情况（在工作中采取的方法措施、成绩和经验）；存在问题及今后努力方向。述廉的主要内容包括：按党风廉政建设责任制责任规定，在本人分管工作中在党风廉政工作方面采取的办法、措施及收到的效果；存在的问题；工作打算和改进的措施。个人遵守廉政制度及廉政纪律的情况包括：执行收入申报和收受礼品礼金登记制度情况；执行《个人重大事项报告制度》的情况；参加党内民主生活会,开展批评与自我批评的情况；本部门群众要求说明的有关廉政方面的情况。

这就需要通过调查，了解和把握以下几个方面的基本情况：述职述廉报告的群众评议结果；述职述廉报告反馈意见的采纳及事后整改情况；述职述廉报告反馈意见处理的正当性、合理性，等等。

22. 廉政谈话和诫勉制度

根据《中国共产党党内监督条例(试行)》、《关于对党员领导干部进行诫勉谈话和函询的暂行办法》等有关规定，上级党组及纪检监察、人事部门要认真履行职责，充分利用廉政谈话手段加强对领导干部的教育、管理和监督。这一制度体现出日常教育与上级监督下级相结合的中国特色。

在实践中，发现交通部门领导干部在政治思想、履行职责、工作作风、道德品质、廉政勤政等方面的苗头性问题，应当及时对其进行戒勉谈话。戒勉谈话由纪检监察或组织干部部门根据局党组的安排按照干部管理权限实施，一般采取个别谈话方式。有下列情况之一的，应进行戒勉谈话：对党的路线、方针、政策贯彻不力，对上级的工作部署有令不行，有禁不止，影响全局工作的；责任心不强，不认真履行岗位职责，使分管工作发生较大失误（案、事件）或造成损失的；违反组织人事工作纪律，违反干部选拔任用工作规定的；违反民主集中制原则，组织纪律观念较差，在领导班子中闹不团结，造成不良影响和后果的；违反领导干部个人重大事项报告制度，对个人重大事项不报告、虚假报告，造成不良影响或后果的；贯彻落实党风廉政建设责任制不力，致使分管部门、单位的工作人员发生重大腐败案件或在廉洁自律方面行为不检点，造成不良影响的；在民主测评中不称职率达20%或不称职，基本称职之和达30%的；年度考核为基本称职（合格）、不称职（合格）的；有其他各种不良行为尚不够党纪政纪处分的；组织认为需要戒勉谈话的其他问题。

戒勉谈话的主要内容是：向谈话对象指出所存在的问题；要求谈话对象就有关问题作出解释或说明；区别不同情况，对谈话对象进行批评教育或戒勉，提出整改意见和建议；根据具体情况，可要求谈话对象限期作出对问题的认识及整改措施的书面报告，并送纪检监察或组织干部部门。

这就需要通过调查，了解和把握以下几个方面的基本情况：任职谈话制度的执行情况和效果；任期谈话制度的执行情况和效果；戒勉谈话制度的执行情况和效果；廉政谈话制度的执行情况和效果，等等。

23. “询问和质询”制度

中共中央于2004年颁布的《中国共产党党内监督条例（试行）》中，首次提出了询问和质询制度，使得询问和质询作为一项全新的党内监督制度进入公众视野，成为发展党内民主、加强党内监督的一项重要措施和制度安排。

“询问和质询”制度构成委员监督和党员监督相结合的特色，对改善和加强党内监督发挥巨大的积极作用：为党委委员和纪委委员提供一个履行监督职责的平台，使党委委员和纪委委员的职务由虚变实；为促进党内政令畅通、步调一致发挥重要作用；为党内民主的发展进程产生重要的推动作用。

这就需要通过调查，了解和把握以下几个方面的基本情况：询问和质询议题的科学性、有效性、针对性；询问或质询程序的科学性、公正性、合理性；询问和质询对象的按时答复情况和答复质量；滥用询问权或质询权的责任追究落实情况，等等。

24. “罢免或撤换”制度

在交通廉政制度文化建设过程中，必须重视《中国共产党党内监督条例（试行）》与《中国共产党纪律处分条例》中规定的罢免或撤换制度，该制度体现了党员权利与委员权利相结合的特色。

所谓民主选举制度，其实质包含两方面重要内容，一是民主选任，一是民主罢免，只有民主选任，而无民主罢免的领导干部决定制度，实际上是一种存在重要残缺的跛脚制度，只有二者并重，有机结合，才是一种比较完善的民主决定领导干部的制度。作为一种用民主的办法解决执政党内领导干部能上能下问题的基本制度，“罢免或撤换”与现有的党内撤职、免职、调整工作岗位等制度的区别主要在于，后者是一种自上而下的监督制约行为，即上级或同级党组织对犯错误或不称职的干部作出的纪律处分或组织处理；而前者则是自下而上的监督制约行为，即由党员、党的代表大会代表或党的委员会成员向党的组织提出罢免或撤换不称职干部的要求，有关党组织按程序受理并作出决定的制度。

中国共产党中央正在制定《党内监督条例》有关实施办法，将在中国共产党的各级地方委员会和纪律检查委员会这个层面上率先正式启动罢免或撤换机制。这项制度的建立是中国共产党党内民主的一个重大创新和突破，是完善党内民主选举制度的一个重大步骤。

这就需要通过调查，了解和把握以下几个方面的基本情况：罢免或撤换组织机制建立与完善程度；罢免或撤换提案人权利保障机制的建立和完善程度，等等。

25.“重要情况通报和报告”制度

在交通廉政制度文化建设过程中，必须严格落实《中国共产党党内监督条例(试行)》和《中国共产党纪律处分条例》以及交通部关于重要情况通报和报告制度的有关规定，进一步健全对党员领导干部的监督机制，加强党风廉政建设和领导干部廉洁自律。该项制度显示了党员监督与党代表监督相结合的特色。

在党所处的世情、国情、民情发生巨大变化，党本身已经长期执政并将继续长期执政需要加强监督的情况下，迫切需要健全和完善这一制度，并使之成为一项专门的监督制度。这一制度的主要内容有四个方面：上级党组织向下级党组织和全党通报重要情况；党的各级委员会、纪律检查委员会向党代会代表通报情况；下级党组织向上级党组织报告或请示重要情况，上级党组织要及时批复下级党组织的报告和请示；领导干部向党组织如实报告个人重大事项。这些规定，既有上级对下级的监督，又有下级对上级的监督，体现了两种监督的结合。

“重要情况通报和报告”制度围绕着党的根本制度“民主集中制”，既强调充分发展党内民主，又强调增强党的团结统一；既强调“互通情报”，又强调“互相支持和互相监督”，其出发点是为贯彻落实党内民主集中制、用制度保障党员和各级党组织充分享有的知情权，以利于监督权的实行，并通过充分发展党内民主，增强党的战斗力，提高党的领导水平和执政水平。

这就需要通过调查，了解和把握以下几个方面的基本情况：重要情况通报和报告发布的及时性；重要情况通报和报告主要内容的实效性；重要情况通报和报告方式的合理性、有效性；违反重要情况通报和报告制度的责任追究落实情况，等等。

26.巡视检查制度

在交通廉政制度文化建设过程中，应当严格按照《中国共产党党内监督条例(试行)》、《关于中共中央纪委、中共中央组织部巡视工作的暂行规定》以及交通部巡视工作暂行规定、巡视工作规程等，对下一级领导班子及其成员实施巡视检查。“巡视”制度体现出古代文明与现代文明相结合的特色。

巡视制度确立的巡视目标非常明确，即对下级领导班子及其成员特别是主要负责人进行监督，针对性强，抓住了关键；巡视制度作为《中国共产党党内监督条例(试行)》所确定的一项重要制度，具有规范性和约束力，任何党的组织和党员都要严格遵守，无一例外。这就使得巡视组具备了非同一般的威力，使问题官员很难阻挠其向事实真相的迈进。另外，巡视的工作方式灵活，能把自上而下的监督和自下而上的监督较好地结合起来，使巡视组具备了很高的灵敏性和覆盖性。

这就需要通过调查，了解和把握以下几个方面的基本情况：巡视检查联席会议制度的落实和执行情况；巡视检查内容、方式、程序的合理性、可行性、有效性；巡视检查中重大问题报告制度的落实和执行情况；巡视成果运用转化机制的实现情况，等等。

27. 民主监督制度

交通廉政文化建设是整个社会廉政文化建设的一部分，一个完善的交通廉政制度，必须要包含外部监督制度。

交通廉政文化建设动用的外部监督主体包括：（1）国家权力机关的监督。根据《中华人民共和国各级人民代表大会常务委员会监督法》，全国人大常委会以及地方人大常委会作为常设机构，对权力交通部门具有规范性文件的备案审查权与撤销权、执法检查权、代表视察与专题调查权、质询和询问权、受理公民申诉控告和检举权、对特定问题调查权。另外，各级政协也有提案办理监督权。（2）司法机关的监督。司法机关为重要的交通廉政文化建设的外部监督力量。法院通过对具体行政诉讼案件的审理和审判来实现对交通行政行为主体的监督；检察机关通过提起公诉和建议来对交通行政行为主体监督。（3）社会舆论的监督。社会舆论是一种广泛的权力，是一种并列于立法、司法和行政权力的“第四权力”。马克思曾经评价说：“没有出版自由，其他一切自由都是泡影”。以言论和出版自由为基础，以新闻报道为主要形式的社会舆论监督，是监控政府行政行为合法性与合理性的有效力量。（4）公民的监督。这是载入宪法的公民的基本权利之一，既是社会监督最重要的内容之一，又是公民的一项独立权利。在社会主义国家里，公民批评是主人对公仆的监督，也是人民群众当家做主的体现。如网络举报、通过媒体的舆论监督、上书、走访等方式，对交通部门及其工作人员的违法或不当行政行为进行批评，提出建议和维护自身权益。每一个公民都有可能通过这样最简易的方式成为监督的主体。

这就需要通过调查，了解和把握以下几个方面的基本情况：人大代表建议办理的案件数量；政协委员提案数量；新闻媒体舆论监督交通部门的情况；外部发起的机关评议与执法检查的结果，等等。

28. 行政救济制度

在交通廉政制度文化建设过程中，必须严格执行《中华人民共和国行政诉讼法》、《中华人民共和国行政复议法》以及《中华人民共和国行政复议法实施条例》，畅通行政复议渠道。这对于切实维护公民、法人或其他组织的合法权益，充分发挥行政复议制度在解决行政争议、建设法治政府、构建社会主义和谐社会，促进行政机关依法行政方面都具有十分重要的意义。

这就需要通过调查，了解和把握以下几个方面的基本情况：行政救济组织机制的建立和完善情况；行政投诉的处理情况；行政复议、诉讼的处理情况；行政救济责任追究的落实情况；行政救济案卷归档与使用的情况，等等。

29. 信访办理制度

正确处理人民群众的来信来访，是各级党政机关一项经常性的政治任务。也是发扬社会主义民主，改进领导作风，密切党群关系，巩固人民民主专政，推动我国社会主义现代化建设的重要措施。人民群众通过来信来访，向各级党政机关，提出各种意见和要求，是宪法规定的民主权利，也是人民群众参与国家管理和对各级领导机关、工作人员实行监督的一种方式。各级交通部门必须保障人民行使这项民主权利。处理人民群众来信来访，必须坚持实事求是的原则，落实《中国共产党党内监督条例(试行)》与《信访条例》，以及党和国家其他各项方针、政策、法律、法令，及时正确地回答和处理群众提出的问题，满足群众的正当要求。“信访办理”制度显示党内监督与群众监督相结合的风采。

这就需要通过调查，了解和把握以下几个方面的基本情况：信访办理的组织机制的建立和完善程度；交通运输市场管理问题、行政执法问题、管理体制问题、企业改制问题、基础设施建设等问题的信访率统计情况，等等。

30. 审计制度

在交通廉政制度文化建设过程中，必须严格执行《中华人民共和国审计法》，落实《交通行业内部审计工作规定》、《交通建设项目审计实施办法》以及《交通行业行政事业单位定期审计规定》等实施办法，包括建设项目审计制度、经济责任审计制度、财务收支审计制度、经济效益审计制度、竣工决算审计制度。

这就需要通过调查，了解和把握以下几个方面的基本情况：建设项目审计制度执行情况；经济责任审计制度执行情况；财务收支审计制度执行情况；经济效益审计制度执行情况；竣工决算审计制度执行情况，等等。

31. 动态跟踪审计

在交通廉政制度文化建设过程中，必须严格执行《中华人民共和国审计法》，贯彻落实交通部于2005年底印发的《“十一五”交通审计工作指导意见》。同时，必须加强审计机构和队伍建设，拓宽审计业务领域，实施审计质量控制，改进审计技术手段，增强搞好内部审计工作的自觉性和主动性，增强审计服务意识，使交通审计工作保质保量。动态跟踪审计主要包括：对管理审计的检测；对风险审计的检测；对环境审计的检测；对离任审计的检测；对任中审计的检测。

这就需要通过调查，了解和把握以下几个方面的基本情况：管理审计制度执行情况；风险审计制度执行情况；环境审计制度执行情况；任中审计制度执行情况；离任审计制度执行情况，等等。

32. 审计效果

在交通廉政制度文化建设过程中，必须严格执行《中华人民共和国审计法》，落实《交通行业内部审计工作规定》、《交通建设项目审计实施办法》以及《交通行业行政事业单位定期审计规定》等实施办法，注重追求审计效果。审计效果主要体现在：审计项目覆盖率；审计项目增收节支率；审计项目损失浪费率；审计项目国有资产流失率；审计项目追还侵占挪用资金率；审计项目核减基建投资率；审计项目上交财政率；审计项目上交主管部门率；交通建设项目委托审计比例。

这就需要通过调查，了解和把握以下几个方面的基本情况：审计项目覆盖率；审计项目损失浪费率；审计项目国有资产流失率；审计项目上交主管部门率；审计项目追还侵占挪用资金率；审计项目增收节支率，等等。

33. 审计责任制度

在交通廉政制度文化建设过程中，必须严格执行《中华人民共和国审计法》，落实《交通行业内部审计工作规定》、《交通建设项目审计实施办法》以及《交通行业行政事业单位定期审计规定》等实施办法，结合交通实际，落实审计责任制度。审计责任制度内容包括：审计结果公告制；审计结果回访制；审计对象责任追究制；审计结果归入廉政档案及使用制度；审计者审计责任追究制度。

这就需要通过调查，了解和把握以下几个方面的基本情况：审计结果公告制的实际执行情况；审计结果回访制的实际执行情况；审计对象责任追究制的执行情况；审计结果归入廉政档案及使用的情况，等等。

34. 案件查办

严肃查处各种违纪违法案件，严厉惩处一切腐败分子，集中力量查处大案要案，是党中央确定的三项工作格局之一。交通系统各部门要把认真处理群众信访举报工作、各级领导及时批转查办案件、加大查办力度作为一项主要的考察检测指标。

这就需要通过调查，了解和把握以下几个方面的基本情况：贪腐大案要案严肃查处的公正性、客观性、及时性；部门、地区之间办案协调机制的建立和完善程度；已查结案件的质量和效率；立案、结案环节制度的完善程度；处级以上领导干部案件处理的公正性、合理性，等等。

35. 交通行政法制工作

在交通廉政制度文化建设中，必须努力促使交通行政法制工作不断向规范化、科学化、民主化方向发展。交通行业要服务国民经济和社会发展全局、服务社会主义新农村建设、服务人民群众安全便捷出行，必须要有完善的立法、司法、执法、监督、守法等制度体系。

这就需要通过调查，了解和把握以下几个方面的基本情况：交通法规、规章立法规划的科学性、民主性；交通法规、规章的执行情况；交通法规、规章的普及程度；交通法规、规章清理与废止及备案制度的完善程度，等等。

36. 交通行政许可

在交通廉政制度文化建设中，必须严格执行《中华人民共和国行政许可法》和国务院颁布的《全面推进依法行政实施纲要》，落实《交通行政许可实施程序规定》，保证交通行政许可依法实施，维护交通行政许可各方当事人的合法权益，保障和规范交通行政机关依法实施行政管理，依法行使交通行政审批权，促进交通部门的职能从“管理型”向“服务型”的转变。

这就需要通过调查，了解和把握以下几个方面的基本情况：行政许可投诉处理的实际情况；重大行政许可或不许可的执行情况；行政许可组织机制的建立和完善程度；行政许可责任追究的落实情况；行政许可检查和监察制度的执行情况；行政许可的合法性，等等。

37. 交通行政处罚

在交通廉政制度文化建设中，必须严格执行《中华人民共和国道路交通安全法》、《中华人民共和国行政处罚法》，以及国务院颁布的《全面推进依法行政实施纲要》，落实交通部有关规定。必须严格规范交通行政处罚行为，实行合理性与合法性统一的行政处罚，维护公共利益和社会秩序，保护公民、法人和其他组织的合法权益，实现交通部“三个服务”的要求，促进和谐交通。

这就需要通过调查，了解和把握以下几个方面的基本情况：重大行政处罚或不予处罚的执行情况；行政处罚责任追究的落实情况；行政处罚检查和监察制度的执行情况；行政处罚投诉处理的落实情况；因行政处罚引起的复议、诉讼案件量；大案要案报告、督办、通报制度的落实情况，等等。

38. 交通部门行政执法的规范程度

交通部门既是公共服务的提供者，还是维持公共秩序的执法者。为了保障绝大多数公民的人身安全与合法利益，作为公共权力的行使者，交通部门必然要对某些特定的人群、民众行使行政处罚、行政管制、行政监管、行政审查、行政审批等执法行为。而执法不严、执法不公、执法不规范是滋生腐败的根源之一，也是公众对交通部门不满的重要原因。因此，有必要将交通部门行政执法、行政收费的规范程度、文明程度等作为衡量一个单位廉政制度文化建设状况的重要指标。

交通部门行政执法的规范程度表现在：（1）执法主体合法。采取行政执法行为的国家行政机关，其产生、存在及其职权，必须有法律根据。（2）在职权范围内执法。行政主体及其行政执法人员必须在其特定的权限范围内采取行政执法行为，越权行为其后果不具备法律效力。（3）内容合法。行政执法行为是针对具体对象的，其行为目的、对象、范围等，都要确定、合法、适当。（4）程序合法。即行政执法行为必须依照法定程序做出。

这就需要通过调查，了解和把握以下几个方面的基本情况：执法主体合法性；依职权执法的规范性；执法内容合法性；执法程序合法性，等等。

（三）交通廉政物质文化建设的检测要素

1. 交通廉政文化建设的软硬环境

反腐败、搞廉政不仅仅是一种态度和决心，还必须借助实际的人、财、物等现实物质保障。有关问卷调查结果显示：91%的调查对象认为有必要投入一定的专项资金进行交通廉政文化建设；63%的调查对象已经付之以实际行动，投入专项资金进行廉政文化建设；28%的表示已经认识到有必要投入专项资金，但还没有开始实施。另外，领导干部是组织文化构建的最重要力量，因此其对廉政文化建设的关心、关注将直接影响建设成效。同时，随着科技的进步，腐败行为的技术含量提升，廉政文化建设也必须注重科技和方法的创新。

这就需要通过调查，了解和把握以下几个方面的基本情况：领导重视程度；各行政部门或其他机构的参与、配合程度；廉政文化建设专项资金的监督使用情况；科学技术、方法创新应对腐败新手段；组建有较为固定的廉政文化建设团队及开展工作情况，等等。

2. 交通廉政文化建设的符号表达

廉政文化的现实存在必须有一定的物质载体，借助载体传递一定的价值理念，这也正是传播学中“符号”的涵义。符号又分为语言符号和非语言符号，交通廉政文化建设正是依赖此二者的表达。语言符号，是人类特有的有声符号系统，它不仅是具体事务的抽象符号，而且反映了种、类以及事物与事物之间的关系。非语言符号，是指以语言为基础，单独表达一种信息的符号，是人类各种静态和动态的包含特定意义的信息载体。交通廉政文化建设通过符号的表达有助于克服腐败文化，弘扬廉政文化；有助于使价值、制度等丰富多彩、易于理解、深入人心。

这就需要通过调查，了解和把握以下几个方面的基本情况：公共传播类交通廉政通俗读物、廉政短信等创作和利用情况；自我警醒类廉政格言、标语等宣传和运用效果；特定约束类廉政谈话、廉政宣誓活动的开展情况；标志类、示范类、阵地类、艺术类、活动类廉政要素的挖掘和利用情况，等等。

3. 交通廉政文化教育活动

交通廉政文化是交通部门工作的基本环境，如同人们生活需要的阳光、空气和水，是基础性的要素。它可以通过一种人们能够感受得到的方式来表达，形成一个好的工作氛围，一种廉洁奉公、求真务实的工作作风，一种团结和谐、积极向上的精神状态，使交通部门工作人员养成良好的职业道德，对交通部门产生向心力和归属感。交通廉政文化建设对治理腐败的基本态度是避免腐败事件的发生，防患于未然，体现的是以人为本的宝贵良知；交通廉政文化建设的根本目的不只在于对违法者的处罚，不只在于抓住多少腐败犯罪分子，更是在于树规矩、明戒律。

这就必须按照建设社会主义核心价值体系的要求，运用先进性教育活动中创造的好经验好做法，进一步完善“大宣教”工作格局，丰富教育内容，创新教育方式，拓宽教育覆盖面，切实提高教育的针对性和实效性。以思想道德教育为基础，认真开展遵守党的纪律尤其是政治纪律的教育，加强党章和法纪学习教育、社会主义荣辱观教育、廉洁自律教育，进一步坚定理想信念，筑牢拒腐防变的思想道德防线。继续深入扎实地开展廉政文化进机关、进家庭、进校园、进工地、进车船、进站所活动。按照《交通文化建设实施纲要》的要求，不断深化廉政文化的研究，全面推进交通廉政文化建设，充分发挥文化的引领作用，营造“以贪为耻、以廉为荣”的良好氛围。

这就需要通过调查，了解和把握以下几个方面的基本情况：开展典型导廉、文艺颂廉、读文思廉、躬行践廉、回访促廉活动情况及收效情况；建立廉政宣传网站及其效果；廉政勤政典型巡回宣讲活动情况，等等。

① 个别内容吸收了李成言的研究成果（参见李成言：《廉政工程：制度、政策与技术》，北京大学出版社2006年版），特此致谢。

② 参见杨利民：《在2007年全国交通系统廉政工作会议上的报告》，2007年1月15日。

③ “十五”期间，全社会累计完成交通建设投资21957亿元，年均增长18.7%，超过新中国成立以来51年完成投资的总和，是“九五”期间完成投资的1.92倍。其中公路建设完成19509亿元，沿海港口建设完成1313亿元，内河建设完成326亿元，分别是“九五”期间的2倍、2.7倍和1.3倍。参见李盛霖：《积极推进“十一五”交通事业的发展》，载《求是》2006年第4期。

后 记

接受《交通廉政文化建设研究》这一课题后的很长一段时间里，我们的直观地感受就是这真是一件很吃力的事情，因为在学术话语里，没有任何一个概念像“文化”这样具有千面千佛的特性。

但在今天，当完成课题的基本任务后，我们发现：受益匪浅、所悟良多！我们在研究过程中对客体作出了或多或少、有意无意的主观选择，这既出于自己坚定的内心信仰，也出于我们对现实的谨慎考量，还因为我们无法拥有对所有的文化内涵进行宏大叙事的能力。正如我们在“导论”中所辩解的那样：在“文化”内涵的界定不具有一致性，且各种意见往往相左的情况下，我们只能迁就自选的特定模式。

但我们仍然非常感谢学术界和实务界所进行的全部的文化创造。假如本课题有什么成绩的话，那是因为我们已经拥有了雄厚的研究基础，虽然我们也对此进行了相应的整理、改造、抽象和设计等。

开展交通文化建设研究尤其是开展交通廉政文化建设研究并为此提供各种支持的决定是一种需要长久修炼才能拥有的文化涵养。因此，我们感谢交通部党组的眼光，感谢黄先耀副部长、中纪委驻交通部纪检组长杨利民给予的关心和指导，感谢中纪委驻交通部纪检组副组长、监察局钟华局长和交通部体改法规司柯林春副司长为本课题进行的多次指导，感谢交通部体改法规司黄克清处长、交通部科学研究院交通发展研究中心副主任王先进研究员，感谢江苏省交通厅潘永和厅长、杨根林副厅长、钱国超副厅长、纪检组陈以琳组长、金凌处长，感谢江苏省交通厅政治处和公路局、航道局、科技处，感谢南京市纪委、镇江市交通局、扬州市公路处、江苏省交通培训中心、南京市交通局，感谢顾枫、蒋蕴翔、董启良、乔如梁、李虎、李贵宾、杨桂新、胡苏醒、柴春杰、程丛芦等为我们多次提供的真诚帮助，感谢交通系统所有对这一课题给予大力支持的人们！

感谢武汉大学李龙先生、南京大学张永桃先生对本人长期以来的关爱和对本课题研究工作的支持，感谢中央党校副校长石泰峰教授、南京工业大学书记文晓明教授、南京工业大学校长欧阳平凯院士、江苏省委宣传部副部长孙学玉教授、江苏省委党校副校长王庆五教授、南京市社科院院长叶南客教授、中国社会科学院社会学所邵道生研究员、中纪委研究室邵景均副主任、中国人民大学毛昭晖教授、中纪委驻交通部纪检组（部监察局）马小峰主任、周亚金主任、交通部交通管理干部学院副院长刘卫民教授、人民交通出版社乔文平副编审、江苏省纪委孙智林主任、江苏省规划办徐之顺主任等专家学者为本课题贡献的智慧。

感谢江苏省社科联授予我们在这一成果基础上撰写的“交通廉政文化建设研究报告”以2007年度江苏省“社科应用研究精品工程”优秀成果二等奖。

感谢本书的作者。为本课题提供初稿的作者有：刘小冰、汪祝君、陈志扬、陈盛、宋伶俐、吕建高、严志明、刘青、莫丽燕、周艳、李子云、孙舒妤、施婕妤、汪自成、金华、戚晓熔、邱萍、张舒屏、刘长江、轩杰、董磊明、朱成君、徐前兵。在我看来，完成这个课题只是一种形式，最为重要的在于我们这个学术团队所具有的合作、牺牲和奉献的精神。我们有过热烈的讨论，也有过激烈的争论。但是，正如严志明所指出的：我们是绑在一起的，都是为了把课题搞好。正是这个学术团队，不怕陌生和责难，花了大量的心血，在一年多的时间里，硬是将这样一个至今为止没有任何人进行过系统研究的课题给攻克下来了。

感谢那些“学习型家庭”的成员或“准成员”们，感谢孙冠男、付勤、赵苏，谢谢你们为完成本课题所提供的物质的与精神的慷慨支持和关爱。感谢石惠惠、贺颖来、吉晶晶、马树同、倪德海校对全书。

得意而忧，逢喜而惧。现在完成的这一课题形式仍只是一种尝试，需要继续进行实践的检测和理论的论证。显然，这也是一个不断纠错与纠偏的过程。因此，我们衷心希望能得到大家的批评指正。

刘小冰

2008年5月26日于南京